Autoren/Autorinnen: Bernd Ettmann, Sonja Gritzmann, Barbara Ritterbach,
Jan Schuster, Dr. Günter Wierichs

Herausgeber: Bernd Ettmann, Dr. Günter Wierichs

GUT BERATEN in der Bank

Bankkaufmann/Bankkauffrau – 2. Ausbildungsjahr
Lernsituationen

3. Auflage

Bestellnummer 32743

Zusatzmaterialien zu „GUT BERATEN in der Bank. Bankkaufmann / Bankkauffrau – 2. Ausbildungsjahr. Lernsituationen"

Für Lehrerinnen und Lehrer

Lösungen zu den Lernsituationen: 978-3-427-32751-6
Lösungen zu den Lernsituationen Download: 978-3-427-32747-9

BiBox Einzellizenz für Lehrer/-innen (Dauerlizenz)
BiBox Klassenlizenz Premium für Lehrer/-innen und
bis zu 35 Schüler/-innen (1 Schuljahr)
BiBox Kollegiumslizenz für Lehrer/-innen (Dauerlizenz)
BiBox Kollegiumslizenz für Lehrer/-innen (1 Schuljahr)

Für Schülerinnen und Schüler

Schulbuch: 978-3-427-32710-3

BiBox Einzellizenz für Schüler/-innen (1 Schuljahr)
BiBox Einzellizenz für Schüler/-innen (4 Schuljahre)
BiBox Klassensatz PrintPlus (1 Schuljahr)

© 2025 Westermann Berufliche Bildung GmbH, Ettore-Bugatti-Straße 6-14, 51149 Köln
www.westermann.de

Die Seiten dieses Arbeitshefts bestehen zu 100 % aus Altpapier.

Damit tragen wir dazu bei, dass Wald geschützt wird, Ressourcen geschont werden und der Einsatz von Chemikalien reduziert wird. Die Produktion eines Klassensatzes unserer Arbeitshefte aus reinem Altpapier spart durchschnittlich 12 Kilogramm Holz und 178 Liter Wasser, sie vermeidet 7 Kilogramm Abfall und reduziert den Ausstoß von Kohlendioxid im Vergleich zu einem Klassensatz aus Frischfaserpapier. Unser Recyclingpapier ist nach den Richtlinien des Blauen Engels zertifiziert.

Druck und Bindung: Westermann Druck GmbH, Georg-Westermann-Allee 66, 38104 Braunschweig

ISBN 978-3-427-**32743**-1

Vorwort

Liebe Auszubildende,

Ziel Ihrer Ausbildung ist der Erwerb einer umfassenden Handlungskompetenz, die Sie dazu befähigt, berufliche Aufgabenstellungen selbstständig zu bearbeiten. Hierzu benötigen Sie fundierte Fachkenntnisse, kommunikative Fähigkeiten, vernetztes und analytisches Denken sowie Eigeninitiative und Empathie. Zudem müssen Sie die in den Geschäftsprozessen verwendeten digitalen Techniken sachgerecht und reflektiert einsetzen können.

Das **Arbeitsbuch *GUT BERATEN in der Bank*** unterstützt Sie beim Erwerb dieser umfänglichen Kompetenzen.

Lernsituationen konfrontieren Sie mit typischen Aufgabenstellungen aus der betrieblichen Praxis, die Sie weitgehend selbstständig alleine oder in Zusammenarbeit mit anderen Auszubildenden bearbeiten. Dabei beschäftigen Sie sich mit fachlichen und überfachlichen Inhalten.

Die Bearbeitung einer Lernsituation umfasst folgende Phasen:

Informationsphase	Sie informieren sich über die Aufgabenstellung und stellen sich dabei folgende Fragen: • Was ist das Problem? • Was ist unsere Aufgabe?
Planungs- und Entscheidungsphase	Sie planen Ihre weitere Vorgehensweise und erstellen einen Arbeitsplan: • Wie gehen wir vor, in Gruppen, mit Partner, allein, arbeitsteilig? • Welche Informationen benötigen wir? • Welchen Zeitrahmen benötigen wir?
Durchführungsphase	Sie erstellen bestimmte Handlungsprodukte. Dies sind zum Beispiel • Kundeninformationen • E-Mails und Geschäftsbriefe • Beratungsgespräche • Präsentationen
Kontrollphase	Sie prüfen Ihre Arbeitsergebnisse sowie Ihr Entscheidungs- und Kommunikationsverhalten.
Bewertungsphase	Sie bewerten den gesamten Arbeitsprozess und die Arbeitsergebnisse, um Verbesserungsmöglichkeiten für die Bearbeitung zukünftig anstehender Aufgaben zu identifizieren. Dabei reflektieren Sie auch die Kommunikation und Kooperation in Ihrer Arbeitsgruppe sowie den Einsatz digitaler Techniken.

Die Gestaltung der Lernsituationen ermöglicht Ihnen einen strukturierten und planvollen Kompetenzaufbau.

Aufgaben zu den **Lernsituationen** und zu den **Lernfeldern** vertiefen und festigen Ihre Kompetenzen und helfen Ihnen bei der Vorbereitung auf Klausuren und Prüfungen.

Der vorliegende Band 2 des Arbeitsbuches enthält Lernsituationen und Aufgaben zu den Lernfeldern 6 bis 9 des Rahmenlehrplans für den Ausbildungsberuf Bankkaufmann/Bankkauffrau.

Hilfestellung bei der Bearbeitung gibt Ihnen der Schülerband ***GUT BERATEN in der Bank*** (Best.-Nr. 32710) mit umfassenden Sachinformationen zu den Lernfeldinhalten.

Wir wünschen Ihnen viel Spaß und viel Erfolg bei der Nutzung dieses Arbeitsbuches.

Das Autorenteam

Inhaltsverzeichnis

Lernfeld 6:

Marktmodelle anwenden

6

Zielbeschreibung:

Sie verfügen über die Kompetenz, einzel- und gesamtwirtschaftliche Marktmodelle miteinander zu vergleichen und auf reale wirtschaftliche Erscheinungsformen anzuwenden.

1 Lernsituationen

1.1 Zukunftsworkshop „Bewegte Gesellschaft – soziale Marktwirtschaft 2035"

Situationsbeschreibung

Die Regio-Bank AG möchte ihr vor einigen Jahren ins Leben gerufenes Programm *„Wirtschaft in der Schule"* intensivieren. Im Rahmen dieses Programms finden in regelmäßigen Abständen Veranstaltungen an allgemeinbildenden Schulen statt, bei denen Mitarbeiterinnen und Mitarbeiter der Regio-Bank AG den Schülerinnen und Schülern über Vorträge und Workshops Einblicke in das Wirtschaftsleben und die Tätigkeit von Kreditinstituten verschaffen. In den nächsten Wochen findet ein Zukunftsworkshop mit dem Thema *„Bewegte Gesellschaft – soziale Marktwirtschaft 2035"* statt, den Sie als Mitglied der Projektgruppe mitgestalten sollen.

In dem Zukunftsworkshop möchten die Referenten verschiedene wirtschaftliche und gesellschaftliche Themen mit den Schülerinnen und Schülern diskutieren. Aus den einzelnen Teilbereichen des Workshops soll die Projektgruppe zudem für den Social-Media-Bereich einen kleinen Imagefilm erstellen.

Hier ein Auszug aus den Teilnahmeunterlagen:

Leitbild der deutschen Wirtschafts- und Gesellschaftsordnung ist die soziale Marktwirtschaft. Zu ihren wichtigsten Merkmalen gehört die individuelle Entscheidungsfreiheit, Verantwortung und Haftung für das eigene Handeln sowie Wettbewerb, verlässliche Regeln und sozialer Ausgleich. Flexibel und gleichzeitig stabil muss die soziale Marktwirtschaft in Zeiten politischer und ökonomischer Umbrüche auf die Anforderungen von heute und morgen reagieren. Auch die Frage: „mehr Markt oder mehr Staat?" muss immer wieder neu diskutiert werden.

Wie stellen Sie sich die soziale Marktwirtschaft 2035 vor?

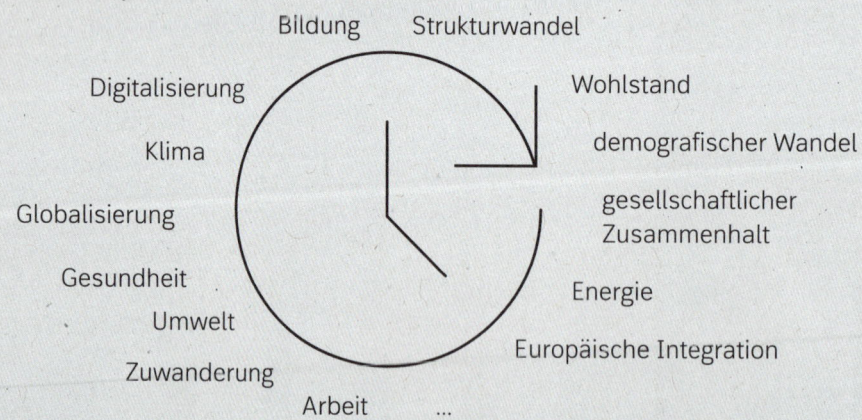

Sie bereiten in Gruppen den Zukunftsworkshop zum Thema „soziale Marktwirtschaft" arbeitsteilig vor. Erstellen Sie eine

- Information über die Grundelemente der sozialen Marktwirtschaft und eine
- Präsentation zur möglichen Entwicklung von zwei Themenbereichen des Zukunftsworkshops.

- Überlegen Sie, welche Inhalte Ihnen aus Ihrer bisherigen Schullaufbahn zur sozialen Marktwirtschaft bekannt sind.
- „Wir schreiben das Jahr 2035". Welche Vorstellung haben Sie von Ihrer persönlichen Zukunft?

Information

_____

_____

_____

- Einigen Sie sich auf zwei der in der Situationsbeschreibung genannten Kernbereiche der sozialen Marktwirtschaft, über die Sie sich Gedanken zur zukünftigen Entwicklung machen.
- Der Zukunftsworkshop findet in verschiedenen Phasen (Vorbereitungsphase, Ist-Analyse, Phantasiephase, Realisierungsphase) statt. Benennen Sie eine moderierende Person, die über die Einhaltung der Phasen wacht und eine protokollierende Person, die in den Phasen die wesentlichen Ergebnisse stichwortartig schriftlich festhält.

Planen und Entscheiden

Zukunftsworkshop: Bewegte Gesellschaft – soziale Marktwirtschaft 2035

Bearbeiten Sie die Unterlagen zu den Handlungsprodukten.

Durchführen

Informationen über die Grundelemente der sozialen Marktwirtschaft

Merkmale	Erläuterung
Konzeption	„Sinn der sozialen Marktwirtschaft ist es, das Prinzip der _____ auf dem Markt mit dem des _____ Ausgleichs zu verbinden." (Alfred Müller Armack)
Rolle des Staates	
Sozialstaats-prinzip	
Subsidaritäts-prinzip	
...	
...	
...	

Durchführung des Zukunftsworkshops

Halten Sie für jede Phase zunächst alleine und dann in Gruppen Stichworte fest.

Durchführen	Vorbereitungsphase	• Welchen Aspekt der sozialen Marktwirtschaft wollen Sie betrachten?
	Analyse IST-Zustand	• Beschreiben Sie den IST-Zustand. • Was stört Sie heute hieran? • Was gefällt Ihnen?
	Phantasiephase (Es gibt keine Grenzen der Phantasie!)	• Was würden Sie sich wünschen? • Welche Ideen gehen Ihnen durch den Kopf? Führen Sie ein Brainstorming durch.
	Realisierungsphase	• Welche Realisierungschancen sehen Sie für Ihre Ideen? • Was behindert die Umsetzung?

Präsentation Ihrer Ergebnisse

• Präsentieren Sie Ihre Ergebnisse (Plakat, Karten, PowerPoint, Film …).

Kontrolle

• Reflektieren Sie die Ergebnisse der anderen Teilnehmer bzw. Teilnehmerinnen.
• Kontrollieren Sie gegenseitig die Informationen zur sozialen Marktwirtschaft.

Bewerten

• Diskutieren Sie partnerweise, ob es Ihnen einfach oder schwer gefallen ist, Zukunftsvisionen im relevanten Themenbereich zu entwickeln.
• Überlegen Sie Ihre Haltung zu den folgenden Thesen und diskutieren Sie diese partnerweise.

Ich	stimme voll zu.	stimme überwiegend zu.	stimme weniger zu.	stimme nicht zu.
Soziale Marktwirtschaft heißt „Wohlstand für Alle".				
Das Motto muss sein: „Was kann ich für das System tun? – nicht: Was kann ich rausholen?".				
Bildung ist der Schlüssel zum Erfolg – damit kann man Freiheit und Eigenverantwortung leben.				
Das Solidarprinzip: „Einer für alle – alle für einen" hat seine Grenzen.				
Die Schere zwischen Arm und Reich geht auseinander – wir brauchen mehr Umverteilung.				

Aufgaben zur Lernsituation

1. Soziale Marktwirtschaft

Soziale Marktwirtschaft funktioniert nach bestimmten „Spielregeln". Bei welchem der folgenden Aspekte werden diese Regeln verletzt?

(1) Es herrscht Privateigentum an Produktionsmitteln.
(2) Es herrscht völlige Vertragsfreiheit. Jeder kann mit jedem in beliebiger Art Verträge abschließen.
(3) Der Staat erlässt Gesetze, um Wettbewerbsbeschränkungen zu unterbinden.
(4) Der Staat tritt in einer angespannten wirtschaftlichen Lage als Nachfrager auf.
(5) Im Rahmen staatlich etablierter Sozialversicherungssysteme besteht eine Versicherungspflicht.

2. Auswirkungen des demografischen Wandels

Vor dem Hintergrund des demografischen Wandels stehen die sozialen Sicherungssysteme vor großen Herausforderungen. Welche der nachstehenden Aussagen trifft in diesem Zusammenhang zu?

(1) Durch einen Rückgang der sozialversicherungspflichtig Beschäftigten werden sowohl die Ausgaben als auch die Einnahmen bei den Sozialversicherungszweigen sinken.
(2) Durch eine wachsende Erwerbsbevölkerung werden sowohl die Ausgaben als auch die Einnahmen bei den Sozialversicherungszweigen steigen.
(3) Durch eine wachsende Zahl der selbstständig arbeitenden Personen werden die Sozialversicherungszweige nicht belastet.
(4) Ein Rückgang der Erwerbsbevölkerung und eine zunehmende Lebenserwartung führen zu Ausgabensteigerungen und Einnahmerückgängen bei den Sozialversicherungszweigen.
(5) Eine sinkende Lebenserwartung führt in Kombination mit einer steigenden Erwerbsbevölkerung zu einer Höherbelastung der Sozialversicherungssysteme.

3. Rolle des Eigentums in der sozialen Marktwirtschaft

In der sozialen Marktwirtschaft spielt das Eigentum eine wichtige Rolle. Welche der nachstehenden Aussagen zum Eigentum in der sozialen Marktwirtschaft ist zutreffend?

(1) Eigentum ist eine nicht einschränkbare rechtliche Herrschaft über eine Sache.
(2) Wenn es das Wohl der Allgemeinheit erfordert, kann der Staat Eigentümer von beweglichen oder unbeweglichen Sachen ohne Entschädigung enteignen.
(3) Gemäß dem BGB gilt der Grundsatz: Eigentum verpflichtet.
(4) Der Gebrauch des Eigentums soll dem Wohl des Einzelnen und zugleich dem Allgemeinwohl dienen.
(5) Da Eigentum auch stets die tatsächliche Herrschaft über eine Sache beinhaltet, kann eine Enteignung durch den Staat nur gegen Entschädigung des Eigentümers erfolgen.

4. Soziale Marktwirtschaft im Bild

Interpretieren Sie die nebenstehende Karikatur.

1.2 Volkswirtschaftliche Grundbegriffe mit Visualisierung lernen

Situationsbeschreibung

Bei dem geplanten Zukunftsworkshop zur sozialen Marktwirtschaft sollen auch volkswirtschaftliche Grundbegriffe angesprochen werden. Die Volkswirtschaftslehre beschäftigt sich mit Fragestellungen über den Aufbau und die Funktionsweise der Wirtschaft und der Gesellschaft sowie mit den Wechselwirkungen zwischen einzelnen Wirtschaftssubjekten. Sie versucht durch modellhafte Betrachtungen Antworten auf ihre Fragen zu finden. Aus diesem Grund sind volkswirtschaftliche Inhalte komplex und Begrifflichkeiten sehr abstrakt.

Für den Zukunftsworkshop möchten Sie sich nicht nur gut auf den Themenkomplex „soziale Marktwirtschaft", sondern auch auf wichtige volkswirtschaftliche Grundbegriffe vorbereiten. Sie haben mit anderen Auszubildenden über die Visualisierung als Lernhilfe diskutiert und wollen die Grundbegriffe der Volkswirtschaftslehre bildlich darstellen.

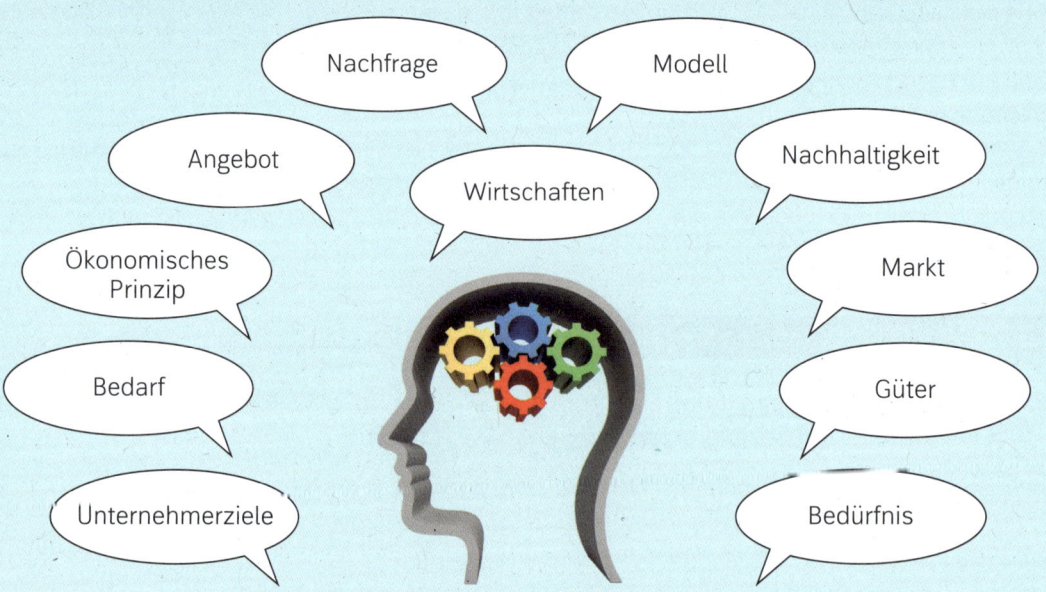

Hierzu erstellen Sie

- einen Reader zu den volkswirtschaftlichen Grundbegriffen und
- ein Bild zu den Grundbegriffen der Volkswirtschaftslehre.

Information

- **Ergänzen Sie weitere Begriffe der Volkswirtschaftslehre.**

_____

_____

_____

- **Überlegen Sie, welche Erfahrungen Sie bisher mit visualisierendem Lernen gemacht haben.**

_____

_____

_____

Machen Sie sich einen Zeitplan, um sich

- inhaltlich mit den Begriffen der Volkswirtschaft auseinanderzusetzen,
- Assoziationen zu überlegen und
- ein Bild zu erstellen.

Planen und Entscheiden

Bearbeiten Sie die Unterlagen zu den Handlungsprodukten.

Reader zu den Grundbegriffen der Volkswirtschaftslehre

Durchführen

Begriff		Erklärung
Bedürfnis	Definition	
Bedürfnisarten	nach Dringlichkeit	
	nach Art der Befriedigung	
	nach Bewusstheit	
Bedarf		
Nachfrage		
Güterarten	nach der Knappheit	
	nach der Nutzungsdauer	
	nach der Verwendung	
	nach der Qualität	

Durchführen

Begriff	Erklärung	
Güterarten	nach der Substituierbarkeit/Komplementarität	
	nach der Homogenität	
Angebot		
Markt		
Wirtschaften		

Ökonomisches Prinzip	Minimalprinzip	Maximalprinzip

Ziele unternehmerischen Handelns	
Nachhaltiges Wirtschaften	
Modell als Methode der Volkswirtschaftslehre (Definition)	

Bild über die Grundbegriffe der Volkswirtschaftslehre

Durchführen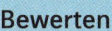

- Überlegen Sie, welche Begriffe Sie in ein Bild aufnehmen und welche Symbole, Bilder, Figuren oder Objekte Sie mit diesen Begriffen verbinden. Strukturieren Sie die Begriffe sinnhaft vor.
- Erstellen Sie Ihr Bild über die Grundbegriffe der Volkswirtschaftslehre.

Kontrolle

- Betrachten Sie mindestens drei weitere Bilder.
- Prüfen Sie die Darstellungen auf inhaltliche Richtigkeit.
- Welche Darstellungen gefallen Ihnen gut? Warum?

Bewerten

- Reflektieren Sie Ihr Vorgehen nach dem aufgestellten Zeitplan.
- Stimmen Sie mit der Motivationstheorie („Bedürfnispyramide") des Psychologen A. Maslow überein? Begründen Sie Ihren Standpunkt!

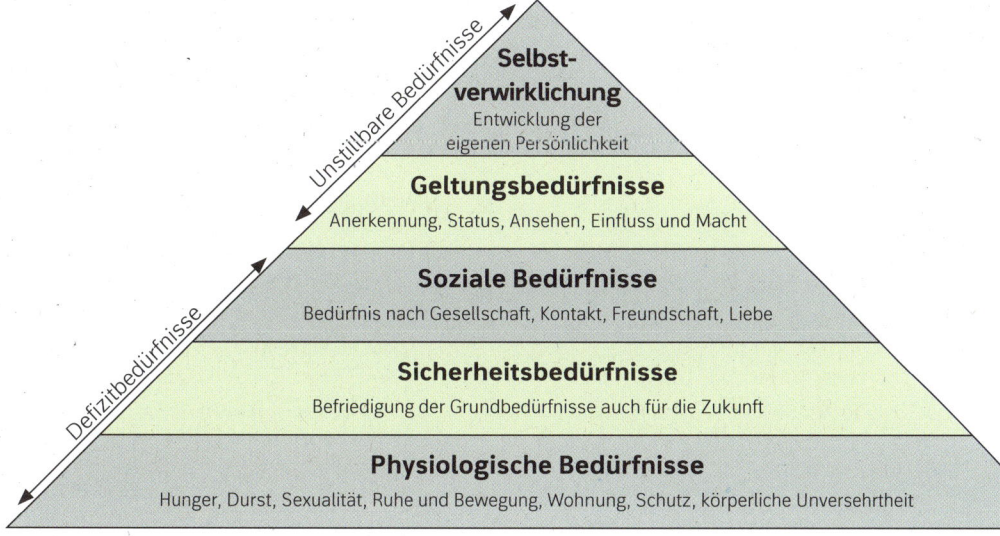

Nach Maslow gewinnt die nächst höhere Bedürfnisstufe erst dann an Bedeutung, wenn die Bedürfnisse der unteren Stufe vollständig befriedigt wurden. So kann jemand beispielsweise erst Selbstverwirklichung anstreben, wenn alle darunter liegenden Bedürfnisse zufriedengestellt sind.

Aufgaben zur Lernsituation

1. Gebrauchs- und Verbrauchsgüter

Prüfen Sie, um welche Güterart es sich bei den nachstehenden Gütern handelt.

(1) Verbrauchsgut als Konsumgut
(2) Gebrauchsgut als Konsumgut
(3) Verbrauchsgut als Produktionsgut
(4) Gebrauchsgut als Produktionsgut

a) Sessel der Familie Lüpschen

b) Schreibtisch in Ihrem Ausbildungsinstitut

c) Haferflocken für das Müsli von Alexander Lüpschen

d) Kaffeemaschine im Restaurant „Grüner Efeu"

e) Teebeutel im Cafe „Klatsch"

2. Grundbegriffe der Volkswirtschaftslehre

Ordnen Sie den folgenden Sätzen jeweils den passenden Fachbegriff zu.

(1) Ein maximaler Erfolg soll mit gegebenen Mitteln erreicht werden.
(2) Knappe Güter und unbegrenzte Bedürfnisse stehen in einem Spannungsfeld.
(3) Niemand ist bereit, für diese Güter einen Preis zu zahlen.
(4) Werbung dient der Weckung dieser Bedürfnisse.
(5) Haushalte benötigen diese Güter zur unmittelbaren Bedürfnisbefriedigung.
(6) Angebot und Nachfrage müssen hier koordiniert werden.

(1) _____   *(3)* _____   *(5)* _____

(2) _____   *(4)* _____   *(6)* _____

3. Weitere Güterarten

Ordnen Sie die folgenden Güter den nachstehenden Erläuterungen mit Pfeilen zu.

Sonne …	… ist als heterogenes Gut nicht austauschbar.
Butter …	… steht als freies Gut kostenlos zur Verfügung.
Autoreifen …	… sind notwendig als Komplementärgut.
Skulptur „Puppy" von Jeff Koons …	… ist durch ein Substitutionsgut ersetzbar.
Maßgefertigte Schuhe …	… sind superiore Güter.

4. Bedürfnisse

Welche der folgenden Aussagen zu Bedürfnissen ist zutreffend?   ☐

(1) Alle Menschen haben die gleichen Bedürfnisse, sodass diese auch kollektiv befriedigt werden können.
(2) Autos, Telefone und Computer werden in unserer Gesellschaft als selbstverständlich angesehen und demnach als Kulturbedürfnisse bezeichnet.
(3) Schmuck, hochwertige Sonnenbrillen und Sportwagen zählen zu den Existenzbedürfnissen.
(4) Essen, Trinken und Schlafen gelten als vorrangige materielle Bedürfnisse.
(5) Luxusbedürfnisse können zu latenten Existenzbedürfnissen werden.

5. Maximalprinzip

Bei welchem der folgenden Sachverhalte wird das Maximalprinzip korrekt beschrieben?   ☐

(1) Ein Unternehmen möchte ein möglichst hohes Produktionsergebnis mit möglichst geringen Kosten erwirtschaften.
(2) Eine Angestellte der Regio-Bank AG möchte sich einen neuen Heimtrainer zulegen. Nach einer Recherche auf einem Vergleichsportal entscheidet sie sich für das Produkt mit der besten Qualität.
(3) Ein Auszubildender strebt in der Abschlussprüfung die für ihn optimale Gesamtnote „befriedigend" an und möchte diese mit möglichst geringem Lernaufwand erreichen.
(4) Eine Anlegerin möchte einen Betrag, den sie aus einer Erbschaft erhalten hat, möglichst sicher anlegen. Sie lässt sich von verschiedenen Kreditinstituten beraten und entscheidet sich für eine Bank, die ihr die meisten Anlagealternativen unterbreitet.
(5) Ein Autofahrer möchte mit einer Tankfüllung eine möglichst weite Strecke zurücklegen.

1.3 Die Unverpackt GmbH muss sich am Markt positionieren

Situationsbeschreibung

Sie sind als Auszubildende/-r in der Geschäftskundenab-teilung der Regio-Bank AG eingesetzt und haben Gelegen-heit zur Teilnahme an einem Beratungsgespräch zwischen Frau Strobl, Kundenberaterin in der Geschäftskundenabtei-lung der Regio-Bank AG, und Frau Petersen, Geschäftsfüh-rerin der Unverpackt GmbH. Die Unverpackt GmbH ist seit einigen Jahren Kundin der Regio-Bank AG. Das Unterneh-men hat sich in dieser Zeit sehr erfolgreich in der Region etabliert. Es bietet eine breite Palette an Biolebensmitteln und Drogeriewaren an. Die Besonderheit des Geschäfts-modells liegt darin, dass sich die Unverpackt GmbH sehr konsequent dem Nachhaltigkeitsprinzip verschrieben hat.

So bietet man den Kunden die Möglichkeit, gekaufte Produkte in einem selbst mitgebrachten Behältnis abfüllen zu lassen. Auf diese Weise wird Verpackungsmüll vermieden. Zudem wird auch das Wegwerfen von überflüssi-gen Lebensmitteln reduziert, das dadurch entsteht, dass Verkaufseinheiten meist auf einen Vier-Personen-Haushalt abgestimmt sind. Bei der Unverpackt GmbH können Kundinnen und Kunden ihren Einkauf jedoch men-genmäßig an die Gegebenheiten ihres persönlichen Haushalts anpassen.

In dem Gespräch zwischen Frau Strobl und Frau Petersen geht es um eine Erhöhung der Kreditlinie für das Ge-schäftsgirokonto. Kundin und Beraterin tauschen sich intensiv über die Situation am Markt für nachhaltige Produk-te und Geschäftsmodelle aus, die sich dem Umweltgedanken verpflichtet sehen. Vor allem geht es um Preiseffek-te. So diskutieren sie zum Beispiel über die Wirkungen staatlicher Umweltauflagen sowie über Preisschwankungen bei Lebensmitteln durch die Folgen klimatischer Veränderungen bei der Produktion von Lebensmitteln. Frau Peter-sen erwähnt, dass in der letzten Zeit bei Nüssen ein Umsatzrückgang zu verzeichnen war, nachdem die Preise aufgrund eines verknappten Angebots infolge von Ernteausfällen um 10 % gestiegen waren. Dieser Rückgang fiel mit 15 % sehr hoch aus. Anders verhielt es sich bei der speziell für die Unverpackt GmbH hergestellten Haarseife. Hier kam es nur zu einem minimalen Nachfragerückgang, obwohl die Seife erheblich teurer wurde.

Nach Beendigung des Gesprächs ergeben sich für Sie viele Verständnisfragen, die Frau Strobl jedoch zunächst nicht beantworten kann, da sie einen wichtigen Außentermin wahrnehmen muss. Sie verspricht Ihnen jedoch zu einem späteren Zeitpunkt auf die Fragen einzugehen und bittet Sie gleichzeitig, sich vorab gründlich mit dem Thema „Markt und Preis" zu beschäftigen.

Zur Vorbereitung auf das Gespräch mit Frau Strobl erstellen Sie eine

- Lernunterlage zur Preisbildung im vollkommenen Markt und
- Skizzen zur Veranschaulichung des Marktpreis-Mechanismus.

- Begründen Sie, warum nachhaltige Geschäftsmodelle in der Praxis von zunehmender Bedeutung sind.

Information

Information ?

- Beschreiben Sie Unterschiede in Bezug auf die Angebots- und Nachfragesituation bei den von Frau Petersen aufgeführten Beispielen (Nüsse und Haarseife).

_____

_____

_____

_____

_____

_____

Planen und Entscheiden

Erstellen Sie einen Arbeits- und Zeitplan für die Bearbeitung der Lernsituation.

Durchführen

Bearbeiten Sie die Unterlagen zu den Handlungsprodukten.

Lernunterlage zur Preisbildung auf dem vollkommenen Markt

Marktart	Gütermarkt	
	Faktormarkt	
Marktformen	Polypol	
	Angebotsoligopol	
	Angebotsmonopol	
Bedeutung der Marktform für ...	den Wettbewerb	
	die Marktmacht der Teilnehmer	

Durchführen

Nachfrageverhalten	
Bestimmungs-faktoren der Nachfrage	_____ _____ _____ _____ _____

Gesetz der Nachfrage

Je höher der Preis, desto _____ die Nachfrage und umgekehrt.

Preis ↑ → Menge

Preiselastizität der Nachfrage (ε)

Begriff:
Relative Änderungen der nachgefragten Menge auf eine Preisänderung.

Berechnung:

$$\varepsilon = \frac{(prozentuale\ Mengenänderung)}{(prozentuale\ Preisänderung)}$$

Proportionale Nachfrage (ε = 1)

Bei einer Preisänderung von 1 % ändert sich die nachgefragte

Menge um _____ %.

Preis ↑ → Menge

Elastische Nachfrage (ε > 1)

Bei einer Preisänderung von 1 % ändert sich die nachgefragte

Menge um _____ als 1 %.

Preis ↑ → Menge

Unelastische Nachfrage (ε < 1)

Bei einer Preisänderung von 1 % ändert sich die nachgefragte

Menge um _____ als 1 %

Preis ↑ → Menge

Starre Nachfrage (ε = 0)

Bei einer Preisänderung von 1 % ändert sich die nachgefragte

Menge um _____ %

Preis ↑ → Menge

Angebotsverhalten	
Bestimmungs-faktoren des Angebots	_____ _____ _____ _____

Durchführen

| Gesetz des Angebotes | Je höher der Preis, desto _____ das Angebot und umgekehrt. | Preis

Menge |

Modell des vollkommenen Marktes

| Voraussetzungen (Prämissen) des vollkommenen Marktes | _____
_____
_____
_____
_____
_____
_____ |

Skizzen zur Veranschaulichung des Marktpreis-Mechanismus

Preisbildung im vollkommenen Markt

Skizzieren Sie das Modell der Preisbildung mit den folgenden Begriffen:

Menge, Preis, Nachfrageüberhang, Angebotsüberschuss, Käufermarkt, Verkäufermarkt, Konsumentenrente, Produzentenrente, Nachfrage, Angebot

Durchführen

Gleichgewichtspreis	
Gleichgewichtsmenge	
Konsumentenrente	
Produzentenrente	
Käufermarkt	
Verkäufermarkt	

Beispiele für Auswirkungen von außen einwirkender (exogener) Einflussfaktoren

Skizzieren Sie die veränderten Marktverhältnisse durch eine Parallelverschiebung der Nachfrage- bzw. Angebotskurve.

1. Die Nachfrage im Unverpacktladen _____ durch ein gestiegenes Umweltbewusstsein.

2. In Folge des Klimawandels und langer Trockenperioden fällt die Nussernte schlechter aus, sodass das Angebot an Nüssen _____.

3. Die Anbieter von Nüssen müssen strengere Umweltauflagen berücksichtigen, sodass die Produktionskosten steigen, wodurch das Angebot _____.

Durchführen

Finden Sie weitere Beispiele.	Nachfrage sinkt (= Linksverschiebung)	Nachfrage steigt (= Rechtsverschiebung)
	_____	_____
	_____	_____
	_____	_____
	_____	_____
	Angebot sinkt (= Linksverschiebung)	Angebot steigt (= Rechtsverschiebung)
	_____	_____
	_____	_____
	_____	_____
	_____	_____

Preiselastizität der Nachfrage bei Nüssen

Wie wirkt sich der Preisanstieg auf den Umsatz (Ertrag) aus?

Preis (p = EUR je kg)

11 ╌╌╌╌ x
10 ╌╌╌╌╌╌╌╌ x

→ Menge (kg)

85   100

Umsatz in EUR bei
p = 10,00 EUR:

_____

Umsatz in EUR bei
p = 11,00 EUR:

_____

Mengenänderung in Prozent: _____

Preisänderung in Prozent: _____

Elastizität = ————————————

Setzen Sie die Begriffe „Senkung" und „Erhöhung" entsprechend ein.

Regel:

• Bei einer elastischen Nachfrage ($\varepsilon > 1$) führt eine Preiserhöhung zu einer _____ des Umsatzes bzw. eine Preissenkung zu einer _____ des Umsatzes.

• Bei einer unelastischen Nachfrage ($\varepsilon < 1$) führt eine Preiserhöhung zu einer _____ des Umsatzes bzw. eine Preissenkung zu einer _____ des Umsatzes.

Kontrolle

• Erklären Sie einem/einer Mitschüler/-in mithilfe Ihrer Visualisierungen zur Preisbildung die Zusammenhänge zur Vorbereitung auf das Gespräch mit Frau Strobl.
• Prüfen Sie gegenseitig Ihre Darstellung auf Richtigkeit und Vollständigkeit.

Bewerten

• Reflektieren Sie Ihr Vorgehen in Hinblick auf die Visualisierung. Können Sie die Skizzen aufzeichnen, beschriften und die Zusammenhänge fallbezogen erläutern?
• Die Unverpackt GmbH muss sich, wie jedes andere Unternehmen, den Bedingungen des Marktes stellen. Ihr Erfolg ist abhängig vom Verhalten der Konsumenten. Auch Sie sind Konsumentin bzw. Konsument. In welchen Situationen verhalten Sie sich nachhaltig und wann nicht?

Aufgaben zur Lernsituation

1. Grundbegriffe des Marktpreismodells

Ordnen Sie die folgenden Begriffe den nachstehenden Erläuterungen mit Pfeilen zu.

Käufermarkt ...	... wird aufgrund der Differenz zwischen dem beabsichtigten Angebotspreis und einem höheren Gleichgewichtspreis erzielt.
Produzentenrente ...	... wird aufgrund eines niedrigeren Gleichgewichtspreises als des kalkulierten Preises realisiert.
Nachfrageüberhang ...	... geht mit einem Angebotsüberschuss einher.
Gleichgewichtsmenge ...	... wird auch als Angebotslücke bezeichnet.
Konsumentenrente ...	... führt weder zu Nachfrage- noch zu Angebotsüberschüssen.

2. Veränderungen von Angebot und Nachfrage

Gehen Sie von der folgenden Situation auf einem Markt für Bio-Baumwolle aus:

Kennzeichnen Sie in den nachstehenden Fällen die sich ergebenden Änderungen in Bezug auf die Verschiebung von Angebots- bzw. Nachfragekurve und den Gleichgewichtspreis.

Verschiebung
1 Rechtsverschiebung der Angebotskurve
2 Linksverschiebung der Angebotskurve
3 Rechtsverschiebung der Nachfragekurve
4 Linksverschiebung der Nachfragekurve

Preisänderung
5 Preiserhöhung
6 Preissenkung
7 keine Preisänderung

	Verschiebung	Preisänderung
a) Durch technischen Fortschritt kann die Bio-Baumwolle einfacher und kostengünstiger verarbeitet werden; die Nachfrage bleibt zunächst unverändert.	☐	☐
b) Aufgrund der konjunkturellen Situation zeigen sich die Konsumenten zurückhaltend bei ihren Kaufabsichten bei gleichbleibendem Angebot.	☐	☐
c) Politische Schwierigkeiten und Exportverbote in den Anbauländern von Bio-Baumwolle führen zu einem geringeren Angebot bei konstanter Nachfrage.	☐	☐
d) Aufgrund der anhaltenden Biotrends gehen die führenden Modehändler von steigendem Konsum nachhaltiger Kleidung aus und weiten ihr Angebot aus.	☐	☐

3. Elastizität der Nachfrage

Zur Realisierung höherer Ertragsziele prüft die Regio-Bank AG die Gebührengestaltung ihrer Online-Depots. Die Nachfrageelastizität wird nach ersten Marktforschungsergebnissen mit 0,7 angegeben. Welcher der folgenden Aussagen stimmen Sie zu?

(1) Gebührenerhöhungen haben keine Auswirkungen auf den Umsatz.

(2) Bei Erhöhung der Gebühren wird die Anzahl der Online-Depots überproportional zurückgehen.

(3) Bei Senkung der Gebühren ist mit überproportional starken Ertragszuwächsen zu rechnen.

(4) Die unelastische Nachfragesituation bietet für die Regio-Bank AG eine gute Voraussetzung zur Ertragssteigerung durch Erhöhung der Depotgebühren.

(5) Gebührenerhöhungen bei elastischer Nachfrage werden zu steigenden Erträgen bei der Regio-Bank AG führen.

4. Ermittlung des Gleichgewichtspreises

Auf einem vollkommenen Markt für Bio-Baumwolle treffen sich je drei Anbieter und Nachfrager mit den nachstehenden Preisvorstellungen. Für Käufer ist der Preis ein Maximalpreis, den diese zu zahlen bereit sind, Verkäufer möchten mindestens den angegebenen Preis erzielen.

Käufer (Nachfrager)		
Nr.	Preise	Menge
A	50,00 EUR	800 Tonnen
B	48,00 EUR	600 Tonnen
C	46,00 EUR	700 Tonnen

Verkäufer (Anbieter)		
Nr.	Preise	Menge
D	46,00 EUR	500 Tonnen
E	48,00 EUR	900 Tonnen
F	50,00 EUR	600 Tonnen

a) Ermitteln Sie Gleichgewichtspreis und Gleichgewichtsmenge.

Preis (EUR)	Nachfrage (t)	Angebot (t)
50,00		
48,00		
46,00		

EUR ☐☐☐

Menge t ☐☐☐

b) Stellen Sie fest, welche Nachfrager (A bis C) und Anbieter (D bis F) zum Zuge kommen bzw. nicht zum Zuge kommen.

zum Zuge kommende Anbieter ☐ ☐   nicht zum Zuge kommender Anbieter ☐

zum Zuge kommende Nachfrager ☐ ☐   nicht zum Zuge kommender Nachfrager ☐

c) Stellen Sie fest, bei welchem Anbieter und welchem Nachfrager die Preisvorstellung mit dem sich bildenden Marktpreis übereinstimmt (Grenzanbieter bzw. Grenznachfrager).

Grenzanbieter ☐   Grenznachfrager ☐

d) Stellen Sie fest, bei welchem Anbieter bzw. Nachfrager eine Produzentenrente bzw. eine Konsumentenrente vorliegt, und bestimmen Sie jeweils die Höhe der Konsumenten-/Produzentenrente.

Anbieter ☐   Höhe der Produzentenrente   EUR ☐☐

Nachfrager ☐   Höhe der Konsumentenrente   EUR ☐☐

1.4 Wenn der Staat in die Preisbildung eingreift

Situationsbeschreibung

Sie sind in der Abteilung Geschäfts- und Firmenkunden der Regio-Bank AG beschäftigt und begleiten dort die Firmenkundenberaterin Heike Strobl. In Beratungssituationen und bei Firmenbesuchen vor Ort stellen Sie fest, dass Frau Strobl sich mit ihren Kunden häufig über Einflüsse des Staates auf die Geschäftsprozesse in den Unternehmen austauscht. Die Rede ist dann zum Beispiel von Exportsubventionen, Direktbeihilfen für Agrarbetriebe, Verbrauchssteuern und Transfereinkommen der Haushalte.

Frau Strobl erklärt Ihnen in einem Ausbildungsgespräch, dass es sich bei diesen staatlichen Instrumenten um sogenannte marktkonforme Eingriffe in die Preisbildung an Märkten handelt. Dagegen würden marktinkonforme Eingriffe wie Höchst- oder Mindestpreisfestsetzungen seitens des Staates in ihrer reinen Form heutzutage bei uns nicht mehr durchgeführt. Lediglich in besonderen Fällen gebe es Ansätze für solche Eingriffe. Frau Strobl erwähnt in diesem Zusammenhang die sogenannte Mietpreisbremse.

Sie nehmen Ihre Erfahrungen aus dem Gespräch mit Frau Strobl zum Anlass, sich mit der Thematik näher zu beschäftigen und Ihre Ergebnisse systematisch zu erfassen. Bei Ihren ersten Recherchen stoßen Sie auf ein Zitat des ehemaligen Wirtschaftsministers Karl Schiller, eines überzeugten Anhängers der sozialen Marktwirtschaft: „So viel Markt wie möglich, so wenig Staat wie nötig."

Erstellen Sie eine

- Lernunterlage zu marktkonformen und marktinkonformen Eingriffen des Staates in die Preisbildung an Märkten und eine
- Stellungnahme zum obigen Zitat Karl Schillers als Vorbereitung auf eine Pro-und-Contra-Diskussion vor dem Hintergrund der aktuellen wirtschaftlichen Lage.

Klären Sie durch Internetrecherche die Begriffe „Transferzahlungen" und „indirekte Steuern" und ordnen Sie die von Frau Strobl erwähnten marktkonformen Maßnahmen in diese Begriffe ein.

Information

?

_____

_____

_____

_____

_____

Stellen Sie mithilfe des § 556d–g BGB die Eckpunkte der sogenannten Mietpreisbremse heraus.

_____

_____

_____

_____

_____

Planen und Entscheiden

Erstellen Sie einen Arbeits- und Zeitplan zur Bearbeitung der Lernsituation.

Durchführen

Bearbeiten Sie die Unterlagen zu den Handlungsprodukten.

Marktkonforme Maßnahmen

• Gewährung von Subventionen und Unterstützungszahlungen an Unternehmen

Ausgangssituation

Preis

Angebot

Nachfrage

Menge

Folge

Die _____ kurve verschiebt sich nach _____. Der Gleichgewichtspreis _____, die zum Gleichgewichtspreis umgesetzte Menge _____.

Beispiele:

_____

_____

• Erhöhung von Verbrauchssteuern

Ausgangssituation

Preis

Angebot

Nachfrage

Menge

Folge

Die _____ kurve verschiebt sich nach _____. Der Gleichgewichtspreis _____, die zum Gleichgewichtspreis umgesetzte Menge _____.

Beispiele:

_____

_____

• Gewährung von Transferzahlungen an Haushalte

Ausgangssituation

Preis

Angebot

Nachfrage

Menge

Folge

Die _____ kurve verschiebt sich nach _____. Der Gleichgewichtspreis _____, die zum Gleichgewichtspreis umgesetzte Menge _____.

Beispiele:

_____

_____

Marktinkonforme (marktkonträre) Maßnahmen

- **Höchstpreis**

Ausgangssituation

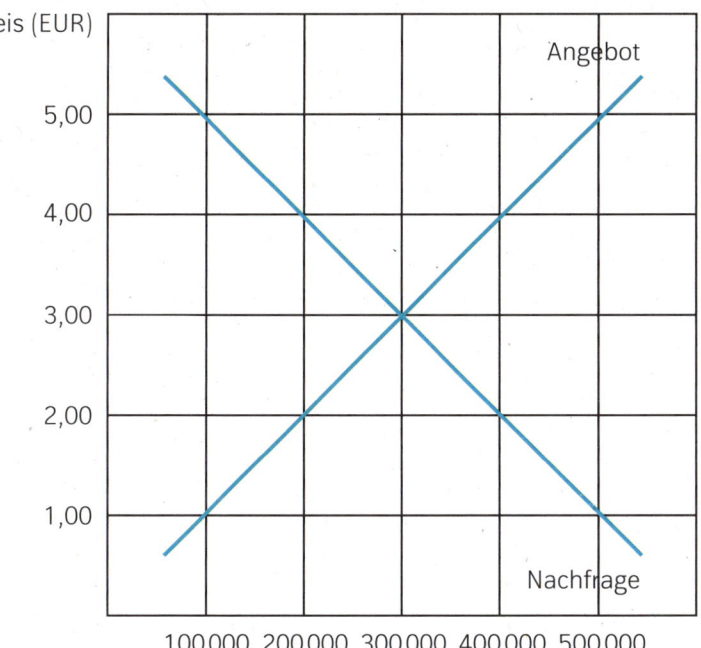

Der Staat schreibt einen Höchstpreis von 2,00 EUR vor. Konsequenzen für den Markt:

Umsatz zum Gleichgewichtspreis (in Stück und EUR)

Nachfrage zum Höchstpreis (in Stück und EUR)

Angebot zum Höchstpreis (in Stück und EUR)

Überhang (in Stück und EUR)

Staatliche Maßnahme zum Abbau des Überhangs

Zielvorstellung des Staates

Durchführen

· Mindestpreis

Ausgangssituation

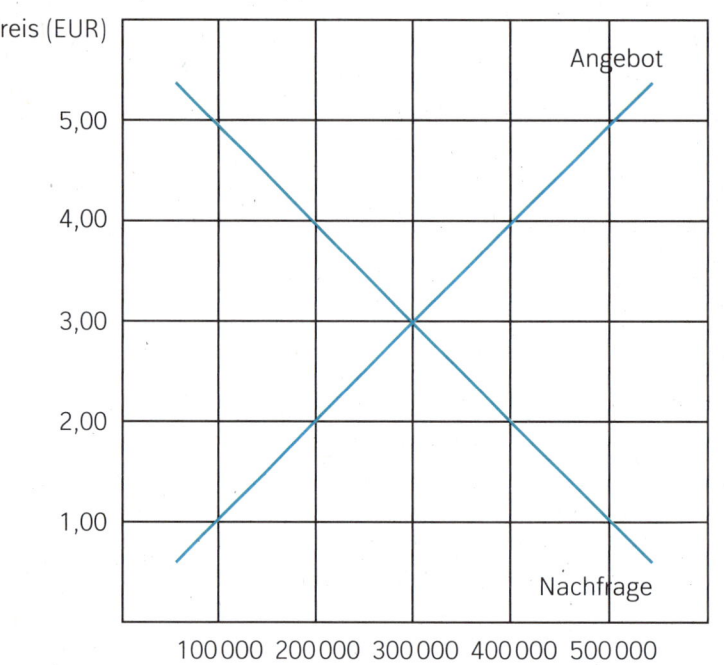

Der Staat schreibt einen Mindestpreis von 5,00 EUR vor. Konsequenzen für den Markt:

Umsatz zum Gleichgewichtspreis (in Stück und EUR)

Nachfrage zum Mindestpreis (in Stück und EUR)

Angebot zum Mindestpreis (in Stück und EUR)

Überhang (in Stück und EUR)

Staatliche Maßnahme zum Abbau des Überhangs

Zielvorstellung des Staates

Stellungnahme: „So viel Markt wie möglich, so wenig Staat wie nötig."

Durchführen

_____

_____

_____

_____

_____

_____

_____

_____

_____

_____

_____

Führen Sie eine Pro-und-Contra-Diskussion vor dem Hintergrund der aktuellen wirtschaftlichen Lage.

Kontrolle

- Prüfen Sie gegenseitig Ihre Lernunterlagen auf Vollständigkeit und inhaltliche Richtigkeit.
- Tragen Sie Ihr Plädoyer oder Ihre Stellungnahme mindestens zwei Partnern bzw. Partnerinnen vor und geben Sie sich Feedback.

Bewerten

- Bewerten Sie die Arbeitsergebnisse und den Arbeitsprozess.
- Die Mietpreisbremse wird kontrovers diskutiert, da sie ansatzweise einen direkten staatlichen Eingriff in die staatliche Preisbildung in Form eines Höchstpreises darstellt. Einen Ansatz zur Festlegung eines Mindestpreises stellt der 2015 von der Bundesregierung beschlossene Mindestlohn dar. Auch dieser steht immer wieder im Fokus von wirtschaftspolitischen Diskussionen. Wie ist Ihr persönlicher Standpunkt zu diesen Maßnahmen?

Aufgaben zur Lernsituation

1. Höchst- und Mindestpreise

Kennzeichen Sie die nachfolgenden Aussagen über Höchst- und Mindestpreise.

1 Höchstpreis trifft zu   3 Höchstpreis und Mindestpreis treffen zu
2 Mindestpreis trifft zu   4 weder Höchstpreis noch Mindestpreis treffen zu

a) *Staatliche Maßnahmen zur Regulierung der überschüssigen Menge sind i. d. R. Folge dieses staatlichen Eingriffs.* ☐

b) *Dieser staatliche Eingriff dient dem Schutz der Konsumenten.* ☐

c) *Dieser staatliche Eingriff lässt die Notwendigkeit einer Rationierung entstehen.* ☐

d) *Dieser staatliche Eingriff führt gewöhnlich zur Entstehung von Schwarzmärkten.* ☐

e) *Die Ausschaltungsfunktion des Marktpreises wird durch diesen staatlichen Eingriff beeinträchtigt.* ☐

f) *Es handelt sich um einen marktkonformen Eingriff des Staates.* ☐

g) *Unrentabel arbeitende Unternehmer werden durch diesen staatlichen Eingriff geschützt.* ☐

2. Auswirkungen staatlicher Maßnahmen auf den Gleichgewichtspreis

Auf einem vollkommenen Markt besteht folgende Angebots- und Nachfragesituation für ein bestimmtes Produkt:

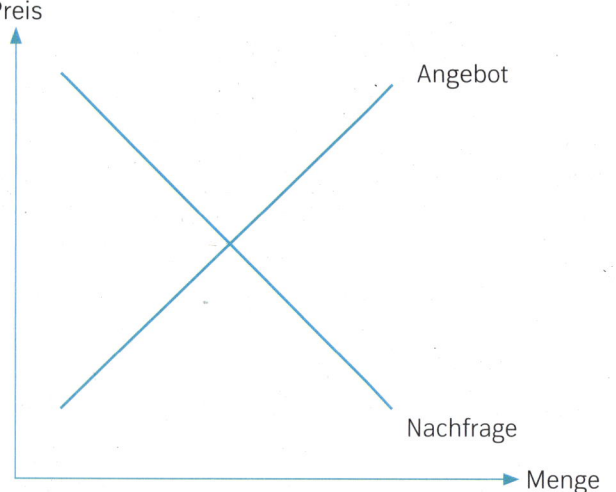

In dieser Situation erhöht der Staat die auf dieses Produkt entfallende Verbrauchssteuer. Parallel dazu gewährt er zum Ausgleich den Haushalten Zuschüsse beim Kauf des Produktes. Beide Maßnahmen wirken gleich stark auf Nachfrage und Angebot.

Beschreiben Sie die Auswirkungen der beiden Maßnahmen auf den Gleichgewichtspreis und die Gleichgewichtsmenge.

_____

_____

_____

_____

3. Mietpreisbremse

Welche der folgenden Aussagen zur Mietpreisbremse ist zutreffend?

(1) Die Mietpreisbremse führt zu einem bundesweit einheitlichen Höchstpreis in Ballungsgebieten.

(2) Bei der Mietpreisbremse handelt es sich um einen Festpreis für Gebiete mit einem angespannten Wohnungsmarkt.

(3) Die Mietpreisbremse gilt nicht für neuen Wohnraum, der erstmalig vermietet wird.

(4) Basis für die Ermittlung des Höchstpreises ist die Vergleichsmiete in allen Ballungsgebieten eines Bundeslandes.

(5) Die Vergleichsmiete darf maximal um 15 % überschritten werden.

4. Höchstpreis

In einem Gebiet mit angespanntem Wohnungsmarkt wird die Einführung eines festen Höchstpreises („Mietdeckel") diskutiert. Nach einer Marktanalyse stellen sich Angebot und Nachfrage nach Wohnungen mit einer Fläche von 60 m² (Wohneinheiten – WE) in dem Gebiet wie folgt dar:

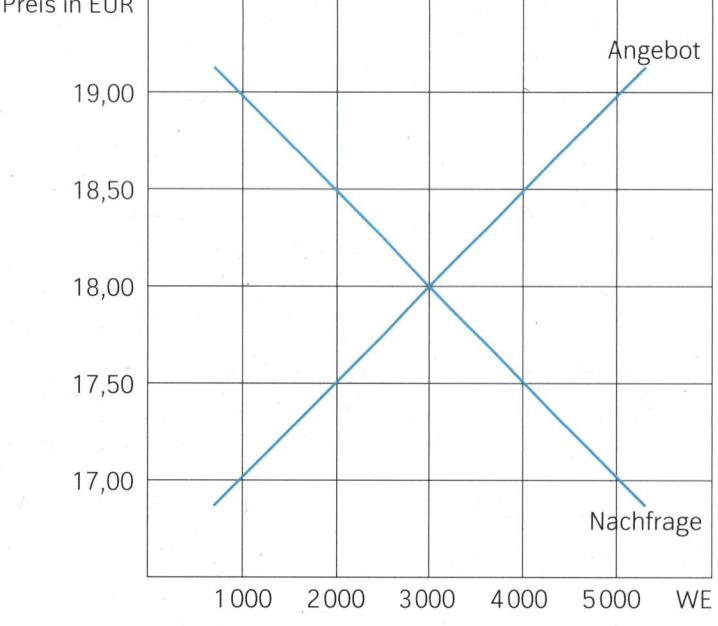

Beschreiben Sie die Auswirkungen, die sich ergeben würden, wenn ein „Mietdeckel" von 17,50 EUR gelten würde.

_____

_____

_____

_____

_____

_____

_____

1.5 Konzentration und Kooperation von Unternehmen

Situationsbeschreibung

Im Rahmen Ihrer Tätigkeit in der Abteilung Geschäfts- und Firmenkunden der Regio-Bank AG stellen Sie fest, dass Ihr Ausbildungsinstitut sehr breit aufgestellt ist. Zum Kundenkreis gehören neben Handwerksbetrieben und Angehörigen freier Berufe viele große, mittlere und kleine Produktions- und Dienstleistungsunternehmen aus etlichen Branchen. Einige Kunden sind Tochtergesellschaften international tätiger Konzerne. Auch etliche Verbände unterhalten Geschäftsbeziehungen zu Ihrem Haus. Sie stoßen sogar auf Kontenbezeichnungen mit Zusätzen wie „Konsortium" und „Arbeitsgemeinschaft".

Aus dem Berufsschulunterricht und Ihren bisherigen Praxiserfahrungen kennen Sie bereits die verschiedenen Rechtsformen von Unternehmen. Ihre Ausbilderin, Frau Strobl, ist der Meinung, dass Sie weitere rechtliche und wirtschaftliche Hintergründe zu den Kooperations- und Konzentrationsformen der Unternehmen, wie sie aus dem Kundenkreis der Abteilung Geschäfts- und Firmenkunden hervorgehen, näher kennenlernen sollten.

„Beziehen Sie auch Kartelle mit ein", sagt Frau Stobl. *„Die gibt es nicht als Kontobezeichnung"*, fügt sie schmunzelnd hinzu. *„Warum das so ist, werden Sie erfahren, wenn Sie sich näher mit Kartellen auseinandersetzen."*

Sie sind ein wenig ratlos, aber auch sehr gespannt. Mit den Begriffen wie „Konsortium", „Arbeitsgemeinschaft", „Kartell" usw. können Sie nicht viel anfangen. Sie müssen sich mit der Materie näher befassen.

Erstellen Sie eine

- Lernunterlage zu Kooperation und Konzentration von Unternehmen und eine
- Präsentation zu einer der zu bearbeitenden Kooperations- und Konzentrationsformen mit aktuellem Bezug.

Vergleichen Sie die Beschreibungen zum Kundenkreis der Regio-Bank AG in der Geschäfts- und Firmenkundenabteilung mit dem Kundenkreis Ihres Ausbildungsbetriebes. Welche Unterschiede bzw. Gemeinsamkeiten ergeben sich? Worauf führen Sie diese Unterschiede zurück?

Information

Erstellen Sie einen Arbeits- und Zeitplan zur Bearbeitung der Lernsituation.

Planen und Entscheiden

Durchführen

Bearbeiten Sie die Unterlagen zu den Handlungsprodukten.

Lernunterlage zu Konzentration und Kooperation von Unternehmen

· Konzentrationsformen

Konzern		
Definition		
Kapital-verflechtung	Schachtelbeteiligung Mehrheitsbeteiligung mittelbare (indirekte) Beteiligung	

Konzern-arten nach Branchen	Horizontaler Konzern	Vertikaler Konzern	Mischkonzern

Gleich-ordnungs-konzern und Unter-ordnungs-konzern	

Holding	
Definition	
Zweck	

Fusion	
Definition	
Fusion durch Aufnahme	
Fusion durch Neugründung	

· Kooperationsformen

	Definition	Beispiele
Interessengemeinschaft		
Arbeitsgemeinschaft		
Kartell		

Rechtliche Einordnung von Kartellen	
Grundsatz (§ 1 GWB)	
zulässige Vereinbarungen (§§ 2 und 3 GWB)	

Durchführen	**Präsentation zu einer der zu bearbeitenden Kooperations- und Konzentrationsformen mit aktuellem Bezug** • Einigen Sie sich auf eine Form der Kooperation und Konzentration, zu der Sie eine Präsentation halten. • Recherchieren Sie ein aktuelles Beispiel. • Erstellen Sie eine kurze ansprechende Präsentation und präsentieren Sie diese.
Kontrolle	Geben Sie Feedback zur Präsentation. **Prüfen Sie gegenseitig Ihre Lernunterlagen und Präsentationsfolien auf Vollständigkeit und inhaltliche Richtigkeit.**
Bewerten	Welche Auffassung vertreten Sie zu den folgenden Präsentationstipps?

Die Zuhörenden wollen Geschichten hören.	
Weniger ist mehr – kurze Sätze!	
Augenkontakt – kein Blattkontakt!	
Bilder wirken schneller und intuitiver als Text.	
Übung macht den Meister!	
Körpersprache sagt mehr als Worte!	

Aufgaben zur Lernsituation

1. Kooperations- und Konzentrationsformen

Stellen Sie jeweils fest, um welche Form der Kooperation bzw. Konzentration von Unternehmen es sich handelt:

a) Einige Unternehmen schließen sich zwecks Durchführung eines Großprojektes zusammen.

b) Ein Unternehmen wird unter Aufgabe seiner rechtlichen und wirtschaftlichen Selbstständigkeit mit dem gesamten Vermögen in ein anderes Unternehmen eingegliedert.

c) Es schließen sich Unternehmen unter Beibehaltung ihrer rechtlichen und wirtschaftlichen Selbstständigkeit zwecks Festlegung gemeinsamer Marketingstrategien zusammen.

d) In einer Gemeinde wird der Neubau des Rathauses ausgeschrieben. Die ortsansässigen Bauunternehmen vereinbaren, dass keines von ihnen einen bestimmten Angebotspreis unterschreiten wird.

e) Ein Unternehmen erwirbt eine Beteiligung von 90 % am Grundkapital eines anderen Unternehmens und übt über dieses eine einheitliche Leitung aus.

2. Auswirkungen von Absprachen auf den Gleichgewichtspreis

Auf einem Rohstoffmarkt besteht folgende Ausgangssituation:

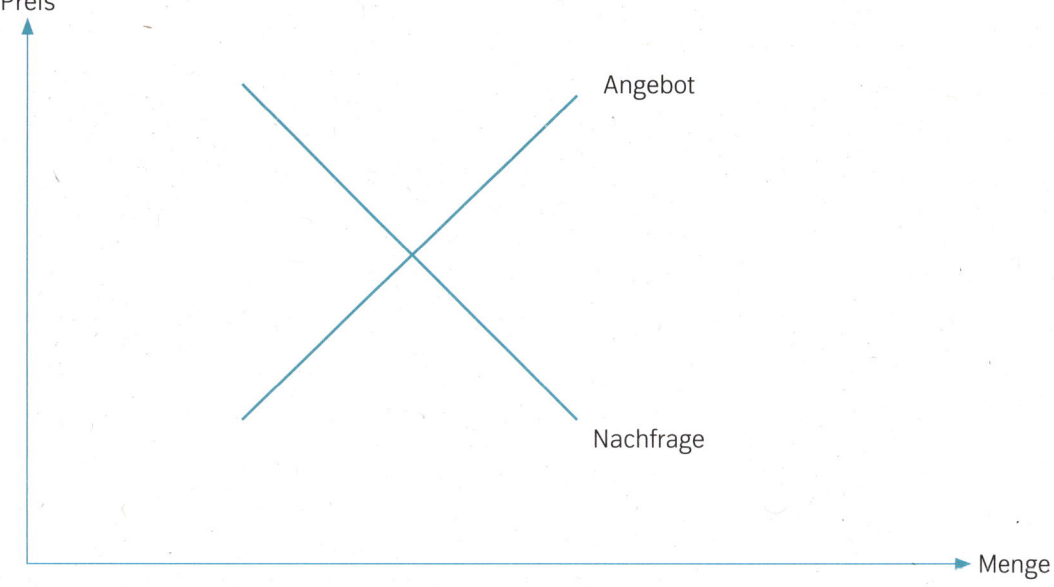

Einige Anbieter, die insgesamt einen Marktanteil von 75 % haben, verabreden, dass sie ihr Angebot nach fest aufgeteilten Mengen reduzieren. Beschreiben Sie mithilfe der obigen Darstellung die Auswirkungen dieser Maßnahme.

_____

_____

_____

3. Erlaubte Kartelle

Begründen Sie, warum die Kartellformen nach §§ 2 und 3 GWB nicht verboten sind.

_____

_____

_____

_____

1.6 Das Bundeskartellamt als „Hüter des Wettbewerbs"

Ihre Ausbilderin, Frau Strobl, ist sehr zufrieden mit Ihren Ausarbeitungen zu Kooperation und Konzentration von Unternehmen.

„Jetzt, wo Sie das Thema von der theoretischen Seite her kennengelernt haben, sollen Sie auch einmal ein großes Unternehmen vor Ort kennenlernen und an einem konkreten Beispiel erfahren, welche Probleme Kooperations- und Konzentrationsprozesse mit sich bringen können", eröffnet Frau Strobl Ihnen in einem Ausbildungsgespräch.

Frau Strobl teilt Ihnen mit, dass sie in der nächsten Woche ein erstes Kennenlerntreffen mit einem neu ernannten Prokuristen der örtlichen Niederlassung der Sobstay Group AG führen wird. Die global tätige Sobstay Group ist ein führender Maschinenbaukonzern mit einem Jahresumsatz von 58 Mrd. EUR und 295 000 Mitarbeitern. In den letzten Wochen war das Unternehmen recht häufig im Fokus der öffentlichen Diskussion, da es als „Global Player" die Übernahme eines großen Mitbewerbers plant und das Bundeskartellamt sich mit der Sache befasst. Für den Vorstand der Sobstay Group stellt die geplante Übernahme einen wichtigen Meilenstein für die Ausrichtung ihrer Unternehmensstrategie dar. Man hofft daher, dass dieser Maßnahme seitens des Bundeskartellamtes „keine Steine in den Weg gelegt werden".

Bei dem Treffen wird es vorrangig um Themen im Zusammenhang mit der aktuellen Geschäftsbeziehung der Regio-Bank AG zur Sobstay Group gehen. Die geplante Firmenübernahme und das Eingreifen des Bundeskartellamtes werden jedoch ebenfalls zur Sprache kommen.

Sie werden Frau Strobl zu dem Geschäftstermin begleiten. Vorab bittet sie Sie, sich auf das Gespräch gut vorzubereiten.

Erstellen Sie

- eine Unterlage zu den Aufgabenbereichen und Befugnissen des Bundeskartellamtes und
- ein Plädoyer zum Thema Unternehmenskonzentrationen aus Unternehmenssicht und aus Sicht des Bundeskartellamts.

Information

- **Recherchieren Sie folgende Hintergründe zum Bundeskartellamt:**
  - **rechtliche Stellung**
  - **Gründungsdatum**
  - **Anzahl der Bediensteten**
- **Kennen Sie aktuelle Unternehmenszusammenschlüsse?**

_____

_____

_____

_____

_____

Planen und Entscheiden

Erstellen Sie einen Arbeits- und Zeitplan zur Bearbeitung der Lernsituation.

Bearbeiten Sie die Unterlagen zu den Handlungsprodukten.

Unterlage zu den Aufgabenbereichen und Befugnissen des Bundeskartellamtes

Durchführen

Aufdeckung illegaler Kartelle	
Meldesystem	
Bußgelder	
Bonus-regelung	

Fusionskontrolle	
Kontrollpflicht bei Unternehmenszusammenschlüssen	
Kontrolle bei Beteiligungen	

Missbrauchsaufsicht	
Definition	
Marktbeherrschende Unternehmen	

Durchführen

Marktstarke Unternehmen	
Beispiele für missbräuchliches Verhalten	

Beispiele für Entscheidungen des Bundeskartellamts

Entscheidungsdatenbank des Bundeskartellamts:

https://www.bundeskartellamt.de/SiteGlobals/Forms/Suche/Entscheidungsdatenbanksuche_Formular.html?nn=52004

Plädoyer zum Thema Unternehmenskonzentrationen

Unternehmenssicht	Sicht des Bundeskartellamts

Tragen Sie die Plädoyers gegenseitig vor.

Prüfen Sie gegenseitig Ihre Lernunterlagen und Ausarbeitungen zu den Plädoyers auf Vollständigkeit und inhaltliche Richtigkeit.

Kontrolle

Bewerten Sie die Arbeitsergebnisse und den Arbeitsprozess.

Bewerten

Phase	Urteil	Verbesserungsvorschläge für diesen Bereich
Erstellung der Lernunterlage	🙂 😐 🙁	
Plädoyers	🙂 😐 🙁	

Geben Sie ein gegenseitiges Feedback zu den Plädoyers.

Aufgaben zur Lernsituation

1. Befugnisse des Kartellamts

In einer bestimmten Branche wird ein illegales Kartell der Unternehmen A, B, C und D vermutet. Das Bundeskartellamt wird in der Angelegenheit tätig. Erläutern Sie in diesem Zusammenhang fallbezogen die Begriffe „Meldesystem" und „Bonusregelung".

2. Fusionskontrolle

Welche der folgenden Aussagen zur Fusionskontrolle des Bundeskartellamts ist zutreffend?

(1) Unternehmenszusammenschlüsse müssen stets dem Bundeskartellamt gemeldet werden.
(2) Eine Kontrollpflicht des Bundeskartellamts besteht ab einer bestimmten Größe des Vorhabens.
(3) Unternehmenszusammenschlüsse innerhalb der EU werden von der Europäischen Kommission in Brüssel bearbeitet, das Bundeskartellamt ist daher in solche Fälle nicht eingebunden.
(4) Minderheitsbeteiligungen unterliegen nicht der Fusionskontrolle.
(5) Im Rahmen der Fusionskontrolle analysiert das Bundeskartellamt die Unternehmenszusammenschlüsse. Das Bundeswirtschaftsministerium muss diese Analyse anschließend bewerten.

3. Missbrauchsaufsicht

Welche der folgenden Aussagen zur Missbrauchsaufsicht des Bundeskartellamts ist zutreffend?

(1) Eine marktbeherrschende Stellung eines Unternehmens ist stets mit einer Fusion oder Firmenübernahme verbunden.
(2) Die Regelungen zur Missbrauchsaufsicht kommen bei erlaubten Kartellen nicht zur Anwendung.
(3) Nur marktbeherrschende Unternehmen unterliegen der Missbrauchsaufsicht.
(4) Marktmissbrauch im EU-Binnenmarkt wird nicht auf EU-Ebene, sondern von den zuständigen Behörden der EU-Mitgliedsländer beaufsichtigt.
(5) Bei Ausnutzung einer marktbeherrschenden Stellung kann das Bundeskartellamt auf Rückerstattungen an die geschädigten Kunden bzw. Kundinnen bestehen sowie zusätzlich Bußgelder verhängen.

2 Aufgaben zum Lernfeld

2.1 Märkte und Marktformen

1. Aufgabe

Ordnen Sie den nachfolgenden Aussagen den zutreffenden Marktbegriff zu.

1 „Schwarzer Markt"
2 vollkommener Markt
3 Faktormarkt
4 Effektenmarkt
5 Käufermarkt
6 Verkäufermarkt

a) *Hier wird zu Preisen gehandelt, die über dem staatlich verordneten Preis liegen.* ☐

b) *Es handelt sich um einen hochgradig organisierten Markt. Die Handelsobjekte selbst können hier nicht in Augenschein genommen werden.* ☐

c) *Dieser Markt existiert nur als gedankliches Modell.* ☐

d) *Es handelt sich um einen Sammelbegriff für Märkte, auf denen die Produktivkräfte einer Volkswirtschaft gehandelt werden.* ☐

e) *Es besteht an diesem Markt aufgrund des Angebotsüberhangs die Tendenz zu Preissenkungen.* ☐

2. Aufgabe

Mit welcher der folgenden Bedingungen des vollkommenen bzw. unvollkommenen Marktes sind die nachstehenden Vorgänge jeweils zu kennzeichnen?

Bedingungen des vollkommenen/unvollkommenen Marktes:

1 Homogenität der Güter
2 persönliche Präferenzen
3 räumliche Präferenzen
4 zeitliche Präferenzen
5 Markttransparenz
6 schnelle Reaktionsgeschwindigkeit

Vorgänge

a) *Wegen des kürzeren Transportweges bevorzugt ein Händler Ware aus einem Nachbarort.* ☐

b) *Ein Hausmann kauft seine Kartoffeln am liebsten bei der freundlichen Bäuerin im Dorf.* ☐

c) *Eine Autofahrerin bevorzugt Benzin der Marke X, da es laut Werbung „den Motor extra gut reinigt".* ☐

d) *Eine Bankberaterin ruft online die aktuellen Kurse für X-Aktien an den deutschen Präsenzbörsen ab.* ☐

e) *Ein Rentner kauft vorzugsweise Waren vom Flohmarkt kurz vor Einbruch der Dämmerung, da er sie dann zum geringeren Preis erhält.* ☐

f) *Ein Bäcker verkauft seine Brötchen um 5 Cent teurer als ein zwei Kilometer entfernter Konkurrent.* ☐

g) *Bei der Auswahl von Nougat-Pralinen bevorzugt eine Kundin eine Sorte, die sich durch eine Hochglanz-Goldverpackung von den anderen abhebt.* ☐

2.2 Bestimmungsgrößen von Angebot und Nachfrage

1. Aufgabe

Ermitteln Sie die Elastizität der Nachfrage bei der dargestellten Preissenkung.

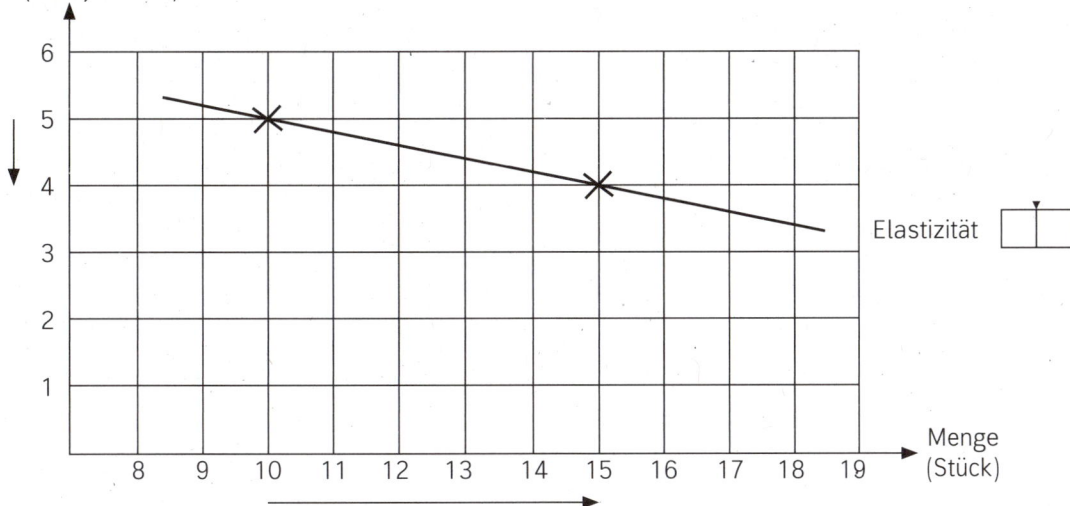

Elastizität ☐☐

2. Aufgabe

In welchem Fall muss bei preiselastischem Verhalten der Marktteilnehmer der Gleichgewichtspreis steigen bei gleichzeitiger Abnahme der Gleichgewichtsmenge? ☐

(1) Die Nachfrage ist konstant, das Angebot steigt.
(2) Das Angebot ist konstant, die Nachfrage steigt.
(3) Das Angebot ist konstant, die Nachfrage sinkt.
(4) Die Nachfrage ist konstant, das Angebot sinkt.

3. Aufgabe

Im Modell des vollkommenen Marktes kommt es immer dann zu einem neuen Marktgleichgewicht, wenn sich die Nachfrage- bzw. Angebotsbedingungen ändern.

Entscheiden Sie in den nachfolgenden Fällen, in welcher Weise sich

A: die Nachfrage- bzw. Angebotskurve verschiebt,
B: der Gleichgewichtspreis verändert.

A: 1 Die Angebotskurve verschiebt sich nach rechts.
2 Die Angebotskurve verschiebt sich nach links.
3 Die Nachfragekurve verschiebt sich nach rechts.
4 Die Nachfragekurve verschiebt sich nach links.

B: 5 Der Gleichgewichtspreis sinkt.
6 Der Gleichgewichtspreis steigt.
7 Der Gleichgewichtspreis bleibt unverändert.

	A	B
a) Preiserhöhung bei einem Substitutionsgut	☐	☐
b) Das Einkommen der Konsumenten steigt.	☐	☐
c) Preiserhöhung bei einem Komplementärgut	☐	☐
d) Der Staat gewährt den Unternehmen Subventionen.	☐	☐
e) Die Produktionskosten der Unternehmen steigen.	☐	☐
f) Der Staat senkt die Einkommensteuer.	☐	☐

4. Aufgabe

In welcher der folgenden Darstellungen wird eine völlig unelastische Nachfrage dargestellt? ☐

Darstellungen

1	2	3
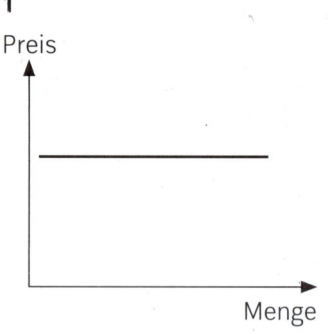	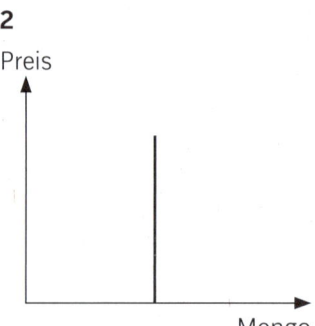	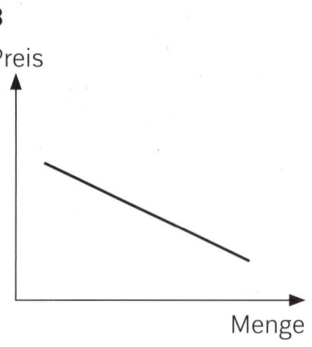

5. Aufgabe

Entscheiden Sie bei den nachfolgenden Aussagen, welche Art des Angebots- bzw. Nachfrage-verhaltens jeweils zugrunde liegt.

1 Elastische Nachfrage   4 Starres Angebot
2 Elastisches Angebot   5 Keiner der Begriffe trifft zu.
3 Starre Nachfrage

a) Die Preise für Benzin steigen um 4 %; der Benzinverbrauch sinkt daraufhin um 6 %. ☐

b) Der Butterpreis steigt um 10 %; die Lebensmittelhersteller erweitern ihre Produktion um 15 %. ☐

c) Die Preise für Zigaretten steigen; die Absatzzahlen ändern sich nicht. ☐

d) Die Preise für Benzin steigen; die Zahl der Autoneuzulassungen ist daraufhin rückläufig. ☐

e) Trotz steigender Preise können die Unternehmer das Produktionsvolumen nicht erhöhen, da die Kapazitäten ausgelastet sind. ☐

6. Aufgabe

Ordnen Sie den nachfolgenden Aussagen die zutreffenden Begriffe zu.

1 Ausschaltungsfunktion   6 Markträumungsfunktion
2 Grenzanbieter   7 Grenznachfrager
3 Käufermarkt   8 Verkäufermarkt
4 Lenkungsfunktion   9 Produzentenrente
5 Konsumentenrente

a) Aufgrund dieser Marktkonstellation ist mit Preissenkungen zu rechnen. ☐

b) Nicht wettbewerbsfähige Produzenten werden vom Markt verdrängt. ☐

c) Ein Konzern gibt einen unrentablen Unternehmenszweig auf und investiert in eine Zukunftsbranche. ☐

d) Solange ein Anbieter in der Lage ist, unterhalb des Marktpreises anzubieten, verfügt er über diesen Geldvorteil. ☐

e) Die Anpassungsvorgänge auf dem Markt führen dazu, dass ungeplante Lagerinvestitionen vermieden werden. ☐

f) Steigt der Marktpreis, werden diese Marktteilnehmer vom Markt verdrängt. ☐

7. Aufgabe

Die nachstehenden Darstellungen 1 bis 3 geben jeweils die Beziehung zwischen der Nachfrage nach einem Gut und seinem Preis wieder. Ordnen Sie die Darstellungen den folgenden Beschreibungen zu.

Beschreibungen

a) *Bei diesem Gut handelt es sich um ein lebensnotwendiges Medikament, das nur von einem Hersteller produziert werden kann.*

b) *Bei diesem Gut handelt es sich um ein Lebensmittelmittel für den täglichen Gebrauch.*

c) *Bei diesem Gut handelt es sich um einen Luxusartikel, dessen Käufer sich von anderen Konsumenten abheben wollen.*

Darstellungen

1

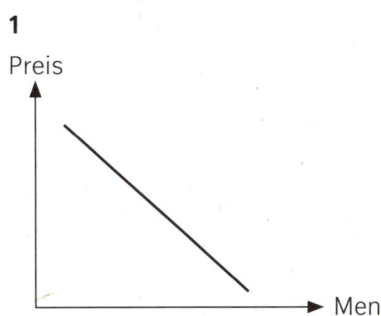

2

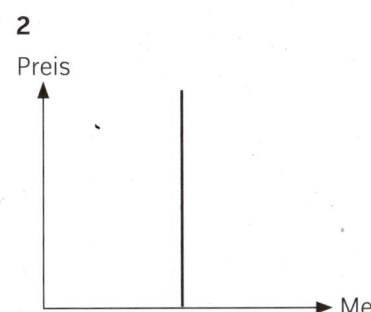

3

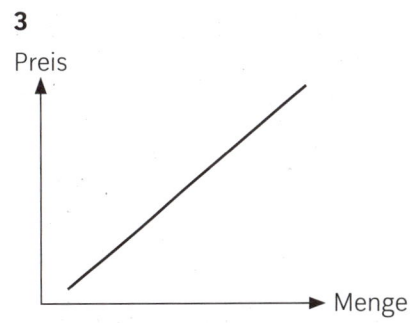

2.3 Preisbildung und staatliche Eingriffe in das Marktgeschehen

1. Aufgabe

Die folgende Abbildung gibt Angebot und Nachfrage nach Investitionskrediten wieder (Anbieter: Kreditinstitute; Nachfrager: Unternehmen). Die Angebotskurve A1 zeigt das ursprüngliche Verhalten der Kreditinstitute, die Angebotskurve A2 das geänderte Verhalten, nachdem die EZB die Refinanzierungsmöglichkeiten der Kreditinstitute erschwert hat.

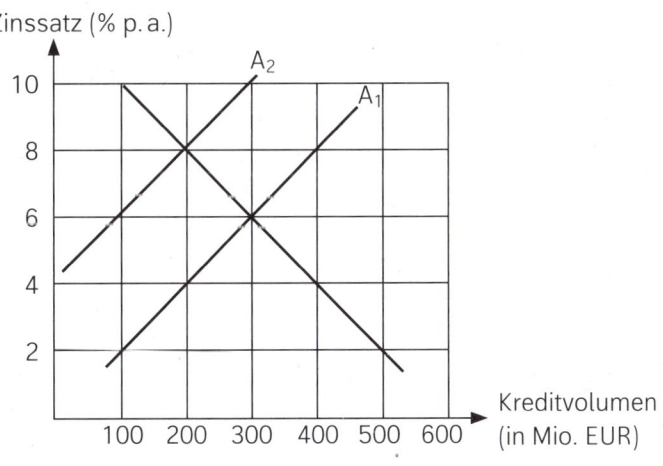

Um wie viel Mio. EUR (bezogen auf ein Jahr) ändern sich die Zinserträge der Kreditinstitute?

Mio. EUR ☐☐

2. Aufgabe

Gehen Sie von folgendem
Angebots-/Nachfrageschema
aus:

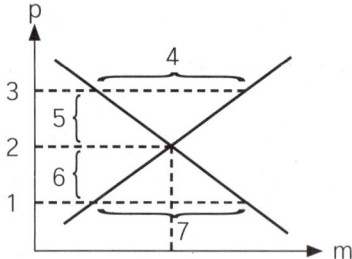

Kennzeichnen Sie mithilfe des Schemas die
folgenden Begriffe, indem Sie jeweils die
korrekte Ziffer eintragen.

Begriffe

a) *Angebotsüberschuss*

b) *Gleichgewichtspreis*

c) *Mindestpreis*

d) *Preis zum Schutz der Anbieter*

e) *Konsumentenrente*

3. Aufgabe

Gegeben ist die folgende Marktsituation:

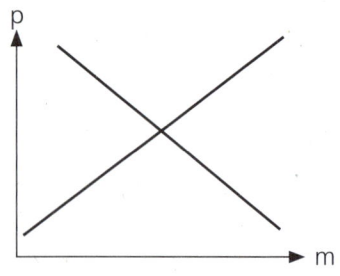

Kennzeichnen Sie in den folgenden Fällen jeweils die
Änderung des Gleichgewichtspreises und des Umsatzes
(Preis · Menge) zum Gleichgewichtspreis.

Der Gleichgewichtspreis
1 steigt,
2 sinkt,
3 bleibt unverändert.

Der Umsatz zum Gleichgewichtspreis
4 steigt,
5 sinkt,
6 bleibt unverändert.

Fälle

a) *Linksverschiebung von Angebots- und Nachfragekurve im gleichen Maß*

    aa) *Gleichgewichtspreis*

    ab) *Umsatz zum Gleichgewichtspreis*

b) *Rechtsverschiebung der Angebotskurve; gleichzeitige Rechtsverschiebung der Nachfragekurve im gleichen Maß*

    ba) *Gleichgewichtspreis*

    bb) *Umsatz zum Gleichgewichtspreis*

c) *Linksverschiebung der Nachfragekurve; Angebotskurve bleibt unverändert*

    ca) *Gleichgewichtspreis*

    cb) *Umsatz zum Gleichgewichtspreis*

d) *Linksverschiebung der Angebotskurve; die Nachfragekurve verschiebt sich im gleichen Maß nach rechts.*

    da) *Gleichgewichtspreis*

    db) *Umsatz zum Gleichgewichtspreis*

4. Aufgabe

Auf einem Markt für ein bestimmtes Agrarprodukt besteht folgende Angebots- und Nachfrage-situation:

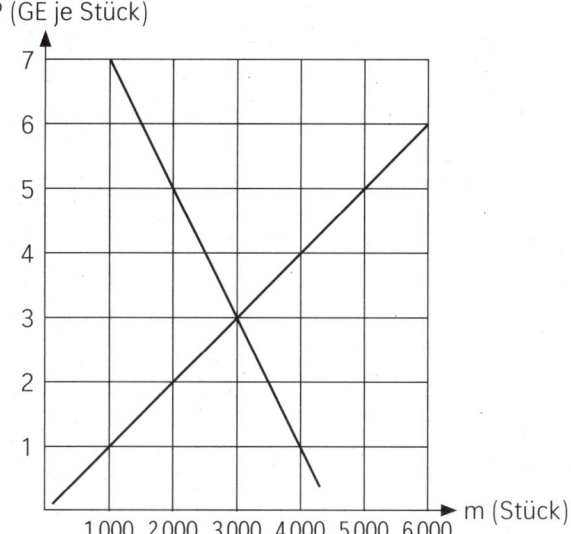

P (GE je Stück)

m (Stück)

Der Staat setzt einen Mindestpreis fest, der 2 Geldeinheiten vom Gleichgewichtspreis entfernt liegt.

a) Wie viele GE beträgt der Mindestpreis?   GE ☐

b) Wie hoch ist der Verlust des Staates, wenn dieser das gesamte Angebot zum Mindestpreis aufkauft und die im Inland nicht absetzbare Menge im Ausland zum Weltmarktpreis von 2 GE verkauft? (Die im Inland absetzbare Menge wird zum Gleichgewichts-preis verkauft.)

GE ☐☐☐☐☐

5. Aufgabe

Ein Monopolist ermittelt für sein Produkt folgende Nachfragemengen in Abhängigkeit von dem durch ihn festgesetzten Preis:

Preis (EUR je Stück)

Menge (Stück)

Der Monopolist produziert mit fixen Kosten in Höhe von 1 000,00 EUR und variablen Kosten von 0,80 EUR je Stück.

a) Ermitteln Sie den Preis, bei dem der Monopolist den höchsten Umsatz erzielt.   EUR ☐☐☐

b) Wie hoch ist der Gewinn des Monopolisten bei dem Preis mit dem höchsten Umsatz?   EUR ☐☐☐☐☐☐

6. Aufgabe

Gehen Sie von folgender Angebotssituation für ein Produkt aus:

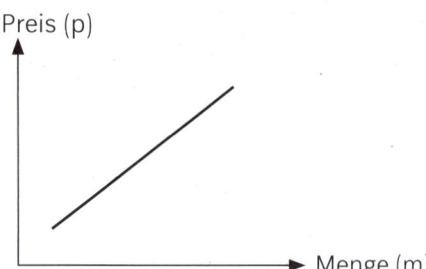

Stellen Sie jeweils fest, ob es als Folge der nachstehenden Sachverhalte jeweils zu einer Verschiebung der Angebotskurve oder zu einer Bewegung auf der Angebotskurve kommt. Die Sachverhalte sind unabhängig zu betrachten.

1 Verschiebung der Angebotskurve nach rechts
2 Verschiebung der Angebotskurve nach links
3 Bewegung auf der Angebotskurve nach rechts
4 Bewegung auf der Angebotskurve nach links

Sachverhalte

a) Es treten neue Anbieter am Markt auf.

b) Das Produkt wird durch gezielte Präsentationen im Fernsehen bei den Verbrauchern beliebter.

c) Die Anbieter können günstiger produzieren und geben den Preisvorteil an die Verbraucher weiter.

d) Ein gleichwertiges Konkurrenzprodukt (Substitutionsgut) wird durch Werbung bei den Verbrauchern beliebter.

e) Durch eine Steuerreform steigen die verfügbaren Einkommen der Haushalte.

f) Die Produktionskosten erhöhen sich durch steigende Rohstoffpreise.

g) Das Produkt gerät in den Verdacht, gesundheitsschädlich zu sein.

7. Aufgabe

Welche der folgenden Aussagen zu Kartellen ist zutreffend?

Aussagen

(1) Kartelle sind Absprachen, die ausschließlich in mündlicher Form vorliegen.
(2) Die an einem Kartell beteiligten Unternehmen geben ihre rechtliche Selbstständigkeit teilweise auf.
(3) Kartelle sind nach dem GWB ausnahmslos verboten.
(4) Eine Absprache von Unternehmen, bei öffentlichen Aufträgen bestimmte festgelegte Preisgebote abzugeben, bezeichnet man als Quotenkartell.
(5) Zur Erleichterung seiner Arbeit im Rahmen der Verfolgung illegaler Absprachen bedient sich das Bundeskartellamt auch einer Kronzeugenregelung.

8. Aufgabe

In einer Wirtschaftszeitung lesen Sie folgende Information über ein Verlagshaus:

„Durch die Übernahme der Druckerei Print-IPC GmbH können wir den Verbraucherinnen und Verbrauchern über die Buchhandlungen, die sich in unserem Portfolio befinden, eine noch größere Palette an Druckerzeugnissen anbieten."

Welche Form von Unternehmenszusammenschluss wird hier beschrieben?

(1) Kartell
(2) Trust

(3) Horizontaler
    Konzern

(4) Vertikaler
    Konzern

(5) Holding

Lernfeld 7:

Werteströme und Geschäftsprozesse erfassen und dokumentieren

Zielbeschreibung:

Sie verfügen über die Kompetenz, Werteströme in Kreditinstituten zu dokumentieren und zu beurteilen, erfolgsneutrale und erfolgswirksame Geschäftsfälle darzustellen sowie maßgebliche Bewertungsansätze von Bilanzpositionen anzuwenden.

1 Lernsituationen

1.1 Grundlagen des Rechnungswesens

Situationsbeschreibung

Sie sind für vier Wochen in der Abteilung Rechnungswesen eingesetzt. Dieser Bereich hat Sie bisher nur wenig interessiert. Für Sie steht die Kundenberatung im Vordergrund. Buchführung ist Ihrer Meinung nach eine bankinterne Angelegenheit, die von Computern erledigt wird und mit der Kundenberatung nichts zu tun hat.

In einem Einführungsgespräch belehrt Sie die Leiterin der Abteilung Rechnungswesen, Maren Becker, aber eines Besseren.

„Auch als Kundenberaterin bzw. Kundenberater werden Sie immer wieder mit Aspekten des Rechnungswesens konfrontiert:
- *In den Kontoauszügen der Kunden/Kundinnen sind Soll- und Habenumsätze aufgeführt. Sie müssen Kunden/ Kundinnen Buchungen auf ihren Konten erläutern können.*
- *Bei Darlehen müssen Sie dem Kunden bzw. der Kundin einen Sollzinssatz anbieten, der auch unsere Kosten deckt und nach Möglichkeit auch einen Gewinn für uns ermöglicht. Dazu müssen Sie wissen, was Konditionen- und Deckungsbeiträge sind.*
- *Bei Darlehen an Geschäfts- und Firmenkunden nutzen wir die Kundendaten aus dem Rechnungswesen zur Einschätzung der Bonität. Dazu müssen Sie Bilanz- und Erfolgskennzahlen ermitteln.*
- *Jede unserer Filialen muss ihre Kosten durch entsprechende Erträge decken. Dazu müssen alle Mitarbeiterinnen und Mitarbeiter einen Beitrag leisten.*
- *Für unsere Aktionäre und Kunden/Kundinnen ist unser Geschäftsbericht mit der Bilanz sowie der Gewinn- und Verlustrechnung eine wichtige Informationsquelle. Aber auch als Mitarbeiter/-in sollten Sie wissen, welche Informationen Sie dem Geschäftsbericht entnehmen können.*

Sie benötigen also bei fast allen Tätigkeiten in einem Kreditinstitut auch Kenntnisse zum Rechnungswesen.

Beim betrieblichen Rechnungswesen müssen wir zwei Bereiche unterscheiden, nämlich
- *die Finanzbuchhaltung für die gesetzlich vorgeschriebene Dokumentation unserer Geschäfte und*
- *das Controlling als Grundlage für die Steuerung und Kontrolle unserer Geschäfte.*

Damit wir etwas Licht ins Dunkel bringen, bitte ich Sie, eine Übersicht zu den Aufgaben, Inhalten und Adressaten des Rechnungswesens zu erstellen.“

Erstellen Sie eine

- Übersicht zu den Aufgaben, Inhalten und Adressaten der Finanzbuchhaltung und eine
- Übersicht zu den Aufgaben, Inhalten und Adressaten des Controllings.

Information

- **Welche Berührungspunkte hatten Sie bisher mit dem Bereich Rechnungswesen?**

- Begründen Sie, warum auch Kundenberater/-innen Kenntnisse zum Rechnungswesen benötigen.

Information

_____

_____

_____

_____

_____

- Welche Aufgabe hat die Finanzbuchhaltung?

_____

_____

- Welche Aufgabe hat das Controlling?

_____

_____

_____

- Stellen Sie fest, welche Informationen und Materialien Sie für die Bearbeitung der Lernsituation benötigen.
- Erstellen Sie einen Arbeits- und Zeitplan.

Planen und Entscheiden

Bearbeiten Sie die Unterlagen zu den Handlungsprodukten.

Durchführen

Übersicht zu den Aufgaben, Inhalten und Adressaten der Finanzbuchhaltung

Aufgaben	
	_____
	_____
	_____
	_____
	_____
	_____

Durchführen

Inhalte	Inventar (§ 240 HGB)	
	Jahresab- schluss (§ 242 HGB)	
	Buchführung (§ 238 HGB)	
Adressaten		
Aufbewahrungs- fristen (§ 257 HGB)		

Übersicht zu den Aufgaben, Inhalten und Adressaten des Controllings

Aufgaben	
Inhalte	

Inhalte		Durchführen

Adressaten

Kontrolle

Tauschen Sie die von Ihnen erstellten Unterlagen mit Mitschülern bzw. Mitschülerinnen aus, um die Materialien gegenseitig zu prüfen.

Bewerten

Reflektieren und bewerten Sie Ihre Vorgehensweise und Ihre Arbeitsergebnisse.

Phase	Urteil	Verbesserungsvorschläge für diesen Bereich
Vorgehensweise	🙂 😐 🙁	
Arbeitsergebnisse	🙂 😐 🙁	

Aufgaben zur Lernsituation

1. Vermögen und Schulden

Stellen Sie fest, wie die folgenden Bestände der Regio-Bank AG einzuordnen sind.
Es handelt sich

(1) um Vermögen der Regio-Bank AG,
(2) um Schulden der Regio-Bank AG,
(3) weder um Vermögen noch um Schulden der Regio-Bank AG.

a) *Geldscheine im Geldautomaten der Filiale Buchenweg* ☐

b) *Spareinlage des Kunden Herbert Müller* ☐

c) *Festgeldkonto der Kundin Sarah Weber* ☐

d) *Girokonto des Kunden Tim Weiher, das zurzeit im Soll steht* ☐

e) *Wertpapiere im Depot der Eheleute Gehring* ☐

2. Aufgaben des Rechnungswesens

Stellen Sie fest, welche der folgenden Aussagen über das Rechnungswesen zutreffend ist. ☐

(1) Die Finanzbuchhaltung und das Controlling dienen ausschließlich dazu, der Geschäftsleitung Daten für die Steuerung der Geschäftsprozesse zu liefern.
(2) In der Finanzbuchhaltung werden unter anderem die Preise für Bankprodukte kalkuliert.
(3) Die Bankenaufsicht prüft, ob der Aufbau der Finanzbuchhaltung und des Controllings den gesetzlichen Vorschriften entsprechen.
(4) In der Finanzbuchhaltung erfüllt das Kreditinstitut gesetzliche Dokumentationspflichten.
(5) Im Controlling wird die Gewinn- und Verlustrechnung erstellt.

3. Inventar, Jahresabschluss und Buchführung

Stellen Sie fest, welche der folgenden Aussagen über das Rechnungswesen zutreffend ist. ☐

(1) Das Inventar gibt Auskunft über die Ertragslage des Kreditinstitutes.
(2) Der Jahresabschluss besteht aus der Buchführung und der Gewinn- und Verlustrechnung.
(3) Zum Jahresabschluss gehören die Bilanz und die Gewinn- und Verlustrechnung.
(4) In der Gewinn- und Verlustrechnung werden das Vermögen und die Schulden des Kreditinstitutes dargestellt.
(5) In der Buchführung werden die Werte grundsätzlich durch Inventur ermittelt.

4. Aufbewahrungsfristen

Die Regio-Bank AG ist gesetzlich verpflichtet, Unterlagen für eine Mindestzeit aufzubewahren. Stellen Sie fest, wann die Aufbewahrungsfristen für die folgenden Unterlagen enden. Tragen Sie das jeweilige Datum vom Ende der Aufbewahrungsfrist in das Kästchen ein.

	Tag	Monat	Jahr
a) *Einzahlungsbeleg vom 10.02.2023*			

	Tag	Monat	Jahr
b) *Mahnschreiben vom 10.02.2023 an einen Kunden, der mit seinen Tilgungsraten in Verzug ist.*			

	Tag	Monat	Jahr
c) *Jahresabschluss für das Jahr 2022, der am 10.02.2023 fertiggestellt wurde*			

1.2 Die Minibank AG erstellt ein Inventar und eine Bilanz

Situationsbeschreibung

Sie haben inzwischen eine grobe Vorstellung von den Aufgaben der Finanzbuchhaltung. *„Ich kann mir aber nicht vorstellen, wie das bei uns in der Regio-Bank umgesetzt wird"*, stellen Sie fest.

Die Leiterin der Abteilung Rechnungswesen, Maren Becker, zeigt dafür Verständnis:

„Es ist tatsächlich nicht einfach, den Aufbau und Inhalt der Finanzbuchhaltung zu verstehen. Täglich fallen bei uns Hunderttausende von Buchungen an, unser Inventar umfasst riesige Dateien und die Bilanz ist für einen Laien auch nur schwer zu verstehen. Zudem wird der größte Teil elektronisch abgewickelt und bleibt für uns eine Black-Box. Deshalb gehen wir einmal einen etwas anderen Weg. Wir betrachten nicht unsere Gesamtbank, sondern wir stellen uns eine kleine eigenständige Bank mit nur wenigen Kunden und Kundinnen vor. Wir nennen sie Minibank AG. An diesem Beispiel können Sie den Aufbau des Rechnungswesens besser nachvollziehen. Sie erhalten von mir gleich Daten zu unserer Minibank, mit denen Sie ein Inventar und eine Bilanz erstellen können. Achten Sie dabei auch auf die richtige Gliederung. In der nächsten Woche präsentieren Sie mir bitte Ihre Ergebnisse."

Daten der Minibank AG zum 31.12.20..

Eigene Wertpapiere
– 50 000,00 EUR Nennwert Bundesobligationen, Serie 785, Kurs 104,50 %
– 800 Higtech-Aktien, Kurs 85,00 EUR

Kontostände auf Girokonten (Kontokorrentkonten)

– Jan Welter, Konto-Nr. 753210	4 510,00 EUR	Haben
– Matthias Braun, Konto-Nr. 768231	1 580,00 EUR	Soll
– Pohl & Zander KG, Konto-Nr. 654583	17 040,00 EUR	Haben
– Sahra Peters, Konto-Nr. 675308	5 680,00 EUR	Haben
– Taurus GmbH, Konto-Nr. 579234	28 920,00 EUR	Soll
– Yvonne Vogt, Konto-Nr. 893685	2 340,00 EUR	Soll

Spareinlagen

– Jan Welter, Konto-Nr. 753226	57 920,00 EUR
– Lara Förster, Konto-Nr. 745285	34 200,00 EUR
– Max Weber, Konto-Nr. 436284	56 520,00 EUR
– Sahra Peters, Konto-Nr. 675326	28 630,00 EUR

Guthaben bei der Bundesbank 25 400,00 EUR

Betriebs- und Geschäftsausstattung (BGA)

– Serviceschalter, Typ 458	2 350,00 EUR
– 5 Büroschränke, Typ 756, Preis jeweils 840,00 EUR	4 200,00 EUR
– 4 PC, Dell, Einzelpreis 1 400,00 EUR	5 600,00 EUR
– Geldautomat, NCR, Typ 605	7 300,00 EUR
– Tresoranlage, Garant, Typ FS76	9 810,00 EUR

Kassenbestand

– Geldautomat	6 300,00 EUR
– Kasse	3 400,00 EUR
– Tresor	12 300,00 EUR

Erstellen Sie folgende Unterlagen:

• Übersicht zur Abgrenzung der Begriffe Inventur, Inventar und Bilanz
• Inventar der Minibank AG zum 31.12.20..
• Bilanz der Minibank AG zum 31.12.20..

Information

Begründen Sie, warum Frau Becker Ihnen Daten der fiktiven Minibank AG vorgibt, anstatt die Daten des Ausbildungsbetriebes zu verwenden.

_____

_____

_____

_____

Planen und Entscheiden

- Stellen Sie fest, welche Informationen und Materialien Sie für die Bearbeitung der Lernsituation benötigen.
- Erstellen Sie einen Arbeits- und Zeitplan.

Durchführen

Bearbeiten Sie die Unterlagen zu den Handlungsprodukten.

Übersicht zur Abgrenzung der Begriffe Inventur, Inventar und Bilanz

Inventur	
Definition	_____ _____
Verfahren	Körperliche Inventur: _____ _____ Buchinventur: _____ _____

Inventar	
Definition	_____ _____ _____ _____
Gliederung	Vermögen: _____ _____ Schulden: _____ _____

Bilanz		
Definition		
Inhalt und Gliederung	Aktiva	Inhalt:
		Gliederung:
	Passiva	Inhalt:
		Gliederung:

Inventar der Minibank AG zum 31.12.20..

A. Vermögen

Summe des Vermögens	

Durchführen

B.   Schulden (Verbindlichkeiten)

_____

_____

_____

_____

_____

_____

_____

_____

_____

_____

_____

_____

Summe der Schulden

C.   Ermittlung des Reinvermögens (Eigenkapital)

Bilanz der Minibank AG zum 31.12.20..

Aktiva	Bilanz der Minibank AG zum 31.12.20..	Passiva

Kontrolle

Tauschen Sie die von Ihnen erstellten Unterlagen mit Mitschülern bzw. Mitschülerinnen aus, um die Materialien gegenseitig zu prüfen.

Bewerten

Reflektieren und bewerten Sie Ihre Vorgehensweise und Ihre Arbeitsergebnisse.

Phase	Urteil	Verbesserungsvorschläge für diesen Bereich
Vorgehensweise	🙂 😐 🙁	
Arbeitsergebnisse	🙂 😐 🙁	

Aufgaben zur Lernsituation

1. Unterschiede zwischen Inventar und Bilanz

Beschreiben Sie drei Unterschiede zwischen dem Inventar und der Bilanz.

_____

_____

_____

_____

2. Gliederung der Bilanz

a) Nach welchem Kriterium ist die Aktivseite der Bilanz gegliedert?

_____

b) Nach welchem Kriterium ist die Passivseite der Bilanz gegliedert?

_____

3. Aussagen zum Inventar und zur Bilanz

Stellen Sie fest, welche zwei der folgenden Aussagen zutreffend sind.   ☐ ☐

(1) Die Passivseite der Bilanz zeigt die Verwendung von Eigen- und Fremdkapital.
(2) Die Bilanz ist eine komprimierte Gegenüberstellung von Kapitalverwendung und Kapitalherkunft.
(3) Im Inventar werden die Ergebnisse einer Inventur komprimiert dargestellt.
(4) Die Summen des Vermögens und der Schulden sind im Inventar und in der Bilanz immer gleich hoch.
(5) Eine Inventur ist ein ausführliches Verzeichnis des Vermögens und der Schulden mit Mengen- und Wertangaben.
(6) Das Inventar wird im Geschäftsbericht veröffentlicht.

4. Gliederung der Bilanz

Stellen Sie fest, welche der in der Bilanz in Klammern darstellten Ziffern auf folgende Begriffe zutreffen.

a) *Eigenkapital*   ☐

b) *Mittelherkunft*   ☐

c) *Betriebs- und Geschäftsausstattung*   ☐

d) *Kassenbestand*   ☐

e) *Mittelverwendung*   ☐

f) *Debitoren*   ☐

g) *Verbindlichkeiten gegenüber Kreditinstituten, täglich fällig*   ☐

Aktiva	Bilanz der Regio-Bank AG zum 31.12.20..		Passiva	
(1)	3 578 440,00 EUR	(4)	1 230 900,00 EUR	
Bundesbank	23 989 500,00 EUR	Kreditoren	178 945 200,00 EUR	
(6) { (2)	543 235 700,00 EUR	Spareinlagen	475 643 200,00 EUR	} (7)
Wertpapiere	157 600 500,00 EUR	(5)	82 174 340,00 EUR	
(3)	9 589 500,00 EUR			
	737 993 640,00 EUR		**737 993 640,00 EUR**	

5. Erstellung einer Bilanz

Die Sparbank AG hat durch Inventur zum 31.12.20.. folgende Werte ermittelt:

Spareinlagen	
– Lisa Sommer, Konto-Nr. 275365	34 620,00 EUR
– Alina Bukowski, Konto-Nr. 253228	87 120,00 EUR
– Leon Mahler, Konto-Nr. 245287	79 450,00 EUR
– Frank Baumann, Konto-Nr. 236282	63 900,00 EUR
Betriebs- und Geschäftsaussstattung (BGA)	
– Mobiliar Hauptstelle Kreuzgasse	18 380,00 EUR
– Mobiliar Filiale Bergstraße	12 830,00 EUR
– 12 Computer, Einzelpreis 1 200,00 EUR	14 400,00 EUR
– Geldautomat, NRC, Typ 605	5 300,00 EUR
– Tresoranlage, Secure XZ 556	8 870,00 EUR
Verbindlichkeiten gegenüber Kreditinstituten (täglich fällig)	145 200,00 EUR
Wertpapiere	
– 50 000,00 EUR Nennwert Bundesanleihen, Kurs 106 %	53 000,00 EUR
– 400 Datasoft-Aktien, Kurs 125,00 EUR	50 000,00 EUR
Überziehungskredite an Kunden (Debitoren)	
– Paul Schulte, Konto-Nr. 798415	13 280,00 EUR
– Elif Özcan, Konto-Nr. 733687	24 970,00 EUR
– Argus GmbH, Konto-Nr. 679237	73 930,00 EUR
Kassenbestand	
– Hauptstelle Kreuzgasse	74 870,00 EUR
– Filiale Bergstraße	25 320,00 EUR
– Geldautomat Alleestraße	12 750,00 EUR
Guthaben bei der Bundesbank	156 400,00 EUR
Sichteinlagen von Kunden (Kreditoren)	
– Pascal Krüger, Konto-Nr. 875365	27 640,00 EUR
– Lenard Richter, Konto-Nr. 753262	16 590,00 EUR
– Metallbau GmbH, Konto-Nr. 644562	25 680,00 EUR

Erstellen Sie die Bilanz.

Aktiva	Bilanz der Sparbank AG zum 31.12.20..	Passiva

1.3 Wertveränderungen in der Bilanz bei der Minibank AG

Situationsbeschreibung

Das Inventar und die Bilanz für die Minibank AG haben Sie souverän erstellt und der Abteilungsleiterin Rechnungswesen, Maren Becker, erläutert.

„Das haben Sie gut gemacht", lobt Sie Frau Becker. *„Ihre Zahlen im Inventar und in der Bilanz beziehen sich auf das Ende des Geschäftsjahres. Das ist bei fast allen Kreditinstituten der 31.12. des Jahres. Es ist naheliegend, dass Geschäftsfälle im nächsten Jahr diese Zahlen verändern. Wenn ein Sparer zum Beispiel 500,00 EUR auf sein Konto einzahlt, steigen unser Kassenbestand und die Höhe der Spareinlagen um jeweils 500,00 EUR. Am Beispiel unserer Minibank sollen Sie nun untersuchen, wie sich unterschiedliche Geschäftsfälle auf die Bilanzwerte auswirken."*

Frau Becker übergibt Ihnen dazu folgende Informationen:

Aktiva	Bilanz der Minibank AG zum 31.12.20..	Passiva	
Kasse	22 000,00 EUR	Kreditoren	27 230,00 EUR
Bundesbank	25 400,00 EUR	Spareinlagen	177 270,00 EUR
Debitoren	32 840,00 EUR	Eigenkapital	25 250,00 EUR
Wertpapiere	120 250,00 EUR		
BGA	29 260,00 EUR		
	229 750,00 EUR		**229 750,00 EUR**

Im nächsten Geschäftsjahr sind folgende Geschäftsfälle zu erfassen:
1. Debitoren zahlen 3 000,00 EUR bar auf ihre Konten ein.
2. Kreditoren übertragen 5 000,00 EUR auf ihre Sparkonten.
3. Für Kreditoren gehen Überweisungsgutschriften in Höhe von 8 000,00 EUR über Bundesbank ein.
4. Wir verkaufen Wertpapiere an Sparer/-innen zu 12 500,00 EUR.

Erstellen Sie folgende Unterlagen:

- Auflistung der durch die Geschäftsfälle verursachten Wertveränderungen bei den betroffenen Bilanzpositionen
- Bilanz unter Berücksichtigung der Geschäftsfälle
- Übersicht über die Auswirkungen von Geschäftsfällen auf die Bilanz

---

- Informieren Sie sich über die Aufgabenstellungen.
- Begründen Sie, warum die Bilanzsummen auf der Aktivseite und auf der Passivseite immer gleich hoch sind.

Information

- Stellen Sie fest, welche Informationen und Materialien Sie für die Bearbeitung der Lernsituation benötigen.
- Erstellen Sie einen Arbeits- und Zeitplan.

Planen und Entscheiden

Durchführen

Bearbeiten Sie die Unterlagen zu den Handlungsprodukten.

Auflistung der durch die Geschäftsfälle verursachten Wertveränderungen bei den betroffenen Bilanzpositionen

Hinweis: Die einzelnen Bilanzpositionen sind horizontal dargestellt. Tragen Sie die durch die Geschäftsfälle verursachten Wertänderungen in die entsprechenden Felder ein.

Ermitteln Sie anschließend auch die neue Bilanzsumme.

Aktiva				Minibank AG				Passiva
	Kasse	Bundes-bank	Debitoren	Wert-papiere	BGA	Kredito-ren	Spar-einlagen	EK
Anfangs-bestand	22 000,00 EUR	25 400,00 EUR	32 840,00 EUR	120 250,00 EUR	29 260,00 EUR	27 230,00 EUR	177 270,00 EUR	25 250,00 EUR

Geschäftsfälle

1. Debitoren zahlen 3 000,00 EUR bar auf ihre Konten ein.

Mehrung (+) bzw. Minderung (–)								

2. Kreditoren übertragen 5 000,00 EUR auf ihre Sparkonten.

Mehrung (+) bzw. Minderung (–)								

3. Für Kreditoren gehen Überweisungsgutschriften in Höhe von 8 000,00 EUR über Bundesbank ein.

Mehrung (+) bzw. Minderung (–)								

4. Wir verkaufen Wertpapiere an Sparer zu 12 500,00 EUR.

Mehrung (+) bzw. Minderung (–)								

Schluss-bestand								

neue Bilanzsumme

Bilanz unter Berücksichtigung der Geschäftsfälle

Aktiva   Bilanz der Minibank AG zum 31.12.20..   Passiva

Übersicht über die Auswirkungen von Geschäftsfällen auf die Bilanz

Wertänderungen in der Bilanz		
Art des Geschäfts-falles	Erläuterung	Veränderung der Bilanzsumme
Aktivtausch (Geschäftsfall Nr. 1)		
Passivtausch (Geschäftsfall Nr. 2)		
Aktiv-Passiv-Mehrung (Geschäftsfall Nr. 3)		
Aktiv-Passiv-Minderung (Geschäftsfall Nr. 4)		

Tauschen Sie die von Ihnen erstellten Unterlagen mit Mitschülern bzw. Mitschülerinnen aus, um die Materialien gegenseitig zu prüfen.

Reflektieren und bewerten Sie Ihre Vorgehensweise und Ihre Arbeitsergebnisse.

Phase	Urteil	Verbesserungsvorschläge für diesen Bereich
Vorgehensweise	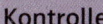 🙂 😐 🙁	
Arbeitsergebnisse	🙂 😐 🙁	

Aufgaben zur Lernsituation

1. Wertänderungen in der Bilanz

a) Erfassen Sie die durch die Geschäftsfälle verursachten Wertänderungen bei den betroffenen Bilanzpositionen.

Aktiva				Sparbank AG				Passiva
	Kasse	Bundes-bank	Debitoren	Wertpapiere	BGA	Kreditoren	Spar-einlagen	EK
Anfangsbestand	56 400,00 EUR	84 800,00 EUR	154 650,00 EUR	110 450,00 EUR	45 900,00 EUR	143 200,00 EUR	262 900,00 EUR	46 100,00 EUR

Geschäftsfälle

1. Sparer zahlen 4 000,00 EUR bar auf ihre Konten ein.

Mehrung (+) bzw. Minderung (–)								

2. Debitoren erteilen Überweisungsaufträge über 5 400,00 EUR, die über Bundesbank ausgeführt werden.

Mehrung (+) bzw. Minderung (–)								

3. Kreditoren übertragen 6 700,00 EUR auf ihre Sparkonten.

Mehrung (+) bzw. Minderung (–)								

4. Kreditoren heben an Geldautomaten 3 200,00 EUR ab.

Mehrung (+) bzw. Minderung (–)								

Schlussbestand								

neue Bilanzsumme

b) Stellen Sie fest, in welcher Weise die obigen Geschäftsfälle zu Bilanzänderungen führen.

Bilanzänderungen

(1) Aktivtausch   ba) Geschäftsfall 1   ☐

(2) Passivtausch   bb) Geschäftsfall 2   ☐

(3) Aktiv-Passiv-Mehrung   bc) Geschäftsfall 3   ☐

(4) Aktiv-Passiv-Minderung   bd) Geschäftsfall 4   ☐

2. Wirkung von Geschäftsfällen

Stellen Sie fest, in welcher Weise die nebenstehenden Geschäftsfälle zu Bilanzänderungen führen.

Bilanzänderungen

(1) Aktivtausch
(2) Passivtausch
(3) Aktiv-Passiv-Mehrung
(4) Aktiv-Passiv-Minderung

Geschäftsfälle

a) Über Bundesbank gehen Gutschriften für Sparkonten ein.   ☐

b) Barauszahlung an Kreditoren   ☐

c) Die Bank führt Überweisungsaufträge von Debitoren über Bundesbank aus.   ☐

d) Die Bank kauft Wertpapiere von einem Kreditor.   ☐

e) Kreditoren überweisen Geld auf ihre Sparkonten.   ☐

f) Die Bank verkauft Wertpapiere an einen Debitor.   ☐

1.4 Buchung der Geschäftsfälle auf Bestandskonten

Geschäftsfälle führen zu Wertveränderungen bei einzelnen Bilanzpositionen. In der vorhergehenden Lernsituation haben Sie die Veränderungen direkt in der Bilanz erfasst. Das hat gut geklappt und Sie fühlten sich schon wie ein richtiger Buchhalter bzw. eine richtige Buchhalterin.

Die Leiterin des Rechnungswesens, Maren Becker, bremst nun aber Ihre Euphorie und schildert, dass dieses Vorgehen nur der Veranschaulichung diente und nicht praxistauglich sei.

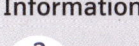

Dazu erläutert sie:

„In der Praxis werden Wertveränderungen in Bestandskonten in einem System der doppelten Buchführung gebucht, indem jeder Geschäftsfall zu einer Soll- und einer Habenbuchung führt. Zunächst werden Sie dieses System vielleicht als verwirrend empfinden. Wenn Sie die Zusammenhänge aber verstanden haben, wird es Ihnen leichtfallen, Geschäftsfälle zu buchen und die finanziellen Auswirkungen zu beurteilen. Bitte buchen Sie die Ihnen schon bekannten Geschäftsfälle nun im Grund- und Hauptbuch."

Sie erhalten von Frau Becker noch einmal die dazu notwendigen Informationen:

Aktiva	Bilanz der Minibank AG zum 31.12.20..		Passiva
Kasse	22 000,00 EUR	Kreditoren	27 230,00 EUR
Bundesbank	25 400,00 EUR	Spareinlagen	177 270,00 EUR
Debitoren	32 840,00 EUR	Eigenkapital	25 250,00 EUR
Wertpapiere	120 250,00 EUR		
BGA	29 260,00 EUR		
	229 750,00 EUR		**229 750,00 EUR**

Im nächsten Geschäftsjahr sind folgende Geschäftsfälle zu erfassen:
1. 16.01.20..: Debitoren zahlen 3 000,00 EUR bar auf ihre Konten ein
2. 23.05.20..: Kreditoren übertragen 5 000,00 EUR auf ihre Sparkonten.
3. 05.09.20..: Für Kreditoren gehen Überweisungsgutschriften in Höhe von 8 000,00 EUR über Bundesbank ein.
4. 14.12.20..: Wir verkaufen Wertpapiere an Sparer/-innen zu 12 500,00 EUR.

Erstellen Sie folgende Unterlagen:

- Informationsschrift zu den Grundbegriffen der Buchführung
- Buchung der Geschäftsfälle im Hauptbuch
- Buchung der Geschäftsfälle im Grundbuch

Markieren Sie die Ihnen unbekannten Begriffe in der Situationsbeschreibung.

Schauen Sie sich noch einmal Ihre Lösung zu der vorhergehenden Lernsituation „Wertveränderungen in der Bilanz bei der Minibank AG" an.

Information

- Stellen Sie fest, welche Informationen und Materialien Sie für die Bearbeitung der Lernsituation benötigen.
- Erstellen Sie einen Arbeits- und Zeitplan.

Planen und Entscheiden

Durchführen

Bearbeiten Sie die Unterlagen zu den Handlungsprodukten.

Informationsschrift zu den Grundbegriffen der Buchführung

Grundbegriffe der Buchführung	
Buchführungs-pflicht (§ 238 HGB)	
Führung der Handelsbücher (§ 239 HGB, GoB, GoBD)	
Aktivkonto	Beschreibung: Grafische Darstellung („T-Konto")

Passivkonto	**Beschreibung:** _____ _____ _____ _____ _____ _____ **Grafische Darstellung („T-Konto")** 	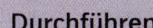
Grundbuch	_____ _____ _____ _____ _____ _____	
Hauptbuch	_____ _____ _____ _____ _____ _____	
Eröffnungsbilanz-konto (EBK)	_____ _____ _____ _____ _____ _____	
Passivkonto		

Durchführen

Schlussbilanz-
konto (SBK)

_____

_____

_____

_____

_____

_____

Buchung der Geschäftsfälle im Hauptbuch

Soll	Kasse	Haben	Soll	Kreditoren	Haben

Soll	Bundesbank (DBB)	Haben	Soll	Spareinlagen	Haben

Soll	Debitoren	Haben	Soll	Eigenkapital	Haben

Soll	Wertpapiere	Haben	Soll	SBK	Haben

Soll	BGA	Haben

Buchung der Geschäftsfälle im Grundbuch

A. Eröffnungsbuchungen am 02.01.20..	Konten		Beträge	
	Soll	Haben	Soll	Haben
Aktivkonten				
Passivkonten				

B. Buchung der Geschäftsfälle		Konten		Beträge	
Lfd. Nr.	Buchungsdatum	Soll	Haben	Soll	Haben
1	16.01.20..				
2	23.05.20..				
3	05.09.20..				
4	14.12.20..				

C. Abschlussbuchungen am 31.12.20..	Konten		Beträge	
	Soll	Haben	Soll	Haben
Aktivkonten				
Passivkonten				

Tauschen Sie die von Ihnen erstellten Unterlagen mit Mitschülern bzw. Mitschülerinnen aus, um die Materialien gegenseitig zu prüfen.

Reflektieren und bewerten Sie Ihre Vorgehensweise und Ihre Arbeitsergebnisse.

Phase	Urteil	Verbesserungsvorschläge für diesen Bereich
Vorgehensweise		
Arbeitsergebnisse		

Aufgaben zur Lernsituation

1. Buchführungspflicht

In der Buchführung sind die Grundsätze ordnungsmäßiger Buchführung zu beachten. Beschreiben Sie drei dieser Grundsätze.

_____

_____

_____

_____

_____

_____

2. Aktiv- und Passivkonten

Stellen Sie fest, welches der untenstehenden Konten

a) ein Aktivkonto,

b) ein Passivkonto darstellt.

Tragen Sie die Nummer des zutreffenden Kontos in das Kästchen ein.

(1)

Soll	Konto	Haben
Anfangsbestand Minderungen	Mehrungen Schlussbestand	

(3)

Soll	Konto	Haben
Mehrungen Schlussbestand	Anfangsbestand Minderungen	

(2)

Soll	Konto	Haben
Anfangsbestand Mehrungen	Minderungen Schlussbestand	

(4)

Soll	Konto	Haben
Minderungen Schlussbestand	Anfangsbestand Mehrungen	

3. Buchung von Geschäftsfällen im Grund- und Hauptbuch

Die Sparbank AG hat folgende Anfangsbestände für die Hauptbuchkonten ermittelt:

BGA	45 900,00 EUR		Bundesbank	84 800,00 EUR
Kreditoren	143 200,00 EUR		Wertpapiere	110 450,00 EUR
EK	46 100,00 EUR		Debitoren	154 650,00 EUR
Kasse	56 400,00 EUR		Spareinlagen	262 900,00 EUR

Nun fallen folgende Geschäftsfälle an:

1. Sparer/-innen zahlen 4 000,00 EUR bar auf ihre Konten ein.
2. Debitoren erteilen Überweisungsaufträge über 5 400,00 EUR, die über Bundesbank ausgeführt werden.
3. Kreditoren übertragen 6 700,00 EUR auf ihre Sparkonten
4. Kreditoren heben an Geldautomaten 3 200,00 EUR ab.

a) *Führen Sie das Grundbuch.*

Eröffnungsbuchungen am 02.01.20..	Konten		Beträge	
	Soll	Haben	Soll	Haben
Aktivkonten				
Passivkonten				

Buchung der Geschäftsfälle	Konten		Beträge	
Lfd. Nr.	Soll	Haben	Soll	Haben
1				
2				
3				
4				

Abschlussbuchungen am 31.12.20..	Konten		Beträge	
	Soll	Haben	Soll	Haben
Aktivkonten				
Passivkonten				

b) *Führen Sie das Hauptbuch*

Soll	Kasse	Haben

Soll	Kreditoren	Haben

Soll	Bundesbank (DBB)	Haben

Soll	Spareinlagen	Haben

Soll	Debitoren	Haben

Soll	Eigenkapital	Haben

Soll	Wertpapiere	Haben

Soll	SBK	Haben

Soll	BGA	Haben

4. Buchung von Geschäftsfällen

Bilden Sie die Buchungssätze und geben Sie bei den Geschäftsfällen an, um welche Bilanzänderung es sich handelt.

Bilanzänderung

(1) Aktivtausch
(2) Passivtausch
(3) Aktiv-Passiv-Mehrung
(4) Aktiv-Passiv-Minderung

Nr.	Geschäftsfall	Konto Soll	Konto Haben	Bilanz-änderung
1.	Eröffnungsbuchung für das Konto BGA			
2.	Eröffnungsbuchung für Spareinlagen			
3.	Die Bank kauft Wertpapiere von einem Kreditor.			
4.	Überweisungsaufträge von Debitoren, die über Bundesbank ausgeführt werden			
5.	Barauszahlung an Sparer/-innen			
6.	Sparer/-innen übertragen Geld auf ihre debitorisch geführten Konten.			
7.	Die Bank hebt Geld von ihrem Bundesbankkonto ab.			
8.	Die Bank kauft einen Geldautomaten von einem Geschäftskunden (Kreditor).			
9.	Kreditoren überweisen Geld an andere Kreditoren.			
10.	Abschlussbuchung für das Konto Kreditoren			
11.	Abschlussbuchung für das Konto Debitoren			
12.	Abschlussbuchung für das Konto Eigenkapital			

1.5 Erfolgskonten führen und abschließen

Situationsbeschreibung

Es hat zwar einige Zeit gedauert, nun aber sind die Führung und der Abschluss von Bestandskonten im Grund- und im Hauptbuch für Sie kein Problem mehr.

„Sie können mich nun in der Buchhaltung einsetzen", bieten Sie der Abteilungsleiterin Rechnungswesen, Maren Becker, an.
„Wirklich?", fragt Frau Becker. *„Sind Sie der Meinung, dass Sie tatsächlich schon alle Arten von Geschäftsfällen gebucht haben?"* Sie schauen ratlos.

Frau Becker: *„Ich gebe Ihnen mal ein Beispiel. Sie erhalten jeden Monat eine Ausbildungsvergütung. Wie würden Sie die denn buchen?"*

Sie: *„Da ich mein Konto kreditorisch führe, muss die Gehaltszahlung im Haben bei Kreditoren gebucht werden."*

Frau Becker: *„Und die Sollbuchung?"*

Da bleiben Sie die Antwort schuldig.

Frau Becker: *„Gehaltszahlungen sind Aufwendungen, wie zum Beispiel auch Zinsen, die wir an Sparer/-innen zahlen. Auf der anderen Seite benötigen wir Erträge, wie zum Beispiel Zinserträge bei Darlehen und Provisionserträge, um die Aufwendungen zu decken und nach Möglichkeit noch einen Gewinn zu erzielen. Aufwendungen und Erträge sind für uns viel bedeutsamer als die bisherigen Geschäftsfälle, die nur Bestandskonten angesprochen haben. Sie erhalten von mir wieder einige Geschäftsfälle zu unserer Minibank. Bitte buchen Sie diese Fälle im Grundbuch und in den Erfolgskonten. Dann schließen Sie bitte die Erfolgskonten und das GuV-Konto ab. Viel Spaß dabei."*

Sie erhalten von Frau Becker folgende Informationen:

Aktiva	Bilanz der Minibank AG zum 31.12.20..		Passiva
Kasse	25 000,00 EUR	Kreditoren	30 230,00 EUR
Bundesbank	33 400,00 EUR	Spareinlagen	169 770,00 EUR
Debitoren	29 840,00 EUR	Eigenkapital	25 250,00 EUR
Wertpapiere	107 750,00 EUR		
BGA	29 260,00 EUR		
	225 250,00 EUR		**225 250,00 EUR**

Im nächsten Geschäftsjahr sind folgende Geschäftsfälle zu erfassen:

1. 09.05.20..: Die Minibank zahlt 4 130,00 EUR Gehalt an eine Mitarbeiterin (Kreditor).
2. 16.08.20..: Debitoren werden mit 6 160,00 EUR Zinsen belastet.
3. 22.09.20..: Kreditoren werden mit 2 950,00 EUR Kontoführungsgebühren belastet.
4. 11.10.20..: Sparer/-innen erhalten Zinsgutschriften über 1 950,00 EUR.
5. 09.12.20..: Die Minibank kauft Büromaterial in bar für 480,00 EUR.

Erstellen Sie folgende Unterlagen:

- Informationsschrift zu Erfolgskonten
- Buchung der Geschäftsfälle im Hauptbuch
- Buchung der Geschäftsfälle im Grundbuch
- Gesamtübersicht zur Führung und zum Abschluss von Bestands- und Erfolgskonten

Information

- Markieren Sie die Ihnen unbekannten Begriffe in der Situationsbeschreibung.
- Begründen Sie, warum nach Ansicht von Frau Becker Aufwendungen und Erträge für das Kreditinstitut von größter Bedeutung sind.

- Stellen Sie fest, welche Informationen und Materialien Sie für die Bearbeitung der Lernsituation benötigen.
- Erstellen Sie einen Arbeits- und Zeitplan.

Planen und Entscheiden

Bearbeiten Sie die Unterlagen zu den Handlungsprodukten.

Informationsschrift zu Erfolgskonten

Durchführen

Erfolgskonten	
Aufwen-dungen	Definition:
	Beispiele:
Erträge	Definition:
	Beispiele:
Erfolgs-konten	

Durchführen

Gewinn- und Verlustkonto (GuV-Konto)

Beschreibung:

_____

_____

_____

Grafische Darstellung („T-Konto") des GuV-Kontos bei einem Gewinn und bei einem Verlust und Buchungssätze zum Abschluss der Konten

1. Die Bank hat einen Gewinn erzielt.

Soll	GuV-Konto	Haben

Abschlussbuchungssatz:

_____

1. Die Bank hat einen Verlust erzielt.

Soll	GuV-Konto	Haben

Abschlussbuchungssatz:

_____

Buchung der Geschäftsfälle im Hauptbuch

Hinweis: Die Schlussbestände der Hauptbuchkonten sind mit Ausnahme des Eigenkapitals schon im SBK erfasst.

Aufwandskonten	Ertragskonten

Soll	Gehälter	Haben	Soll	Zinserträge	Haben

Soll	Zinsaufwendungen	Haben	Soll	Provisionserträge	Haben

Soll	Allgemeine Verwaltungs- aufwendungen (AVA)	Haben	Soll	Eigenkapital	Haben
				EBK 25 250,00 EUR	

Soll	GuV	Haben

Soll	SBK		Haben
Kasse	24 520,00 EUR	Kreditoren	31 410,00 EUR
Bundesbank	33 400,00 EUR	Spar-	
Debitoren	36 000,00 EUR	einlagen	171 720,00 EUR
Wertpapiere	107 750,00 EUR	**Eigenkapital**	_____
BGA	29 260,00 EUR		

Buchung der Geschäftsfälle im Grundbuch

Grundbuch					
Buchung der Geschäftsfälle	Konten		Beträge		
Nr.	Datum	Soll	Haben	Soll	Haben
1	09.05.20..				
2	16.08.20..				
3	22.09.20..				
4	11.10.20..				
5	09.12.20..				

Abschlussbuchungen am 31.12.20..	Konten		Beträge		
	Soll	Haben	Soll	Haben	
Aufwandskonten					
Ertragskonten					
GuV-Konto					
EK-Konto					

Gesamtübersicht zur Führung und zum Abschluss von Bestands- und Erfolgskonten
Bitte ergänzen Sie die fehlenden Eintragungen.

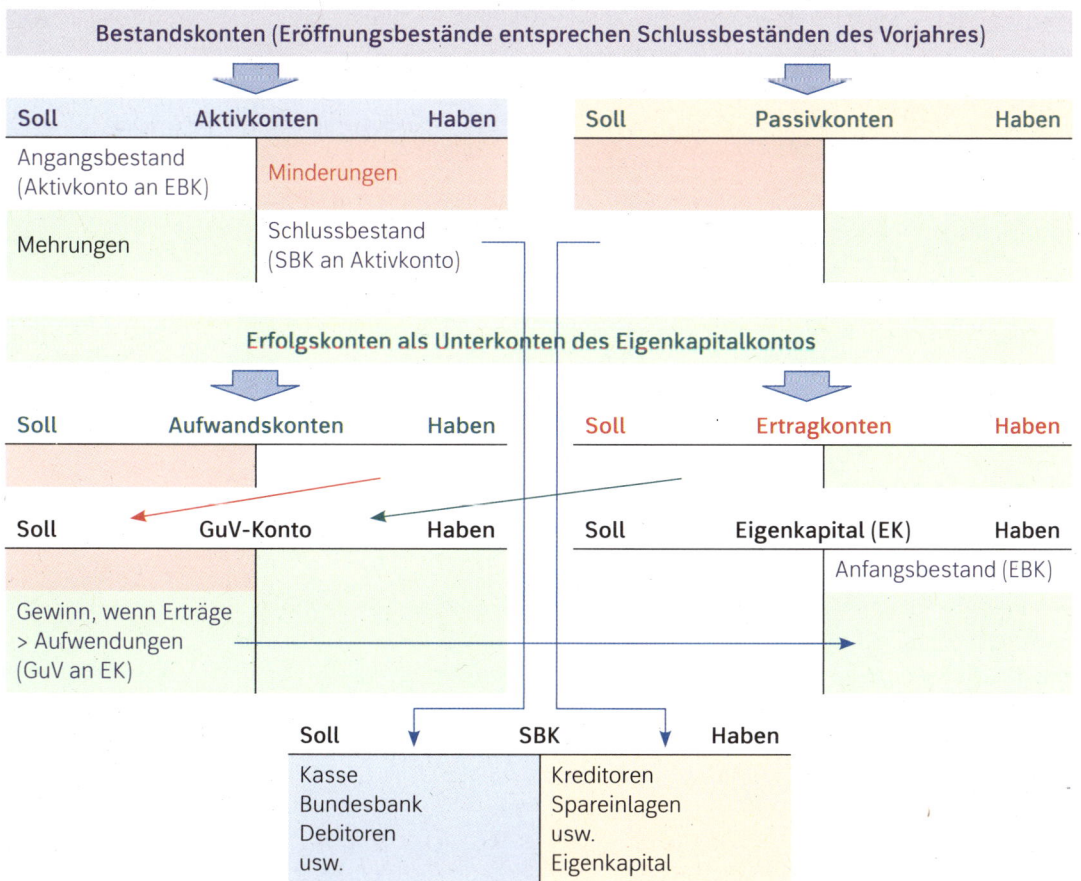

Kontrolle	Tauschen Sie die von Ihnen erstellten Unterlagen mit Mitschülern bzw. Mitschülerinnen aus, um die Materialien gegenseitig zu prüfen.

Bewerten

Reflektieren und bewerten Sie Ihre Vorgehensweise und Ihre Arbeitsergebnisse.

Phase	Urteil	Verbesserungsvorschläge für diesen Bereich
Vorgehensweise	🙂 😐 🙁	
Arbeitsergebnisse	🙂 😐 🙁	

Aufgaben zur Lernsituation

1. Aufwendungen und Erträge

Welche der folgenden Vorgänge führen zu einem

(1) Aufwand,
(2) Ertrag,
(3) weder zu einem Aufwand noch zu einem Ertrag bei der Regio-Bank AG?

a) Dem Sparkunden Hans Möller werden Zinsen gutgeschrieben. ☐

b) Herr Möller (vgl. a) lässt sich den Betrag der gutgeschriebenen Zinsen bar auszahlen. ☐

c) Die Kundin Schmitt erhält eine Dividendengutschrift für ihre Bayer Aktien auf ihrem Girokonto. ☐

d) Die Kundin Schmitt (vgl. c) überweist den Betrag der gutgeschriebenen Dividenden auf das Sparkonto ihrer Nichte, das bei der Regio-Bank AG geführt wird. ☐

e) Die Regio-Bank AG begleicht eine Rechnung für Büromaterial an die Schreibwaren GmbH (Kundin der Regio-Bank AG). ☐

f) Die Regio-Bank AG kauft einen neuen Dienstwagen für den Vorstand. ☐

g) Kreditoren werden Kontoführungsgebühren in Rechnung gestellt. ☐

2. Abschluss des GuV-Kontos

Stellen Sie fest, welche der folgenden Aussagen zutreffend ist. ☐

(1) Wenn sich auf der Sollseite des GuV-Kontos ein Saldo ergibt, hat die Bank einen Gewinn erzielt.
(2) Ein Gewinn wird auf die Sollseite des Eigenkapitalkontos übertragen.
(3) Der Abschlussbuchungssatz für ein Aufwandskonto lautet: Aufwandskonto an GuV-Konto
(4) Der Eröffnungsbuchungssatz für ein Ertragskonto lautet: EBK an Ertragskonto
(5) Bei dem Buchungssatz „GuV-Konto an Eigenkapital" hat die Bank einen Verlust erzielt.

3. Abschluss von Erfolgskonten

Bei der Sparbank AG fallen folgende Geschäftsfälle an:

1. Barkauf von Büromaterial	1 680,00 EUR
2. Zinsgutschrift für Spareinlagen	8 250,00 EUR
3. Provisionserträge beim Verkauf von Investmentfonds von Kreditoren	6 760,00 EUR
4. Zahlung von Gehältern (Kreditoren)	4 920,00 EUR
5. Debitoren werden Zinsen belastet	11 590,00 EUR

a) *Buchen Sie die Geschäftsfälle im Hauptbuch und schließen Sie die Konten ab.*

Aufwandskonten		Ertragskonten	

Soll — Gehälter — **Haben**

Soll — Zinserträge — **Haben**

Soll — Zinsaufwendungen — **Haben**

Soll — Provisionserträge — **Haben**

Soll — Allge. Verwaltungsaufwendungen (AVA) — **Haben**

Soll — Eigenkapital — **Haben**

EBK   33 020,00 EUR

Soll — GuV — **Haben**

Soll	SBK		Haben
Kasse	32 830,00 EUR	Kreditoren	124 700,00 EUR
Bundesbank	54 980,00 EUR	Spareinlagen	195 450,00 EUR
Debitoren	145 430,00 EUR	Eigenkapital	
Wertpapiere	85 630,00 EUR		
BGA	37 800,00 EUR		

b) *Buchen Sie die Geschäftsfälle im Grundbuch und schließen Sie die Konten ab.*

Buchung der Geschäftsfälle	Konten		Beträge	
Lfd. Nr.	Soll	Haben	Soll	Haben
1				
2				
3				
4				
5				

Abschlussbuchungen am 31.12.20..	Konten		Beträge	
	Soll	Haben	Soll	Haben
Aufwandskonten				
Ertragskonten				
GuV-Konto				
EK-Konto				

4. Kontoarten

Stellen Sie bei den untenstehenden Aussagen fest, ob sich die untenstehenden Aussagen auf

1 aktive Bestandskonten,
2 passive Bestandskonten,
3 Aufwandskonten oder auf
4 Ertragskonten beziehen.

Tragen Sie eine 9 in das Kästchen ein, wenn sich die Aussage nicht auf eines der genannten Konten bezieht.

Aussagen

a) Habenbuchungen führen zu einer Bestandsmehrung auf dem Konto. ☐

b) Die Schlussbestände dieser Konten geben Auskunft über das Vermögen des Unternehmens. ☐

c) Bei diesen Konten stehen Anfangs- und Schlussbestände auf der Habenseite. ☐

d) Die Konten haben keinen Anfangsbestand und der Schlusssaldo steht auf der Sollseite des Kontos. ☐

e) Die Schlussbestände dieser Konten stehen im SBK auf der Sollseite. ☐

f) Diese Konten geben Auskunft über die Mittelherkunft. ☐

g) Die Bestände auf diesen Konten mindern letztlich das Eigenkapital. ☐

h) Die Anfangsbestände stehen auf der Sollseite der Konten. ☐

5. Gewinnänderungen

Stellen Sie fest, ob sich der Gewinn der Regio-Bank AG durch die untenstehenden Geschäftsfälle

(1) erhöht,
(2) vermindert oder
(3) nicht verändert.

a) Sparkonten werden Zinsen gutgeschrieben. ☐

b) Ein Sparer hebt 300,00 EUR in bar ab. ☐

c) Inhaber von Girokonten werden mit Kontoführungsgebühren belastet. ☐

d) Die Kölnbank kauft einen Geldautomaten. ☐

e) Provisionen für an andere Banken geleistete Dienstleistungen werden gebucht. ☐

f) Die Regio-Bank AG führt einen Überweisungsauftrag einer Kundin über die Bundesbank aus. ☐

1.6 Kundenkontokorrentkonto und Kundenskontren

Situationsbeschreibung

Sie haben Ihr Girokonto kurzzeitig um 250,00 EUR überzogen. Am Monatsende erhalten Sie eine Gutschrift für Ihre Ausbildungsvergütung von 880,00 EUR. Als Sie sich den Kontoauszug anschauen, geraten Sie ins Grübeln. *„Erst bin ich Debitor, nach dem Gehaltseingang aber Kreditor. Wie würde ich das denn buchen?"*

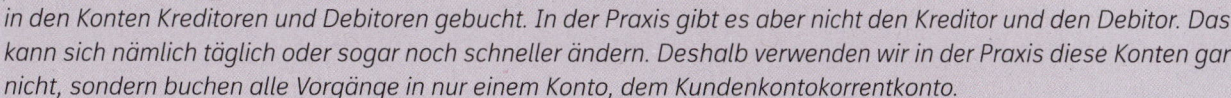

Da Ihnen keine überzeugende Antwort einfällt, wenden Sie sich an die Abteilungsleiterin Rechnungswesen, Maren Becker, und erhalten folgende Antwort:

„Hier sprechen Sie eine besondere Problematik an. Bisher haben Sie Zahlungen von oder für Kunden bzw. Kundinnen in den Konten Kreditoren und Debitoren gebucht. In der Praxis gibt es aber nicht den Kreditor und den Debitor. Das kann sich nämlich täglich oder sogar noch schneller ändern. Deshalb verwenden wir in der Praxis diese Konten gar nicht, sondern buchen alle Vorgänge in nur einem Konto, dem Kundenkontokorrentkonto.

Zudem müssen wir unser Buchführungssystem noch um sogenannte Skontren erweitern. Wenn Sie sich Ihre Kontoauszüge von Ihrem Girokonto anschauen, hat das mit dem Grundbuch und mit dem Hauptbuch nicht direkt etwas zu tun. Neben dem Grund- und Hauptbuch führen wir für unsere Kunden/Kundinnen nämlich noch persönliche Konten als Nebenbücher, sogenannte Skontren. Wir müssen natürlich wissen, welchen Kunden/Kundinnen wir Geld schulden und an welche Kunden/Kundinnen wir Forderungen haben."

Etwas fassungslos schauen Sie Frau Becker an und antworten: *„Warum muss das Leben denn immer so kompliziert sein. Ich dachte, ich hätte endlich den Durchblick und nun das wieder."*

Frau Becker: *„Nur nicht verzagen, auch das werden Sie begreifen. Sie erinnern sich an unsere Minibank, für die Sie vor einiger Zeit ein Inventar erstellt haben. Unsere Minibank führt nur acht Kontokorrentkonten. Ich gebe Ihnen noch mal die Zahlen dazu und Sie buchen bitte die Vorgänge im Kontokorrentkonto und in den Kundenkonten."*

Sie erhalten von Frau Becker folgende Informationen:

Am Schluss des Jahres 20.. hat die Minibank AG folgende Inventurbestände ermittelt:

Überziehungskredite an Kunden (Debitoren)

– Matthias Braun, Konto-Nr. 768231	1 580,00 EUR	
– Yvonne Vogt, Konto-Nr. 893685	2 340,00 EUR	
– Taurus GmbH, Konto-Nr. 579234	28 920,00 EUR	32 840,00 EUR

Sichteinlagen von Kunden (Kreditoren)

– Sahra Peters, Konto-Nr. 675308	5 680,00 EUR	
– Jan Welter, Konto-Nr. 753210	4 510,00 EUR	
– Pohl & Zander KG, Konto-Nr. 654583	17 040,00 EUR	27 230,00 EUR

Im nächsten Geschäftsjahr sind folgende Geschäftsfälle zu buchen:

1. Überweisungseingänge über Bundesbank   21 940,00 EUR
   - für Matthias Braun   620,00 EUR
   - für Yvonne Vogt   8 530,00 EUR
   - für Taurus GmbH   12 790,00 EUR

2. Barauszahlungen   2 900,00 EUR
   - an Sahra Peters   1 600,00 EUR
   - an Yvonne Vogt   800,00 EUR
   - an Jan Welter   500,00 EUR

3. Überweisungsaufträge über Bundesbank   25 410,00 EUR
   - von Matthias Braun   2 860,00 EUR
   - von Sahra Peters   5 640,00 EUR
   - von Pohl & Zander KG   4 320,00 EUR
   - vonTaurus GmbH   12 590,00 EUR

4. Bareinzahlungen   5 200,00 EUR
   - von Matthias Braun   500,00 EUR
   - von Taurus GmbH   4 700,00 EUR

Erstellen Sie folgende Unterlagen:

- Information zum Kundenkontokorrentkonto und zu Kundenkonten
- Buchung der Geschäftsfälle und Abschluss der Konten im Grund- und Hauptbuch
- Buchung der Geschäftsfälle und Abschluss der Kundenkonten (Skontren)

Information	Begründen Sie, warum in der Praxis statt der Konten Debitoren und Kreditoren nur ein Kontokorrentkonto geführt wird.

_____

_____

_____

_____

- Begründen Sie, warum die Bank neben Grund- und Hauptbuch auch Nebenbücher führt.

_____

_____

_____

_____

Planen und Entscheiden	• Stellen Sie fest, welche Informationen und Materialien Sie für die Bearbeitung der Lernsituation benötigen. • Erstellen Sie einen Arbeits- und Zeitplan.

Bearbeiten Sie die Unterlagen zu den Handlungsprodukten.

Information zum Kundenkontokorrentkonto und zu Kundenkonten

Grundbegriffe der Buchführung

| Kundenkonto-korrentkonto (KKK) | Erläuterung:

_____
_____
_____
_____
_____
_____
_____
_____

Grafische Darstellung:
Bitte ergänzen Sie die fehlenden Eintragungen. |

Akives Bestandkonto

Soll	Debitoren	Haben
Anfangs-bestand		

Passives Bestandskonto

Soll	Debitoren	Haben
Schluss-bestand		

Soll	Kundenkontokorrentkonto (KKK)	Haben
	Minderung Debitoren	

| Kundenkonten (Nebenbücher, Skontren) | Erläuterung:

_____
_____
_____
_____
_____
_____
_____
_____ |

Durchführen

Buchung der Geschäftsfälle und Abschluss der Konten im Grund- und Hauptbuch

Hauptbuchkonto KKK:

S	KKK	H

Grundbuch:

B. Eröffnungsbuchungen für das KK-Konto	Konten		Beträge	
	Soll	Haben	Soll	Haben
Debitoren				
Kreditoren				

C. Buchung der Geschäftsfälle	Konten		Beträge	
	Soll	Haben	Soll	Haben
1				
2				
3				
4				

D. Abschlussbuchungen für das KK-Konto	Konten		Beträge	
	Soll	Haben	Soll	Haben
Debitoren				
Kreditoren				

Buchung der Geschäftsfälle und Abschluss der Kundenkonten (Skontren)

Durchführen

Kundenkonten (Skontren, Nebenbuch)

Soll	Matthias Braun K-Nr. 768231	Haben

Soll	Yvonne Vogt K-Nr. 893685	Haben

Soll	Sahra Peters K-Nr. 675308	Haben

Soll	Jan Welter K-Nr. 753210	Haben

Soll	Pohl & Zander KG K-Nr. 654583	Haben

Soll	Taurus GmbH K-Nr. 579234	Haben

Schlussbestände laut Inventur (Saldenliste)	
Debitoren	Kreditoren

Tauschen Sie die von Ihnen erstellten Unterlagen mit Mitschülern bzw. Mitschülerinnen aus, um die Materialien gegenseitig zu prüfen.

Kontrolle

Reflektieren und bewerten Sie Ihre Vorgehensweise und Ihre Arbeitsergebnisse.

Bewerten

Phase	Urteil	Verbesserungsvorschläge für diesen Bereich
Vorgehensweise	🙂 😐 🙁	
Arbeitsergebnisse	🙂 😐 🙁	

Aufgaben zur Lernsituation

1. Abschluss von Kundenkonten

Die Mikrobank AG führt die folgenden Girokonten.

Soll	Lisa Ahlers		Haben
AB	5 300,00 EUR	Umsatz	7 420,00 EUR
Umsatz	8 680,00 EUR		

Soll	Fabio Dormann		Haben
Umsatz	7 750,00 EUR	AB	1 730,00 EUR
		Umsatz	3 490,00 EUR

Soll	Markus Franke		Haben
Umsatz	14 220,00 EUR	AB	8 590,00 EUR
		Umsatz	12 740,00 EUR

Soll	Marie Gerber		Haben
AB	2 300,00 EUR	Umsatz	12 630,00 EUR
Umsatz	6 840,00 EUR		

Soll	Hans Haurich		Haben
AB	4 670,00 EUR	Umsatz	9 570,00 EUR
Umsatz	15 680,00 EUR		

Soll	Claudia Kleist		Haben
Umsatz	2 750,00 EUR	AB	3 860,00 EUR
		Umsatz	3 490,00 EUR

a) *Schließen Sie die Kundenkonten ab.*

b) *Ermitteln Sie die Anfangsbestände*

    ba) *Debitoren,*   EUR [ ][ ][ ][,][ ][ ]

    bb) *Kreditoren.*   EUR [ ][ ][ ][,][ ][ ]

c) *Ermitteln Sie die Schlussbestände*

    ca) *Debitoren,*   EUR [ ][ ][ ][,][ ][ ]

    cb) *Kreditoren.*   EUR [ ][ ][ ][,][ ][ ]

d) *Buchen Sie im Grundbuch.*

Buchung der Geschäftsfälle	Konten		Beträge	
	Soll	Haben	Soll	Haben
Eröffnung des KKK für Debitoren				
Eröffnung des KKK für Debitoren				
Abschluss des KKK für Debitoren				
Abschluss des KKK für Debitoren				

2. Kontodaten von Marvin Ruland sind nicht verfügbar

Eine Geschäftsstelle der Mikrobank AG hat am Ende eines Tages die folgenden Bestände und Umsätze auf Kontokorrentkonten erfasst.

Hauptbuch

Soll		KKK	Haben
EBK	7 900,00 EUR	EBK	9 630,00 EUR
Umsätze	27 500,00 EUR	Umsätze	30 100,00 EUR

Kundenkonten (Nebenbuch; AB = Anfangsbestand)

S	Selin Özcan		H
AB	4 900,00 EUR	Umsatz	9 800,00 EUR
Umsatz	1 400,00 EUR		

S	Frank Dohle		H
Umsatz	9 600,00 EUR	AB	2 750,00 EUR
		Umsatz	3 200,00 EUR

S	Maren Fuhrmann		H
Umsatz	3 800,00 EUR	AB	1 900,00 EUR
		Umsatz	3 400,00 EUR

S	Sven Höhner		H
AB	3 000,00 EUR	Umsatz	11 900,00 EUR
Umsatz	4 300,00 EUR		

S	Thorsten Ruland	H
Error		Error

Die Daten des Kundenkontos Thorsten Ruland sind aufgrund eines Programmfehlers nicht abrufbar.

a) *Ermitteln Sie den Anfangsbestand des Kunden Thorsten Ruland in Euro.* EUR ☐☐☐☐☐

b) *Ermitteln Sie den Endbestand des Kunden Thorsten Ruland in Euro.* EUR ☐☐☐☐☐

c) *Bei dem Endbestand des Kunden Thorsten Ruland handelt es sich um einen*

   (1) Sollsaldo
   (2) Habensaldo   ☐

Tragen Sie die Ziffer vor der richtigen Lösung in das Kästchen ein.

d) *Wie viel Euro beträgt der Endbestand der Debitoren.* EUR ☐☐☐☐☐

e) *Wie viel Euro beträgt der Endbestand der Kreditoren.* EUR ☐☐☐☐☐

3. Begriffe aus der Finanzbuchhaltung

Stellen Sie fest, welche Begriffe aus dem betrieblichen Rechnungswesen in den untenstehenden Aussagen jeweils angesprochen sind.

Begriffe

(1) Inventar
(2) Grundbuch
(3) Hauptbuch
(4) Nebenbuch (Skontro)
(5) Bilanz

Aussagen

a) Die Geschäftsfälle der Regio-Bank AG sind hier in einer chronologischen (zeitlichen) Reihenfolge erfasst. ☐

b) Die Regio-Bank AG veröffentlicht diese Unterlage in ihrem Geschäftsbericht. ☐

c) Alle Vermögenswerte der Regio-Bank AG sind hier mengen- und wertmäßig erfasst. ☐

d) Die Regio-Bank AG führt für den Kunden Werner Gerber ein Kontokorrentkonto. ☐

e) Die Geschäftsfälle der Regio-Bank AG sind hier nach sachlichen Kriterien erfasst. ☐

4. Ermittlung des Debitorenendbestandes

Das Hauptbuchkonto KKK der Regio-Bank AG weist folgende Werte auf:

– Eröffnungsbestand Debitoren   12 040 000,00 EUR
– Eröffnungsbestand Kreditoren   9 800 000,00 EUR
– Überweisungsaufträge von KK-Kunden   30 400 000,00 EUR
– Überweisungseingänge für KK-Kunden   32 000 000,00 EUR
– Sollzinsen   1 220 000,00 EUR
– Kontoführungsgebühren   440 000,00 EUR
– Schlussbestand Kreditoren   11 600 000,00 EUR

Ermitteln Sie den Debitorenendbestand.   EUR ☐☐☐☐☐☐☐☐☐

5. Abschluss des KK-Kontos

Das Hauptbuchkonto KKK der Regio-Bank AG weist zum 30.12. folgende Werte auf:

Soll	KKK		Haben
AB und Umsätze	2 645 850,00 EUR	AB und Umsätze	2 388 920,00 EUR

Vor Ermittlung der Schlussbestände sind noch folgende Umsätze zu berücksichtigen:

– Überweisungseingang für Helen Stepanovic in Höhe von 34 500,00 EUR
– Leon Maier überweist 3 180,00 EUR an das Finanzamt
– Pia Schmidt überträgt 7 600,00 EUR von ihrem Sparkonto auf ihr Girokonto.

Der Kreditorenendbestand beträgt laut Inventur 479 600,00 EUR.

Ermitteln Sie den Debitorenendbestand.   EUR ☐☐☐☐☐☐☐

6. Änderung der Bilanzsumme

Das Kontokorrentkonto der Metabo GmbH weist derzeit ein Guthaben von 18 000,00 EUR auf. Nun erteilt das Unternehmen einen Überweisungsauftrag über 25 000,00 EUR, den die Regio-Bank über Bundesbank ausgeführt.

Wie wirkt sich die Buchung auf die Bilanzsumme der Regio-Bank AG aus? ☐

(1) Er bewirkt keine Veränderung der Bilanzsumme.
(2) Aktiv- und Passivseite erhöhen sich um 25 000,00 EUR.
(3) Aktiv- und Passivseite vermindern sich um 18 000,00 EUR.
(4) Durch die Belastung erfolgt lediglich eine Verminderung der Aktivseite.
(5) Aktiv- und Passivseite vermindern sich um 7 000,00 EUR.

1.7 Umsatzsteuerbuchungen bei der Regio-Bank AG

Situationsbeschreibung

Die Regio-Bank AG hat 20 Tablet-Computer für Mitarbeiter/-innen angeschafft. Die Tablets sind in der Kundenberatung eine wichtige Unterstützung.

Sie sind in der Abteilung Rechnungswesen bei der Regio-Bank AG eingesetzt. Dort ist heute die unten abgebildete Rechnung eingetroffen.

Sie führen mit der Leiterin der Abteilung, Maren Becker, folgenden Dialog:

Sie: *„Hallo Frau Becker, wer bekommt eigentlich die neuen Tablets?"*

Frau Becker: *„Einige Mitarbeiterinnen und Mitarbeiter aus verschiedenen Abteilungen erhalten neue Geräte, da die alten nicht mehr auf dem neuesten technischen Stand waren."*

Sie: *„Prima, da werden die sich freuen. Ich habe mal gehört, dass Unternehmen sich die gezahlte Umsatzsteuer vom Finanzamt erstatten lassen. Ist das richtig? 19 % Umsatzsteuer sind ja eine Menge Geld."*

Frau Becker: *„Nein, leider ist das nicht immer der Fall. Die Umsatzsteuer hat durchaus ihre Tücken. Nur in Ausnahmefällen erhalten wir eine Erstattung der Umsatzsteuer. Das ist bei Banken anders als bei den meisten anderen Unternehmen. Wir erhalten eine Umsatzsteuererstattung nur, wenn wir keine Endverbraucher im Sinne des Umsatzsteuergesetzes sind. Bei den Tablets ist entscheidend, in welchen Bereichen unseres Institutes sie eingesetzt werden. Die neuen Tablets sollen wie folgt eingesetzt werden:*

- *18 Geräte erhalten Kundenberater/-innen in der Geschäftsstelle,*
- *ein Gerät erhält Herr Özcan, unser Immobilienvermittler und*
- *ein Gerät erhält Frau Stevic aus der Vermögensverwaltung.*

Die Buchung der Tablet-Rechnung ist wegen der Umsatzsteuerproblematik nicht ganz einfach.

Ich möchte Sie bitten, sich näher mit dem Thema Umsatzsteuer zu beschäftigen und die Rechnung von der Firma Delta Office Center zu buchen. Damit Sie die Problematik aber wirklich verstehen können, gebe ich Ihnen noch einige Geschäftsfälle, die Sie bitte nach Bearbeitung der Rechnung auch noch buchen."

Sie erhalten von Frau Becker folgende Aufstellung über verschiedene Eingangsrechnungen und Kundenabrechnungen:

Delta Office Center GmbH

Delta Office Center GmbH, – Lahnstr. 26 – 50673 Bonn

Regio-Bank AG
Sonnenmannstr. 99
60314 Frankfurt a. M.

Rechnung Nr.:	34975
Rechnungsdatum:	17.08.20..
Lieferdatum:	14.08.20..
Kundennr.:	4227
Ansprechpartner:	Max Schuster

17.08.20..

RECHNUNG NR. 34975

Sehr geehrte Damen und Herren,
Wir stellen Ihnen hiermit folgende Leistungen in Rechnung:

Pos.	Beschreibung	Menge	Einzelpreis	Gesamtpreis
1.	Apple Tablet, iPad Pro	20	880,00 EUR	17 600,00 EUR
2.	Konfiguration und Softwareinstallation	20	145,00 EUR	2 900,00 EUR
			Summe Netto	**20 500,00 EUR**
			zzgl. USt. 19 %	3 895,00 EUR
			Gesamtsumme	24 395,00 EUR

Zahlungsbedingungen: Zahlung innerhalb von 14 Tagen ab Rechnungseingang ohne Abzüge.

Bei Rückfragen stehen wir selbstverständlich jederzeit gerne zur Verfügung.

Mit freundlichen Grüßen

Max Schuster

Max Schuster

Delta Office Center GmbH	Handelsregister Bonn HRB 8745	Regio-Bank AG	USt. ID: 0815
Lahnstr. 26	www.delta-office-center.de	DE 85 1234 5678 9012 3456 78	Geschäftsführer:
50673 Bonn	delta@office.de	BIC: ABCDEFGHI	Max Schuster

Eingangsrechnungen bei der Regio-Bank AG

Nr.	Geschäftsfälle	Nettopreis	USt	Bruttopreis
1.	Büromaterial für die Geschäftsstelle	1 400,00 EUR	266,00 EUR	1 666,00 EUR
2.	Büromaterial für die Vermögensverwaltung	630,00 EUR	119,70 EUR	749,70 EUR
3.	Kauf einer Schließfachanlage	7 800,00 EUR	1 482,00 EUR	9 282,00 EUR
4.	Kauf eines Geldautomaten	5 600,00 EUR	1 064,00 EUR	6 664,00 EUR

Kundenabrechnungen der Regio-Bank AG

Nr.	Geschäftsfälle	Nettopreis	MWSt	Bruttopreis
5.	Zinsen für Baudarlehen	42 750,00 EUR	0,00 EUR	42 750,00 EUR
6.	Miete für Schrankfächer	3 860,00 EUR	733,40 EUR	4 593,40 EUR
7.	Depotgebühren	8 320,00 EUR	1 580,80 EUR	9 900,80 EUR
8.	Kontoführungsgebühren	23 730,00 EUR	0,00 EUR	23 730,00 EUR

Erstellen Sie folgende Unterlagen:

- FAQ-Liste (Frequently Asked Questions) zur Umsatzsteuer
- Buchung der Rechnung der Delta Office Center GmbH im Grundbuch
- Buchung der Eingangsrechnungen und Kundenabrechnungen im Grundbuch und in den Konten Umsatzsteuer und Vorsteuer; Abschluss der Konten und Überweisung der Zahllast über Bundesbank

---

Information

Wovon ist es abhängig, ob die Regio-Bank AG eine Erstattung der Umsatzsteuer vom Finanzamt erhält?

_____

_____

_____

_____

_____

Planen und Entscheiden

- Stellen Sie fest, welche Informationen und Materialien Sie für die Bearbeitung der Lernsituation benötigen.
- Erstellen Sie einen Arbeits- und Zeitplan.

Durchführen

Bearbeiten Sie die Unterlagen zu den Handlungsprodukten.

FAQ-Liste (Frequently Asked Questions) zur Umsatzsteuer

Umsatzsteuer (USt)	
Wie hoch ist die Umsatzsteuer?	
Wer zahlt die Umsatzsteuer an das Finanzamt?	

Welche Bedeutung hat die Umsatzsteuer für den Unternehmer?		**Durchführen**
Welche Bedeutung hat die Umsatzsteuer für den Endverbraucher?		
In welchen Geschäftsbereichen ist das Kreditinstitut umsatzsteuerpflichtiger Unternehmer und welche Konsequenzen sind damit verbunden?		
In welchen Geschäftsbereichen ist das Kreditinstitut Endverbraucher und welche Konsequenzen sind damit verbunden?		
Wie ist die Umsatzsteuer im umsatzsteuerpflichtigen Geschäftsbereich zu buchen?	Bei Käufen gezahlte Umsatzsteuer: Bei Kundenabrechnungen erhaltene Umsatzsteuer:	

Durchführen

Wie wird die Zahllast ermittelt und wie werden die Konten Vorsteuer und Umsatzsteuer abgeschlossen?

Erläuterung:

_____

_____

_____

_____

Abschluss der Konten Vorsteuer und Umsatzsteuer an einem Beispiel

Soll	Vorsteuer	Haben	Soll	Umsatzsteuer	Haben
Umsätze 9 350,00 EUR					Umsätze 14 480,00 EUR

Buchungssätze:

_____

_____

_____

Buchung der Rechnung der Delta Office Center GmbH im Grundbuch

Die Delta Office Center GmbH ist Kundin der Regio-Bank AG. Der Rechnungsbetrag soll dem Kontokorrentkonto der Kundin gutgeschrieben werden.

Trennung der Tablets nach den Einsatzbereichen:

Einsatzbereiche	Anzahl der Tablets	Nettopreis	Umsatzsteuer	Bruttopreis
umsatzsteuerbefreiter Bereich				
umsatzsteuerpflichtiger Bereich				
Summe	20	20 500,00 EUR	3 895,00 EUR	24 395,00 EUR

Die Buchungen für den umsatzsteuerbefreiten und umsatzsteuerpflichtigen Bereich sind getrennt darzustellen.

Grundbuch	Konten		Beträge	
	Soll	Haben	Soll	Haben
Tablets für den umsatzsteuerbefreiten Bereich				
Tablets für den umsatzsteuerpflichtigen Bereich				

Durchführen

Buchung der Eingangsrechnungen und Kundenabrechnungen im Grundbuch und in den Konten Umsatzsteuer und Vorsteuer; Abschluss der Konten und Überweisung der Zahllast über Bundesbank

Alle Eingangsrechnungen werden über Bundesbank (DBB) bezahlt. Die Kundenabrechnungen werden KK-Kunden belastet.

Grundbuch:

Buchung der Geschäftsfälle	Konten		Beträge	
	Soll	Haben	Soll	Haben
1.				
2.				
3.				
4.				
5.				
6.				
7.				
8.				

Hauptbuchkonten Vorsteuer und Umsatzsteuer

Soll	Vorsteuer	Haben		Soll	Umsatzsteuer	Haben

Grundbuch	Konten		Beträge	
	Soll	Haben	Soll	Haben
Abschluss des Kontos Vorsteuer				
Überweisung der Zahllast an das Finanzamt				

Tauschen Sie die von Ihnen erstellten Unterlagen mit Mitschülern bzw. Mitschülerinnen aus, um die Materialien gegenseitig zu prüfen.

Kontrolle

Bewerten	Reflektieren und bewerten Sie Ihre Vorgehensweise und Ihre Arbeitsergebnisse.		
	Phase	**Urteil**	**Verbesserungsvorschläge für diesen Bereich**
	Vorgehensweise	🙂 😐 🙁	
	Arbeitsergebnisse	🙂 😐 🙁	

Aufgaben zur Lernsituation

1. Abschluss der Konten Vorsteuer und Umsatzsteuer

Die Konten Vorsteuer und Umsatzsteuer weisen folgende Umsätze auf:

Soll	Vorsteuer	Haben	Soll	Umsatzsteuer	Haben
Umsätze 13 645,00 EUR				Umsätze	21 930,00 EUR

a) *Ermitteln Sie die Zahllast.*　　　　　　　　　　　　　　　　　　　　EUR ☐☐☐☐☐☐

b) *Buchen Sie im Grundbuch.*

	Konten		Beträge	
	Soll	**Haben**	**Soll**	**Haben**
Abschluss des Kontos Vorsteuer				
Überweisung der Zahllast über Bundesbank an das Finanzamt				

c) *Schließen Sie Hauptbuchkonten Vorsteuer und Umsatzsteuer ab.*

2. Umsatzsteuer bei Bankgeschäften

Stellen Sie fest, ob die folgenden Geschäftsfälle zu Buchungen

(1) im Konto Vorsteuer,
(2) im Konto Umsatzsteuer oder
(3) nicht zu Buchungen in den genannten Konten führen.

Geschäftsfälle:

a) *Die Regio-Bank AG kauft einen Geldautomaten.*　☐

b) *Die Regio-Bank AG verkauft einen Computer, der ausschließlich in der Vermögensverwaltung genutzt wurde.*　☐

c) *Regio-Bank AG kauft einen Belegscanner für die Zahlungsverkehrsabteilung.*　☐

d) *Die Regio-Bank AG belastet Darlehenskonten mit Sollzinsen.*　☐

e) Die Regio-Bank AG kauft eine Schließfachanlage. ☐

f) Die Regio-Bank AG belastet Kunden/Kundinnen mit Depotgebühren. ☐

g) Als Liquiditätsreserve kauft die Rheinbank eine Bundesanleihe. ☐

h) Die Regio-Bank AG belastet eine Kundin mit Maklergebühren für die Vermittlung eines Immobilien-
    verkaufs. ☐

i) Die Regio-Bank AG kauft einen Pkw, der ausschließlich für die Immobilienvermittlung genutzt werden
    soll. ☐

j) KK-Kunden werden Kontoführungsgebühren belastet. ☐

3. Bankgeschäfte der Regio-Bank AG

Die Regio-Bank AG tätigte folgende Geschäfte:

Bankgeschäfte	Beträge **ohne** Umsatzsteuer
1. Belastung von KK-Kunden mit Depotgebühren	8 925,00 EUR
2. Belastung von KK-Kunden mit Sollzinsen	43 625,00 EUR
3. Kauf von Büromöbeln für die Immobilienvermittlung, Zahlung über Bundesbank	6 210,00 EUR
4. Kauf von Büromöbeln für die Anlageberatung, Zahlung über Bundesbank	16 340,00 EUR
5. Verkauf eines Pkw, der für die mobile Kundenbetreuung (Anlage- und Darlehensberatung) genutzt wurde, an einen Geschäftskunden	12 500,00 EUR
6. Kauf von Büromaterial für die Vermögensverwaltung von einem Geschäftskunden	820,00 EUR
7. Belastung von KK-Kunden mit Schrankfachgebühren	18 320,00 EUR

a) Buchen Sie die Bankgeschäfte im Grundbuch.

Nr.	Konten		Beträge	
	Soll	Haben	Soll	Haben
1.				
2.				
3.				
4.				
5.				
6.				
7.				

b) *Führen Sie Hauptbuchkonten Vorsteuer und Umsatzsteuer und schließen Sie sie ab.*

Soll	Vorsteuer	Haben	Soll	Umsatzsteuer	Haben

c) *Buchen Sie im Grundbuch.*

	Konten		Beträge	
	Soll	Haben	Soll	Haben
Abschluss des Kontos Vorsteuer				
Überweisung der Zahllast über Bundesbank				

4. Die Regio-Bank AG kauft Büromöbel

Die Regio-Bank AG erhält von einem Geschäftskunden folgende Rechnung:

MacOffice GmbH

Rechnung 14.08.20..

15 Schreibtische Typ 678AC34, Listenpreis pro Stück 900,00 EUR, Gesamtlistenpreis	13 500,00 EUR
15 Bürostühle TYP BC560, Listenpreis pro Stück 320,00 EUR, Gesamtlistenpreis	4 800,00 EUR
Summe	18 300,00 EUR
– 10 % Rabatt	1 830,00 EUR
Nettopreis	16 470,00 EUR
+ 19 % Umsatzsteuer	3 129,30 EUR
Rechnungsbetrag	19 599,30 EUR

Bitte überweisen Sie den Rechnungsbetrag innerhalb von 10 Tagen nach Rechnungsdatum.

Die Regio-Bank AG plant für die Möbel folgende Einsatzgebiete:

- **zehn Schreibtische und zehn Bürostühle sind für die Ausstattung von Geschäftsstellen,**
- **fünf Schreibtische und fünf Bürostühle sind für die Mitarbeiter der Vermögensverwaltung.**

a) *Wie viel Euro kann die Regio-Bank AG als Vorsteuer gegenüber dem Finanzamt geltend machen?*   EUR ☐☐☐☐☐☐

b) *Die Regio-Bank AG begleicht die Rechnung über Bundesbank.*
   Bilden Sie den Buchungssatz.

Konten		Beträge	
Soll	Haben	Soll	Haben

1.8 Wertminderungen der Betriebs- und Geschäftsausstattung

Situationsbeschreibung

Sie sind in der Abteilung Rechnungswesen bei der Regio-Bank AG tätig. Gegen Ende des Jahres erklärt Ihnen die Abteilungsleiterin Maren Becker, dass die Bank nach den vorläufigen Zahlen ein gutes Ergebnis erzielt habe. Allerdings führe die Neubewertung der Geschäftsausstattung, die zum 31.12.2024 vorgenommen werden müsse, noch zu erheblichen Aufwendungen.

Auf Ihren verständnislosen Blick hin überreicht Frau Becker Ihnen einen Auszug aus dem Anlagenverzeichnis der Geschäftsstelle und bittet Sie, eine Bewertung der Betriebs- und Geschäftsausstattung der Filiale Bonnstraße vorzunehmen und die Auswirkungen auf den Erfolg zu beurteilen.

Anlagenverzeichnis der Regio-Bank AG, Filiale Bonnstraße 124				
Nr.	Bezeichnung	Anschaffungsdatum	Anschaffungskosten (einschl. USt)	Abschreibungs- methode
1.	Geldautomaten	25.01.2022	42 000,00 EUR	linear
2.	Büromöbel	08.10.2023	32 600,00 EUR	linear
3.	5 Stück Notebooks	05.08.2024	Stückpreis 1 400,00 EUR	linear
4.	2 Stück Aktenvernichter (Reißwölfe)	03.10.2024	Stückpreis 1 099,00 EUR	AfA-Sammelposten

Zudem erhalten Sie folgende Informationen:

- Die Regio-Bank AG bildet für geringwertige Wirtschaftsgüter einen Sammelposten (AfA-Pool gemäß § 6 Abs. 2a EStG).

- Alle in der obigen Tabelle aufgeführten Gegenstände werden im nicht umsatzsteuerpflichtigen Geschäftsbereich (Zahlungsverkehr, Einlagen-, Wertpapier- und Kreditgeschäft) eingesetzt.

- Der Anfangsbestand auf dem Konto „Geringwertige Wirtschaftsgüter" (Sammelposten) betrug zu Beginn des Jahres 2024 7 630,00 EUR. Nach den Abschreibungsplänen sind für diese Güter im Jahr 2024 Abschreibungen in Höhe von 2 930,00 EUR vorzunehmen.

- Auszug aus der AfA-Tabelle

Bundesministerium der Finanzen

Auszug aus der AfA-Tabelle
für die allgemein verwendbaren Anlagegüter

Die in diesen Tabellen für die einzelnen Anlagegüter angegebene betriebsgewöhnliche Nutzungsdauer beruht auf Erfahrungen der steuerlichen Betriebsprüfung.

Fundstelle	Anlagegüter	Nutzungsdauer in Jahren
3	**Betriebsanlagen allgemeiner Art**	
3.7	Ladeneinbauten, Schaufensteranlagen und -einbauten	8
3.8	Lichtreklame	9
3.9	Schaukästen, Vitrinen	9
3.10.6	Alarmanlagen und Überwachungsanlagen	11
4	**Fahrzeuge**	
4.2.1	Personenkraftwagen und Kombiwagen	6
6	**Betriebs- und Geschäftsausstattung**	
6.2	Wirtschaftsgüter der Ladeneinrichtungen	8
6.5	Klimageräte (mobil)	11
6.13	Telekommunikationsanlagen	
6.13.1	Fernsprechnebenstellenanlagen	10
6.13.2	Kommunikationsendgeräte	
6.13.2.1	Allgemein	8
6.13.2.2	Mobilfunkendgeräte	5
6.14	Büromaschinen und Organisationsmittel	
6.14.1	Adressiermaschinen, Kuvertiermaschinen, Frankiermaschinen	8
6.14.3	Datenverarbeitungsanlagen	
6.14.3.1	Großrechner	7
6.14.3.2	Workstations, Personalcomputer, Notebooks und deren Peripheriegeräte (Drucker, Scanner, Bildschirme u. Ä.)	3
6.14.6	Präsentationsgeräte, Datensichtgeräte	8
6.14.10	Vervielfältigungsgeräte	7
6.14.11	Zeiterfassungsgeräte	8
6.14.12	Geldautomaten, Geldprüfgeräte, Geldsortiergeräte, Geldwechselgeräte und Geldzählgeräte	7
6.14.13	Reißwölfe (Aktenvernichter)	8
6.14.14	Kartenleser (EC-, Kredit-)	8
6.15	Büromöbel	13
6.19	Sonst. Büroausstattung	
6.19.1	Stahlschränke	14
6.19.3	Tresoranlagen	25
6.19.5	Kunstwerke (ohne Werke anerkannter Künstler)	15

Erstellen Sie folgende Unterlagen:

- Informationsschrift zur Bewertung der Betriebs- und Geschäftsausstattung
- Abschreibungspläne für die im Anlagenverzeichnis aufgeführten Gegenstände mithilfe eines Tabellenkalkulationsprogramms
- Übersicht über die Bilanzwerte und Abschreibungen zum 31.12.2023
- Buchung der Abschreibungen im Hauptbuch und Grundbuch

Information

Begründen Sie, warum die Bewertung der Betriebs- und Geschäftsausstattung einen Einfluss auf den Erfolg der Bank hat.

_____

_____

_____

_____

Planen und Entscheiden

- Stellen Sie fest, welche Informationen und Materialien Sie für die Bearbeitung der Lernsituation benötigen.
- Erstellen Sie einen Arbeits- und Zeitplan.

Durchführen

Bearbeiten Sie die Unterlagen zu den Handlungsprodukten.

Informationsschrift zur Bewertung der Betriebs- und Geschäftsausstattung

Bewertung der Betriebs- und Geschäftsausstattung (BGA)	
Anschaffungskosten (§ 255 Abs. 1 HGB)	
Planmäßige Abschreibungen auf die BGA (§ 253 Abs. 3 HGB)	
Ermittlung der Abschreibungsbeträge (§ 7 Abs. 1 EStG)	

Durchführen

Geringwertige Wirtschaftsgüter (§ 6 Abs. 2a EStG)

„800,00-EUR-Methode"	
Anschaffungskosten (ohne USt)	Bewertung der Gegenstände
bis 800,00 EUR	
über 800,00 EUR	

oder

„Sammelpostenmethode"	
Anschaffungskosten (ohne USt)	Bewertung der Gegenstände
bis 250,00 EUR	
bis 1 000,00 EUR	
über 1 000,00 EUR	

Außerplanmäßige Abschreibungen (§ 7 EStG, Abs. 1, Satz 7, § 253 Abs. 3 HGB)

Geringwertige Wirtschaftsgüter (§ 6 Abs. 2a EStG)

Abschreibungspläne für die im Anlagenverzeichnis aufgeführten Gegenstände

Durchführen

	A	B	C
1	Abschreibungsplan: Geldautomaten		
2	Anschaffungsdatum:		
3	Anschaffungskosten:		
4	gewöhnliche Nutzungsdauer in Jahren:		
5			
6	Datum	Text	Beträge
7	25.01.2022	Kauf	42 000,00 EUR
8	31.12.2022	1. Abschreibung	
9	31.12.2022	Buchwert	
10	31.12.2023	2. Abschreibung	
11			
12			
13			
14			
15			
16			
17			
18			
19			
20			
21			

	A	B	C
1	Abschreibungsplan: Büromöbel		
2	Anschaffungsdatum:		
3	Anschaffungskosten:		
4	gewöhnliche Nutzungsdauer in Jahren:		
5			
6	Datum	Text	Beträge
7	08.10.2023	Kauf	32 600,00 EUR
8			
9			
10			
11			
12			
13			
14			

Durchführen

	A	B	C
1	**Abschreibungsplan: Büromöbel**		
2	**Anschaffungsdatum:**		
3	**Anschaffungskosten:**		
4	**gewöhnliche Nutzungsdauer in Jahren:**		
5			
6	**Datum**	**Text**	**Beträge**
7	08.10.2023	**Kauf**	**32 600,00 EUR**
8			
9			
10			
11			
12			
13			
14			

	A	B	C
1	**Abschreibungsplan: Notebooks**		
2	**Anschaffungsdatum:**		
3	**Anschaffungskosten:**		
4	**gewöhnliche Nutzungsdauer in Jahren:**		
5			
6	**Datum**	**Text**	**Beträge**
7			
8			
9			
10			
11			
12			
13			
14			
15			

Durchführen

	A	B	C
1	**Geringwertige Wirtschaftsgüter (Sammelposten)**		
2			
3	Anschaffungen 2024: 2 Aktenvernichter		
4	Anschaffungskosten		
5			
6	**Abschreibungsplan GWG 2024**		
7	**Jahre**	**Abschreibungs-betrag**	**Restbuchwert**
8	2024		
9	2025		
10	2026		
11	2027		
12	2028		
13			
14	**Abschreibungen 2024**		
15	- Abschreibungen für Vorjahre		
16	- Abschreibungen 2024		
17	Summe		

Übersicht über die Bilanzwerte und Abschreibungen zum 31.12.2024

	A	B	C	D	E
1	Gesamtergebnis: Bewertung der BGA 2024				
2					
3	BGA	Anfangsbestand 01.01.2024	Zugänge 2024	planmäßige AfA	Schlussbestand 31.12.2024
4	Geldautomaten				
5	Büromöbel				
6	Notebooks				
7	**Summe**				
8					
9	Geringwertige Wirtschaftsgüter (GWG-Pool)	Anfangsbestand 01.01.2024	Zugänge 2024	planmäßige AfA	Schlussbestand 31.12.2024
10					

Durchführen

Buchung der Abschreibungen im Hauptbuch und Grundbuch

Hauptbuchkonten

Soll	BGA	Haben

Soll	Geringwertige Wirtschaftsgüter (GWG)	Haben

Grundbuch	Konten		Beträge	
	Soll	Haben	Soll	Haben
Eröffnungsbuchung des Kontos BGA				
Eröffnungsbuchung des Kontos GWG				
Buchung Abschreibungen BGA				
Buchung Abschreibungen GWG				
Abschlussbuchung des Kontos BGA				
Abschlussbuchung des Kontos GWG				

Kontrolle

Tauschen Sie die von Ihnen erstellten Unterlagen mit Mitschülern bzw. Mitschülerinnen aus, um die Materialien gegenseitig zu prüfen.

Bewerten

Reflektieren und bewerten Sie Ihre Vorgehensweise und Ihre Arbeitsergebnisse.

Phase	Urteil	Verbesserungsvorschläge für diesen Bereich
Vorgehensweise	🙂 😐 🙁	
Arbeitsergebnisse	🙂 😐 🙁	

Aufgaben zur Lernsituation

1. Die Regio-Bank AG kauft einen Geldautomaten

Die Regio-Bank AG erwirbt am 16.09.2024 einen Geldautomaten und erhält dazu folgende Rechnung:

Cash Solution GmbH

Rechnung

Geldautomaten Typ CM765	6 420,00 EUR
Lieferung	350,00 EUR
Einbau	820,00 EUR
Software	480,00 EUR
Summe	8 070,00 EUR
+ 19 USt	1 533,30 EUR
Rechnungsbetrag	9 603,30 EUR

Bitte überweisen Sie den Rechnungsbetrag binnen acht Tagen auf unser Konto.

a) Begründen Sie, ob und gegebenenfalls warum die Kosten für Lieferung, Einbau, Software und die Umsatzsteuer zu berücksichtigen sind.

_____

_____

_____

_____

b) Die Regio-Bank überweist den Rechnungsbetrag am 22.09.2024 über Bundesbank an die Cash Solution GmbH. Buchen Sie den Vorgang im Grundbuch.

Konten		Beträge	
Soll	Haben	Soll	Haben

c) Die gewöhnliche Nutzungsdauer von Geldautomaten beträgt laut AfA-Liste sieben Jahre. Erstellen Sie den Abschreibungsplan.

Jahre	Jährliche Abschreibung	Restwert am 31.12. d. J.
2024		
2025		
2026		
2027		
2028		
2029		
2030		
2031		

d) *Nach einer Filialschließung wird der Geldautomat am Ende des Jahres 2028 zum Preis von 1 500,00 EUR verkauft. Das Geld geht auf unserem Bundesbankkonto ein.*
   Buchen Sie den Vorgang im Grundbuch.

Konten		Beträge	
Soll	Haben	Soll	Haben

2. Erwerb einer neuen Schließfachanlage

Die Regio-Bank AG erwirbt am 28.06.20.. eine Anlage für die Vermietung von Schließfächern zu folgenden Konditionen:

Kaufpreis	12 420,00 EUR
+ Liefer- und Aufbaukosten	965,00 EUR
Gesamtnettopreis	13 385,00 EUR
+ 19 % USt	2 543,15 EUR
Gesamtbruttopreis	15 928,15 EUR

Die gewöhnliche Nutzungsdauer gemäß AfA-Liste beträgt 13 Jahre.

a) *Wie viel Euro betragen die Anschaffungskosten?* EUR ☐☐☐☐☐☐☐

b) *Der Rechnungsbetrag wird über Bundesbank an den Verkäufer überwiesen. Bilden Sie den Buchungssatz.*

Konten		Beträge	
Soll	Haben	Soll	Haben

c) *Wie viel Euro betragen die planmäßigen Abschreibungen am 31.12. des Anschaffungsjahres?* EUR ☐☐☐☐

d) *Wie viel Euro beträgt der Restbuchwert der Anlage am 31.12. des Anschaffungs-jahres?* EUR ☐☐☐☐☐☐

e) *Wie viel Euro beträgt der Restbuchwert der Anlage am 31.12. des Folgejahres?* EUR ☐☐☐☐☐☐

3. Kauf von Gegenständen für die Geschäftsstelle

Die Regio-Bank AG kauft am 24.04.20.. für die Kundenberatung in der Geschäftsstelle folgende Gegenstände von einem Geschäftskunden (Kontokorrentkunde):

Anzahl	Gegenstände	Nutzungsdauer in Jahren	Stückpreis (einschl. 19 % USt)	Gesamtpreis (einschl. 19 % USt)
10	Taschenrechner	4	37,60 EUR	376,00 EUR
4	Rollcontainer	6	892,50 EUR	3 570,00 EUR
1	Schreibtisch	8	1 680,00 EUR	1 680,00 EUR
Rechnungsbetrag				**5 626,00 EUR**

Für geringwertige Wirtschaftsgüter verwendet die Regio-Bank die Sammelpostenmethode (Poolmethode).

a) Buchen Sie den Kauf der Gegenstände im Grundbuch.

Konten		Beträge	
Soll	Haben	Soll	Haben

b) Ermitteln Sie den Bilanzwert für die Gegenstände zum 31.12. des Anschaffungsjahres.

Gegenstände	Bilanzwert am 31.12.
Taschenrechner	
Rollcontainer	
Schreibtisch	

c) Nach zwei Jahren verkauft die Regio-Bank AG zwei Rollcontainer für insgesamt 600,00 EUR. Welche Aussage beschreibt die buchhalterische Auswirkung zutreffend?

(1) Die Regio-Bank AG erfasst die Differenz zwischen dem Verkaufserlös und dem Buchwert als betrieblichen Ertrag bzw. betrieblichen Aufwand.
(2) Die Regio-Bank AG erfasst die Minderung des Rollcontainerbestandes um 600,00 EUR als betrieblichen Aufwand.
(3) Die Abschreibungen auf die Rollcontainer werden ohne Berücksichtigung des Verkaufs planmäßig weitergeführt.
(4) Die verkauften Rollcontainer werden ausgebucht. Der Mindererlös gegenüber dem Buchwert wird als betrieblicher Aufwand erfasst.
(5) Die Marktbewertung der verkauften Rollcontainer führt zu Sonderabschreibungen bei den verbliebenen Rollcontainern.

4. Verkauf eines Firmenwagens

Die Regio-Bank AG verkauft einen Firmenwagen, der für die mobile Kundenberatung benutzt wurde, zum Preis von 12 400,00 EUR an einen Händler. Der Buchwert des Fahrzeuges beträgt zum Verkaufszeitpunkt 14 730,00 EUR.

a) Beurteilen Sie, ob die Regio-Bank beim Verkauf des Pkw dem Käufer Umsatzsteuer in Rechnung stellen muss.

_____

_____

b) Der Kaufpreis geht auf dem Bundesbankkonto ein. Buchen Sie den Vorgang im Grundbuch. Dabei ist der Pkw aus dem Konto BGA auszubuchen.

Konten		Beträge	
Soll	Haben	Soll	Haben

5. Geringwertige Wirtschaftsgüter

Die Regio-Bank AG hat im __Januar__ des Jahres 20.. folgende Gegenstände erworben:

Nr.	Gegenstände	Einsatzgebiet	Gesamtpreis (einschließlich USt)	Nutzungs-dauer
1.	1 Drucker	Umsatzsteuerbefreiter Bereich (Kundenberatung)	895,00 EUR	7 Jahre
2.	1 Fotokamera mit Zubehör	Umsatzsteuerpflichtiger Bereich (Immobilienvermittlung)	760,00 EUR	6 Jahre
3.	1 Rollcontainer	Umsatzsteuerpflichtiger Bereich (Vermögensverwaltung)	990,00 EUR	13 Jahre
4.	1 Smartphone	Umsatzsteuerbefreiter Bereich (Kundenberatung)	240,00 EUR	5 Jahre

a) Begründen Sie, warum der Drucker die „800,00 EUR-Grenze" von geringwertigen Wirtschaftsgütern nicht überschreitet.

b) Ermitteln Sie, mit welchen Werten die Gegenstände am 31.12. des Anschaffungsjahres in der Bilanz auszuweisen sind und welcher Aufwand zu buchen ist.

ba) Die Regio-Bank verwendet die „800,00 EUR-Methode".

Nr.	Gegenstände	Anschaffungskosten	Abschreibung bzw. Aufwand	Bilanzwert
1.	1 Drucker			
2.	1 Fotokamera mit Zubehör			
3.	1 Rollcontainer			
4.	1 Smartphone			
Summe				

bb) Die Regio-Bank verwendet die „Sammelpostenmethode".

Nr.	Gegenstände	Anschaffungskosten	Abschreibung bzw. Aufwand	Bilanzwert
1.	1 Drucker			
2.	1 Fotokamera mit Zubehör			
3.	1 Rollcontainer			
4.	1 Smartphone			
Summe				

1.9 Abschreibungen auf Forderungen

Situationsbeschreibung

Sie sind in der Abteilung Rechnungswesen bei der Regio-Bank AG tätig. In der Tageszeitung haben Sie gelesen, dass ein Geschäftskunde der Regio-Bank AG, die Taurus GmbH, gestern einen Insolvenzantrag gestellt hat. *„Das bedeutet auch für uns nichts Gutes"*, stellt Maren Becker, Leiterin der Abteilung, fest, *„denn nicht nur die Taurus GmbH ist unser Kunde, sondern auch viele Angestellte des Unternehmens haben bei uns Darlehen aufgenommen. Da sind wieder hohe Wertberichtigungen auf unseren Forderungsbestand fällig"*, schildert Frau Becker, *„und das, nachdem wir schon im vergangenen Geschäftsjahr fast 10 Mio. EUR abschreiben mussten."*

Sie sind neugierig geworden und erkundigen sich bei Frau Becker, welche Bedeutung Forderungsausfälle für die Regio-Bank AG haben. *„Ich freue mich immer über interessierte Auszubildende und gebe Ihnen da gerne Auskunft"*, sagt Maren Becker. *„Kommen Sie doch heute Nachmittag um 15:00 Uhr in mein Büro; dann können wir uns über Einzelheiten unterhalten."*

Bei dem Treffen zeigt Frau Becker Ihnen aus dem Geschäftsbericht des Jahres 2024 zunächst folgende Zahlen:
- Abschreibungen auf Forderungen laut GuV-Rechnung   9 596 000,00 EUR
- Bilanzwert der Forderungen an Kunden   1 525 403 824,00 EUR

„Um diese Zahlen zu ermitteln", führt Maren Becker aus, *„lagen uns zum 31.12.2024 folgende Daten vor:*
- *Im Laufe des Jahres haben wir schon 3 325 000,00 EUR uneinbringliche Forderungen direkt abgeschrieben.*
- *Nach Berücksichtigung dieser bereits abgeschriebenen Forderungen hat die Regio-Bank AG zum 31.12.2024 durch Inventur einen Debitorenendbestand von 1 542 237 000,00 EUR ermittelt.*
- *In diesem Bestand war auch eine sichere Forderung über 3 800 000,00 EUR an die Stadt Düren enthalten.*
- *Einen Teil der restlichen Forderungen sahen wir als zweifelhaft an, da einzelne Kreditnehmer in Zahlungsschwierigkeiten geraten sind. Der Nennwert dieser Forderungen betrug insgesamt 6 540 000,00 EUR. Nachdem wir uns diese Engagements genau angesehen haben, kamen wir zu dem Ergebnis, dass wir einen Einzelwertberichtigungsbedarf von 70 % für diese Forderungen haben.*
- *Zudem wissen wir aus den Erfahrungen der Vergangenheit, dass es auch bei denjenigen Darlehen, bei denen am 31.12. keine konkreten Risiken zu erkennen waren, später doch noch zu Forderungsausfällen kommt. Da wird im nächsten Jahr vielleicht eine Privatkundin arbeitslos oder ein Geschäftskunde meldet Insolvenz an und dann können diese ihre Darlehen nicht mehr bedienen.*

Für diese Risiken bei den anscheinend zweifelsfreien, aber risikobehafteten Forderungen haben wir eine Pauschalwertberichtigung von 0,8 % gebildet. Bei der notwendigen Abschreibung war aber zu berücksichtigen, dass wir auf dem Konto Pauschalwertberichtigungen auf Forderungen schon einen Bestand von 10 562 176,00 EUR hatten.

Sie haben nun alle Daten, die Sie benötigen, um die im Jahresabschluss ausgewiesenen Zahlen (Abschreibungen auf Forderungen 9 596 000,00 EUR und Bilanzwert der Forderungen an Kunden 1 525 403 824,00 EUR) herzuleiten. Bei unserem nächsten Treffen können Sie mir dann hoffentlich die Entstehung dieser Zahlen erklären. Viel Spaß bei dieser interessanten Arbeit."

Erstellen Sie folgende Unterlagen:

- Information über die unterschiedlichen Risiken bei Forderungen
- Zuordnung der „Forderungen an Kunden" zu den einzelnen Risikogruppen
- Buchung der Abschreibungen und Wertberichtigungen
- Darstellung der Forderungen im SBK und in der Bilanz

Information

Formulieren Sie fünf Fragen, die sich aus dem Fall ergeben.

_____

_____

_____

_____

_____

_____

Planen und Entscheiden

- Stellen Sie fest, welche Informationen und Materialien Sie für die Bearbeitung der Lernsituation benötigen.
- Erstellen Sie einen Arbeits- und Zeitplan.

Durchführen

Bearbeiten Sie die Unterlagen zu den Handlungsprodukten.

Information über die unterschiedlichen Risiken bei Forderungen

Forderungen	Definition	Merkmale	Abschreibungen
Uneinbringliche Forderungen			
Zweifelhafte Forderungen			
Risikobehaftete, nicht zweifelhafte Forderungen			
Sichere Forderungen			

Zuordnung der „Forderungen an Kunden" zu den einzelnen Risikogruppen

Forderungen der Regio-Bank AG

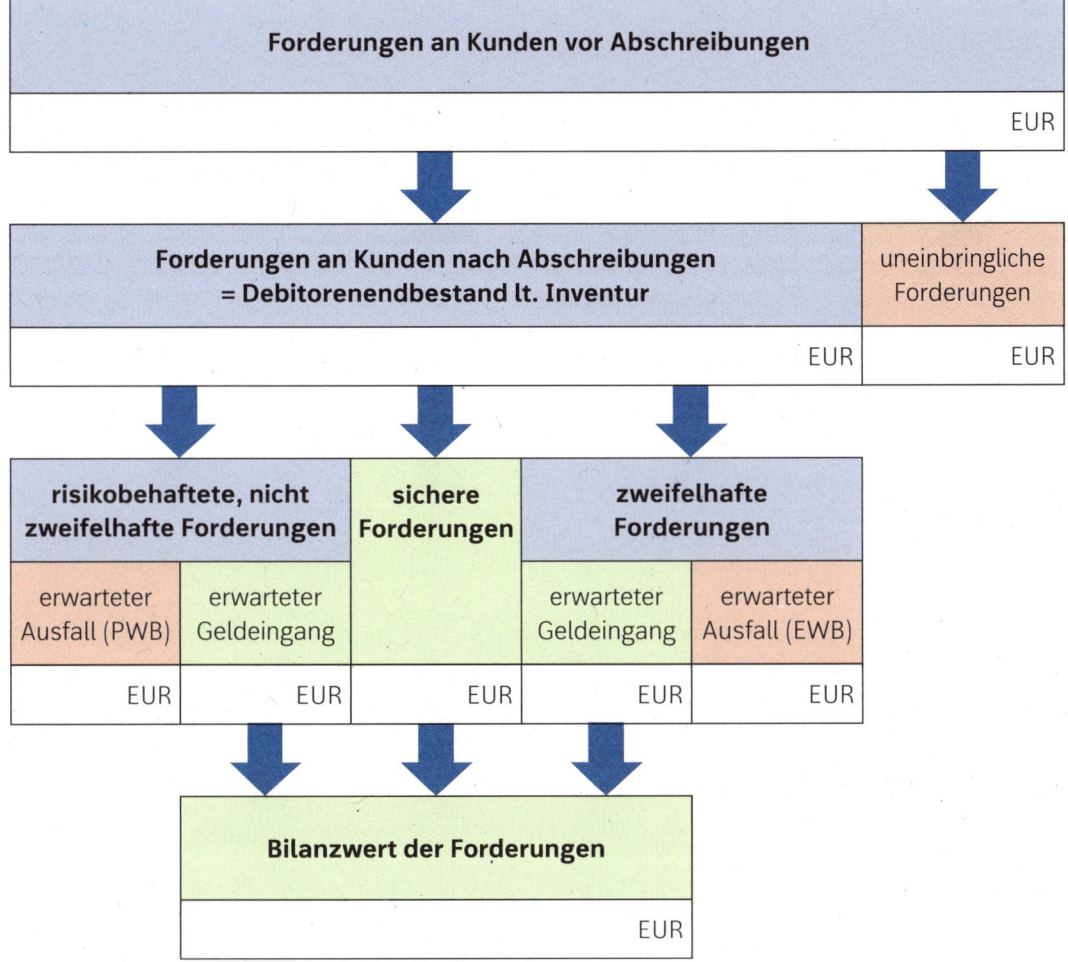

Forderungen an Kunden vor Abschreibungen	
	EUR

Forderungen an Kunden nach Abschreibungen = Debitorenendbestand lt. Inventur		**uneinbringliche Forderungen**
	EUR	EUR

risikobehaftete, nicht zweifelhafte Forderungen		**sichere Forderungen**	**zweifelhafte Forderungen**	
erwarteter Ausfall (PWB)	erwarteter Geldeingang		erwarteter Geldeingang	erwarteter Ausfall (EWB)
EUR	EUR	EUR	EUR	EUR

Bilanzwert der Forderungen
EUR

Buchung der Abschreibungen und Wertberichtigungen

Abschreibung der uneinbringlichen Forderungen	Konten		Beträge	
	Soll	Haben	Soll	Haben
Buchung der Abschreibung				

Einzelwertberichtigung der zweifelhaften Forderungen	Ermittlung der Einzelwertberichtigung			
	_____			
	_____			
	_____			

	Konten		Beträge	
	Soll	Haben	Soll	Haben
Buchung der Abschreibung				
Abschluss des Kontos EWB				

Durchführen

Pauschalwert-berichtigung der risikobehaften, nicht zweifelhaften Forderungen	Ermittlung der erforderlichen Pauschalwertberichtigungen

Ermittlung der erforderlichen Abschreibungen

Erforderliche Pauschalwertberichtigungen (PWB a. F.) _____

– Bestand auf dem Konto PWB a. F. _____

= Abschreibungsbedarf _____

	Konten		Beträge	
	Soll	Haben	Soll	Haben
Buchung der Abschreibung				
Abschluss des Kontos PWB a. F.				

Ermittlung des Bilanzwertes der Forderungen

Debitorenendbestand lt. Inventur _____

– EWB a. F. _____

– PWB a. F. _____

= Bilanzwert _____

Darstellung der Forderungen im SBK und in der Bilanz

Soll   SBK   Haben

Aktiva   Bilanz   Passiva

Erläuterungen:

_____

_____

_____

_____

Kontrolle

Tauschen Sie die von Ihnen erstellten Unterlagen mit Mitschülern bzw. Mitschülerinnen aus, um die Materialien gegenseitig zu prüfen.

Reflektieren und bewerten Sie Ihre Vorgehensweise und Ihre Arbeitsergebnisse.

Bewerten

Phase	Urteil	Verbesserungsvorschläge für diesen Bereich
Vorgehensweise	🙂 😐 🙁	
Arbeitsergebnisse	🙂 😐 🙁	

Aufgaben zur Lernsituation

1. Die Regio-Bank AG unterscheidet Forderungsgruppen

Stellen Sie fest, auf welche Forderungsgruppe sich die untenstehenden Aussagen jeweils beziehen.

Forderungsgruppen

(1) uneinbringliche Forderungen
(2) zweifelhafte Forderungen
(3) risikobehaftete, aber anscheinend intakte Forderungen
(4) sichere Forderungen

Aussagen

a) *Das Insolvenzverfahren über das Vermögen der Merkator GmbH wurde eröffnet.* ☐

b) *Die Regio-Bank AG hat der Stadt Oberhausen ein Darlehen über 450 000,00 EUR gewährt.* ☐

c) *Die Forderung wird direkt abgeschrieben.* ☐

d) *Das Insolvenzverfahren über das Vermögen der Argus GmbH wurde mangels Masse nicht eröffnet. Die Regio-Bank AG hat eine nicht gesicherte Forderung von 65 000,00 EUR an das Unternehmen.* ☐

e) *Die Regio-Bank AG bildet eine Pauschalwertberichtigung für diese Forderungen.* ☐

f) *Die Regio-Bank AG bildet eine Einzelwertberichtigung für diese Forderungen.* ☐

g) *Für diese Forderungen werden keine Wertberichtigungen gebildet.* ☐

2. Risikovorsorge im Kreditgeschäft

Die Regio-Bank AG geht im Kreditgeschäft Risiken ein, die in der Buchhaltung zu erfassen sind. Stellen Sie fest, zu welcher Buchung die unten aufgeführten Aussagen jeweils führen.

Buchungen

1 Vornahme einer direkten Abschreibung
2 Bildung einer Einzelwertberichtigung
3 Auflösung einer Einzelwertberichtigung
4 Erhöhung der Pauschalwertberichtigungen
5 Verminderung der Pauschalwertberichtigungen

Tragen Sie eine 9 in das Kästchen ein, wenn keine der aufgeführten Buchungen anfällt.

Aussagen

a) Bei einer im vergangenen Jahr als uneinbringlich angesehenen Forderung gehen 3 200,00 EUR ein. ☐

b) Der Antrag eines Kreditnehmers auf Eröffnung eines Insolvenzverfahrens wird vom Amtsgericht mangels Masse abgewiesen. Die Regio-Bank AG besitzt keine Kreditsicherheiten und hatte noch keine Risikovorsorge getroffen. ☐

c) Am 31.12. des Jahres ist der bisherige Bestand auf dem Konto Pauschalwertberichtigungen a. F. niedriger als die erforderlichen Pauschalwertberichtigungen. ☐

d) Die Forderung an eine Kundin wird zweifelhaft. ☐

e) Am 31.12. des Jahres stellt die Regio-Bank AG fest, dass sich die Bonität vieler Privat- und Geschäftskunden aufgrund der günstigen Konjunkturentwicklung erheblich verbessert hat. ☐

f) Die Regio-Bank AG hat eine erfolglose Zwangsvollstreckung gegen einen Kunden betrieben. ☐

g) Nach Abschluss eines Insolvenzverfahrens stellt sich heraus, dass die tatsächliche Insolvenzquote höher war als die erwartete. ☐

3. Erfolglose Zwangsvollstreckung bei Lea Köhler

Die Regio-Bank AG hat unter Beachtung der gesetzlichen Vorschriften einen Ratenkredit von Lea Köhler fällig gestellt, weil die Kundin seit vier Monaten die Raten nicht mehr zahlen konnte. Auch eine Zwangsvollstreckung in das Vermögen der Kundin war erfolglos. Die Regio-Bank AG hat eine Forderung von 4 380,00 EUR.

a) Buchen Sie den Vorgang im Grundbuch.

Konten		Beträge	
Soll	Haben	Soll	Haben

b) Im nächsten Jahr veranlasst die Regio-Bank AG eine weitere Zwangsvollstreckung in das Vermögen von Lea Köhler. Dabei erzielt der Gerichtsvollzieher nach Abzug seiner Kosten einen Erlös von 450,00 EUR, den er auf das Bundesbankkonto der Regio-Bank AG überweist.
Buchen Sie den Vorgang im Grundbuch.

Konten		Beträge	
Soll	Haben	Soll	Haben

4. Die Metallbau GmbH meldet Insolvenz an

Über das Vermögen von Metallbau GmbH wird das Insolvenzverfahren eröffnet. Die Forderungen der Regio-Bank AG betragen 240 000,00 EUR. Die Regio-Bank AG erwartet eine Insolvenzquote von 20 %.

a) Wie viel beträgt der erwartete Forderungsausfall der Regio-Bank AG? EUR ☐☐☐☐☐☐☐

b) Nehmen Sie die erforderliche Buchung vor.

Konten		Beträge	
Soll	Haben	Soll	Haben

c) Das Insolvenzverfahren endet mit einer Insolvenzquote von 15 %. Das Geld geht auf dem Bundesbankkonto ein.
Ermitteln Sie den tatsächlichen Forderungsausfall.

d) Buchen Sie den Eingang der Abschlusszahlung über DBB.

Konten		Beträge	
Soll	Haben	Soll	Haben

e) Das Konto wird geschlossen. Nehmen Sie die erforderliche Buchung vor.

Konten		Beträge	
Soll	Haben	Soll	Haben

5. Einzelwertberichtigung für einen Kontokorrentkredit

Die Regio-Bank AG muss eine Kontokorrentforderung an einen Geschäftskunden in Höhe von 70 000,00 EUR wertberichtigen. Die Bank erwartet eine Insolvenzquote von 30 %.

a) Erfassen Sie die Wertberichtigung im Grundbuch.

Konten		Beträge	
Soll	Haben	Soll	Haben

b) Im Folgejahr wird das Insolvenzverfahren abgeschlossen. Der Insolvenzverwalter überweist als Abschlusszahlung 18 000,00 EUR an die Regio-Bank AG.
Welche der folgenden Aussagen ist in diesem Zusammenhang zutreffend?

Die Regio-Bank AG ...

(1) erfasst den Zahlungseingang als sonstigen betrieblichen Ertrag.
(2) hat noch einen Aufwand von 3 000,00 EUR.
(3) verrechnet die gebildete EWB a. F. mit dem Zahlungseingang und vereinnahmt die Differenz als sonstigen betrieblichen Ertrag.
(4) verbraucht die EWB a. F. und stellt damit die Kontokorrentforderung auf Null.
(5) bildet für die restlichen 30 % der Forderung eine weitere EWB a. F.

6. Die Regio-Bank bildet Pauschalwertberichtigungen

Die Regio-Bank AG ermittelt zum 31.12.20.. durch Inventur einen Forderungsbestand von 165 785 000,00 EUR.

In dem Inventurbestand sind unter anderem enthalten:

- Forderungen an staatliche Einrichtungen   4 800 000,00 EUR
- Forderungen mit erkennbaren Risiken   1 492 000,00 EUR
- Für diese Forderungen wurden Einzelwertberichtigungen in Höhe von 953 600,00 EUR gebildet.

Die Regio-Bank AG hat für risikobehaftete Forderungen ohne erkennbare Risiken einen Pauschalwertberichtigungssatz von 0,80 % ermittelt. Der bisherige Bestand auf dem Konto PWB a. F. beträgt 1 142 600,00 EUR.

a) Ermitteln Sie die erforderlichen PWB a. F.   EUR ▯▯▯▯▯▯▯▯▯▯

b) Ermitteln Sie die für die Pauschalwertberichtigungen erforderlichen Abschreibungen a. F. bzw. Zuschreibungen a. F.   EUR ▯▯▯▯▯▯▯▯

c) Ermitteln Sie den Bilanzwert der Forderungen.   EUR ▯▯▯▯▯▯▯▯▯▯

7. Einzel- und Pauschalwertberichtigungen auf Forderungen

Bei der Regio-Bank AG sind folgende Geschäftsfälle im Grundbuch und in den Hauptbuchkonten „Einzelwertberichtigungen auf Forderungen" (EWB a. F.) und „Pauschalwertberichtigungen auf Forderungen" (PWB a. F.) zu buchen.

Soll	EWB a. F.	Haben	Soll	PWB a. F.	Haben
				EBK	272.000,00 €

23.04.20..

Die Argus GmbH, Kundin der Regio-Bank AG, stellt einen Insolvenzantrag. Die Regio-Bank AG hat eine nicht gesicherte Forderung von 30 000,00 EUR. Die Kreditabteilung der Bank erwartet eine Insolvenzquote von 20 %.

Konten		Beträge	
Soll	Haben	Soll	Haben

05.09.20..

Das Insolvenzverfahren über das Vermögen der Argus GmbH ist abgeschlossen. Die Regio-Bank AG hat einen tatsächlichen Forderungsausfall von 75 % erlitten. Der Insolvenzverwalter überweist die Insolvenzquote auf das Bundesbankkonto der Regio-Bank AG. Der Vorgang ist abzuschließen.

Konten		Beträge	
Soll	Haben	Soll	Haben

25.11.20..

Über das Vermögen der BTU GmbH wird das Insolvenzverfahren eröffnet. Die Regio-Bank AG hat eine nicht gesicherte Forderung von 80 000,00 EUR und erwartet einen Forderungsausfall von 90 %.

Konten		Beträge	
Soll	Haben	Soll	Haben

31.12.20..

Die Regio-Bank AG ermittelt am 31.12.20.. einen Debitorenendbestand laut Inventur von 24 000 000,00 EUR. Die Bank hat der Stadt Köln ein Darlehen von 1 000 000,00 EUR gewährt.

a) Ermitteln Sie die Höhe der risikobehafteten, aber anscheinend intakten Forderungen.

EUR ☐☐☐☐☐☐☐☐☐☐

_____   _____

_____   _____

_____   _____

_____   _____

b) Nach den Erfahrungswerten der vergangenen fünf Jahre erwartet die Regio-Bank AG bei den risikobehafteten, anscheinend intakten Forderungen einen Forderungsausfall von 1,2 %.
Ermitteln Sie die Höhe der erforderlichen Pauschalwertberichtigungen (PWB a. F.)

EUR ☐☐☐☐☐☐☐

c) *Ermitteln Sie den zusätzlichen Abschreibungsbedarf für die risikobehafteten, anscheinend intakten Forderungen. Berücksichtigen Sie dabei den Anfangsbestand auf dem Konto „PWB a. F."*

EUR ☐☐☐☐☐

d) Buchen Sie im Grundbuch.

	Konten		Beträge	
	Soll	Haben	Soll	Haben
Eröffnung des Kontos PWB a. F.				
Abschreibungen für risikobehaftete, anscheinend intakte Forderungen				
Abschluss des Kontos PWB a. F.				

e) *Ermitteln Sie den Bilanzwert der Forderungen an Kunden.*

EUR ☐☐☐☐☐☐☐☐☐☐

_____   _____

_____   _____

_____   _____

_____   _____

Bilanzwert   _____

1.10 Bewertung von Wertpapieren

Situationsbeschreibung

Sie sind Auszubildende/-r bei der Regio-Bank AG. In der Abteilung Rechnungswesen diskutieren die Mitarbeiter/-innen über die relativ schlechten Ergebnisse des vergangenen Geschäftsjahres. Die Abteilungsleiterin Maren Becker erklärt, dass insbesondere die Bewertung der im Eigenbestand befindlichen Wertpapiere Ursache für den niedrigen Jahresüberschuss war. Sie zitiert aus dem Geschäftsbericht des vergangenen Jahres: *„Die Kurseinbrüche an den internationalen Börsen haben in unserem Jahresabschluss tiefe Spuren hinterlassen. Das Bewertungsergebnis im Wertpapiergeschäft war deutlich negativ. Aufwendungen von 11 130 TEUR standen nur Erträge von 2515 TEUR gegenüber."*

Sie möchten es nun doch genauer wissen und finden in der Bilanz folgende Werte:
- Position 4: Schuldverschreibungen und andere festverzinsliche Wertpapiere: 262 465 TEUR
- Position 5: Aktien und andere nicht festverzinsliche Wertpapiere: 273 740 TEUR

Zudem erfahren Sie von Frau Becker, dass die Regio-Bank AG die eigenen Wertpapiere nach dem Anlagezweck folgenden Kategorien zugeordnet hat:

Wertpapiereigenbestand	Anschaffungskosten in TEUR	Zeitwert am 31.12.20.. in TEUR
1. Wertpapiere des Anlagevermögens		
– Anleihen	37 615	39 874
– Aktien	24 320	21 870
2. Wertpapiere der Liquiditätsreserve		
– Anleihen von öffentlichen Emittenten	38 620	36 550
– Anleihen von anderen Emittenten	135 910	139 860
3. Wertpapiere des Handelsbestandes		
– Anleihen	49 875	52 390
– Aktien	258 480	251 870

Im Anhang des Geschäftsberichtes finden Sie folgende Informationen:
- Die Wertpapiere des Anlagevermögens befinden sich schon seit mehreren Jahren im Bestand der Regio-Bank AG und wurden im Vorjahr zu Anschaffungskosten bilanziert.
- Bei den Aktien des Anlagevermögens geht die Geschäftsleitung davon aus, dass es sich voraussichtlich um eine <u>dauerhafte</u> Wertminderung handelt.
- Die Wertpapiere der Liquiditätsreserve und des Handelsbestandes wurden im Laufe des vergangenen Jahres (Berichtsjahr) angeschafft.
- Bei der Ermittlung des Zeitwertes der Wertpapiere des Handelsbestandes zum 31.12.20.. wurde ein angemessener Risikoabschlag berücksichtigt.

Erstellen Sie folgende Unterlagen:

- Übersicht zu den verschiedenen Wertpapierkategorien nach dem Anlagezweck
- Information über die Bedeutung des Niederstwertprinzips
- Rechnerischer Nachweis über die Bilanzwerte sowie über die Aufwendungen und Erträge

Informieren Sie sich darüber, ob und gegebenenfalls in welchem Umfang Ihr Ausbildungs-institut
- Wertpapiere des Anlagevermögens,
- Wertpapiere der Liquiditätsreserve und
- Wertpapiere des Handelsbestandes

besitzt.

Information

_____

_____

_____

• Stellen Sie fest, welche Informationen und Materialien Sie für die Bearbeitung der Lernsituation benötigen.
• Erstellen Sie einen Arbeits- und Zeitplan.

Planen und Entscheiden

Bearbeiten Sie die Unterlagen zu den Handlungsprodukten.

Durchführen

Übersicht zu den verschiedenen Wertpapierkategorien nach dem Anlagezweck

Wertpapierkategorien	Anlagezweck	Bewertung in der Bilanz
Wertpapiere des Anlagevermögens (§ 253 Abs. 3 HGB)		
Wertpapiere der Liquiditätsreserve (Umlaufvermögen; § 253 Abs. 4 HGB)		
Wertpapiere des Handelsbestandes (§ 340e Abs. 3 HGB)		

Durchführen

Information über die Bedeutung des Niederstwertprinzips

Strenges Niederstwertprinzip für Wertpapiere der Liquiditätsreserve *(§ 253 Abs. 4 HGB)*
Definition
Folge bei nicht realisierten Kursverlusten
Folge bei nicht realisierten Kursgewinnen

Rechnerischer Nachweis über die Bilanzwerte sowie über die Aufwendungen und Erträge

Wertpapier-eigenbestand	AK in TEUR	Zeitwert am 31.12.20.. in TEUR	Bilanzwert		Erfolg	
			Anleihen	Aktien	Aufwand (Abschreibung, Kursverluste)	Ertrag (Kursgewinne)
1. Wertpapiere des Anlagevermögens						
– Anleihen	37 615	39 874				
– Aktien	24 320	21 870				
2. Wertpapiere der Liquiditätsreserve						
– Anleihen von öffentlichen Emittenten	38 620	36 550				
– Anleihen von anderen Emittenten	135 910	139 860				
3. Wertpapiere des Handelsbestandes						
– Anleihen	49 875	52 390				
– Aktien	258 480	251 870				
Summe						

Tauschen Sie die von Ihnen erstellten Unterlagen mit Mitschülern bzw. Mitschülerinnen aus, um die Materialien gegenseitig zu prüfen.

Kontrolle

Reflektieren und bewerten Sie Ihre Vorgehensweise und Ihre Arbeitsergebnisse.

Bewerten

Phase	Urteil	Verbesserungsvorschläge für diesen Bereich
Vorgehensweise	🙂 😐 🙁	
Arbeitsergebnisse	🙂 😐 🙁	

Aufgaben zur Lernsituation

1. Wertpapierkategorien

Stellen Sie fest, auf welche Kategorie von Wertpapieren sich die unten stehenden Aussagen beziehen.
Die Aussagen beziehen sich ...
1   nur auf Wertpapiere des Anlagebestandes.
2   nur auf Wertpapiere der Liquiditätsreserve.
3   nur auf Wertpapiere des Handelsbestandes.
4   auf alle der genannten Wertpapierpositionen.
5   auf keine der genannten Wertpapierpositionen.

a) *Nur bei einer dauerhaften Wertminderung im Vergleich zu den Anschaffungskosten müssen die Wertpapiere zu niedrigerem Zeitwert am 31.12. bilanziert werden.* ☐

b) *Realisierte Kursverluste mindern den Gewinn.* ☐

c) *Bei diesen Wertpapieren können keine stillen Reserven entstehen.* ☐

d) *Die Wertpapiere werden zum niedrigsten Kurs des Jahres bilanziert.* ☐

e) *Für diese Wertpapiere gilt das strenge Niederstwertprinzip.* ☐

f) *Nicht realisierte Kursgewinne erhöhen den Gewinn.* ☐

g) *Für diese Wertpapiere gilt das gemilderte Niederstwertprinzip.* ☐

h) *Realisierte Kursverluste führen zu Abschreibungen auf die Position Eigene Wertpapiere.* ☐

i) *Die Wertpapiere werden zum Zeitwert abzüglich eines Risikoabschlages bewertet.* ☐

2. Bilanzwert von Wertpapieren

Die Regio-Bank AG weist am Ende des Geschäftsjahres u. a. folgende Wertpapierbestände aus:

Aktien	Stück/Nennwert	Anschaffungskosten	Kurs am Bilanzstichtag
Anlagevermögen Invest-Aktien	3 000 Stück	68,00 EUR/Stück	71,00 EUR/Stück
Liquiditätsreserve 1,50 % Bundesanleihe, Zinstermin 20.09. gzj. (keine Schaltjahr)	250 000,00 EUR	103,00 %	105,50 %
Handelsbestand Taurus-Aktien	2 800 Stück	30,00 EUR/Stück	35,00 EUR/Stück

Der Risikoabschlag bei der Bewertung der Wertpapiere des Handelsbestandes beträgt 5 %.
Ermitteln Sie jeweils den Bilanzwert der Wertpapiere.

Position	Bewertungskurs	Bilanzwert
Anlagevermögen Invest-Aktien		
Liquiditätsreserve 1,50 % Bundesanleihe, Zinstermin 20.09.		(Bilanzwert einschließlich aufgelaufener Stückzinsen)
Handelsbestand Taurus-Aktien		

3. Bewertung von Aktien des Anlagevermögens

Die Regio-Bank AG besitzt Aktien der DataSoft AG, die zum Anlagevermögen gehören. Im Jahr 20.. hat sie mit diesen Aktien folgende Geschäfte getätigt:

Datum		Anzahl	Kurs
25.03.20..	Kauf	6 800	32,50 EUR
10.07.20..	Kauf	7 300	38,50 EUR
12.09.20..	Kauf	4 900	41,00 EUR
05.11.20..	Verkauf	3 500	39,50 EUR

Der DataSoft Aktie notiert am 31.12.20.. an der Börse zum Kurs von 39,00 EUR.

a) *Ermitteln Sie die durchschnittlichen Anschaffungskosten.* EUR
   (Ergebnis auf zwei Nachkommastellen runden)

b) *Zu welchem Kurs werden die Aktien in der Bilanz bewertet?* EUR
   Begründen Sie Ihre Antwort.

c) *Ermitteln Sie den nicht realisierten Erfolg* EUR

d) *Ermitteln Sie den realisierten Erfolg.* EUR

e) *Ermitteln Sie den Bilanzwert der Aktien.* EUR

4. Abschluss eines Wertpapierskontros für Bundesanleihen

Die Regio-Bank AG führt folgendes Nebenbuch (Skontro) für eine Bundesanleihe:

Soll			Skontro: 2 % Bundesanleihe, Zinstermin 18.07. gzj.		Haben
Nennwert	Kurs	Kurswert	Nennwert	Kurs	Kurswert
2 400 000,00 EUR	108,00 %		1 500 000,00 EUR	107,50 %	
800 000,00 EUR	106,00 %				
1 600 000,00 EUR	104,50 %				

Die Bundesanleihe notiert am 31.12.20.. an Börse zu einem Kurs von 103,80 %.

a) Ermitteln Sie folgende Werte für die Anleihen (Wertpapiere der Liquiditätsreserve):

   aa) Nennwert des Schlussbestandes   EUR ☐☐☐☐☐☐☐☐

   ab) aufgelaufene Stückzinsen (Zinsen bis zum 31.12.20..; kein Schaltjahr)   EUR ☐☐☐☐☐☐☐

   ac) Durchschnittserwerbskurs   % ☐☐☐☐

   ad) Bewertungskurs der Anleihen   % ☐☐☐☐

   ae) nicht realisierter Erfolg   EUR ☐☐☐☐☐☐

   af) realisierter Erfolg   EUR ☐☐☐☐☐☐

   ag) Bilanzwert (einschließlich Stückzinsen)   EUR ☐☐☐☐☐☐☐☐

b) Tragen Sie die Werte in das Skontro ein und schließen Sie das Skontro ab.

5. Abschluss eines Wertpapierskontros für Pfandbriefe

Die Regio-Bank AG führt folgendes Nebenbuch (Skontro) für einen Pfandbrief:

Soll			Skontro: 2,50 % Pfandbrief, Zinstermin 10.04. gzj.		Haben
Nennwert	Kurs	Kurswert	Nennwert	Kurs	Kurswert
1 450 000,00 EUR	108,00 %		1 850 000,00 EUR	109,00 %	
3 200 000,00 EUR	106,00 %				
750 000,00 EUR	105,00 %				

Die Bundesanleihe notiert am 31.12.20.. an Börse zu einem Kurs von 108,00 %.

Ermitteln Sie folgende Werte für die Anleihen (Wertpapiere der Liquiditätsreserve):

a) Nennwert des Schlussbestandes   EUR ☐☐☐☐☐☐☐☐

b) aufgelaufene Stückzinsen (Zinsen bis zum 31.12.20..,
   kein Schaltjahr)   EUR ☐☐☐☐☐☐☐

c) Durchschnittserwerbskurs   % ☐☐☐☐

d) Bewertungskurs der Anleihen   % ☐☐☐☐

e) nicht realisierter Erfolg   EUR ☐☐☐☐☐☐

f) realisierter Erfolg   EUR ☐☐☐☐☐☐

g) Bilanzwert (einschließlich Stückzinsen)   EUR ☐☐☐☐☐☐☐☐

2 Aufgaben zum Lernfeld

2.1 Grundlagen der Finanzbuchhaltung

1. Aufgabe

Die Regio-Bank AG ist gesetzlich verpflichtet, Unterlagen für eine Mindestzeit aufzubewahren. Stellen Sie fest, wann die Aufbewahrungsfristen für die folgenden Unterlagen enden.

a) Einzahlungsbeleg vom 09.06.2023.

b) Mahnschreiben vom 22.08.2023 an einen Kunden, der mit seinen Tilgungsraten in Verzug ist.

c) Jahresabschluss für das Jahr 2022, der am 10.03.2023 fertiggestellt wurde.

2. Aufgabe

Stellen Sie bei den unten stehenden Aussagen fest, ob sich die unten stehenden Aussagen auf …
1 aktive Bestandskonten,
2 passive Bestandskonten,
3 Aufwandskonten oder auf
4 Ertragskonten beziehen.

Tragen Sie eine 9 in das Kästchen ein, wenn sich die Aussage nicht auf eines der genannten Konten bezieht.

Aussagen

a) Sollbuchungen führen zu einer Bestandsminderung auf dem Konto.

b) Diese Konten geben Auskunft über die Mittelverwendung.

c) Die Bestände auf diesen Konten mehren letztlich das Eigenkapital.

d) Die Anfangsbestände stehen auf der Habenseite der Konten.

e) Die Schlussbestände dieser Konten geben Auskunft über das Vermögen der Unternehmung.

f) Bei diesen Konten stehen Anfangs- und Schlussbestände auf der Sollseite.

g) Die Konten haben keinen Anfangsbestand und der Schlusssaldo steht auf der Habenseite des Kontos.

h) Die Schlussbestände dieser Konten stehen im SBK auf der Habenseite.

3. Aufgabe

Bilden Sie zu den untenstehenden Geschäftsfällen die Buchungssätze.
Geben Sie zudem an, welche Auswirkungen die Geschäftsfälle e) bis h) auf die Bilanz haben.

Auswirkungen

1 Aktivtausch   3 Aktiv-Passiv-Mehrung
2 Passivtausch   4 Aktiv-Passiv-Minderung

Geschäftsfälle

a) Eröffnungsbuchung für das KK-Konto: Debitoren.

Soll:	Haben:

b) Abschlussbuchung für das Konto Provisionsaufwendungen.

Soll:	Haben:

c) Abschlussbuchung für das GuV-Konto, das einen Gewinn aufweist.

Soll:	Haben:

d) Abschlussbuchung für das KKK-Konto: Kreditoren.

Soll:	Haben:

Auswirkungen auf Bilanz

e) Wir verkaufen Wertpapiere aus dem eigenen Bestand an Debitoren.

Soll:	Haben:

f) Sparer übertragen 2 000,00 EUR auf ihr debitorisch geführtes Gehaltskonto.

Soll:	Haben:

g) Kauf einer EDV-Anlage von einem Kreditor.

Soll:	Haben:

h) Den Debitoren werden Kontoführungsgebühren berechnet.

Soll:	Haben:

4. Aufgabe

Das Girokonto von Hannah Sanitz weist einen Sollsaldo von 1 400,00 EUR auf. Nun geht über Bundesbank ihr Gehalt ein von 2 500,00 EUR.

Um welchen Betrag ändert sich die Bilanzsumme der Regio-Bank AG durch die Buchungen?

EUR

Geben Sie zudem an, ob sich die Bilanzsumme

1 erhöht oder
2 vermindert.

5. Aufgabe

Stellen Sie fest, welche zwei der folgenden Aussagen zutreffend sind.

(1) Das Vermögen eines Unternehmens ist immer genauso hoch wie das Eigenkapital.
(2) Bei einer Zinsgutschrift für Sparer vermindert sich das Eigenkapital der Bank.
(3) Wenn das GuV-Konto einen Sollsaldo aufweist, hat die Bank einen Gewinn erzielt.
(4) Das Konto „Kasse" weist immer einen Habensaldo auf.
(5) Wenn die Belastungen auf dem GuV-Konto höher waren als die Gutschriften, hat die Bank einen Verlust erzielt.
(6) Die Werte in der Schlussbilanz des vorhergehenden Jahres können von den Werten der Eröffnungsbilanz des laufenden Jahres abweichen.

2.2 Kundenkontokorrent

1. Aufgabe

Das Hauptbuchkonto KKK der Regio-Bank AG weist zum 30.12. folgende Werte auf:

Soll		Kundenkontokorrentkonto	Haben
AB und Umsätze Soll	2 645 850,00 EUR	AB und Umsätze Haben	2 388 920,00 EUR

Vor Ermittlung der Schlussbestände sind noch folgende Umsätze zu berücksichtigen:
- Überweisungseingang von 34 500,00 EUR über Bundesbank zugunsten der Metaplan GmbH
- Hans Maier überweist 3 180,00 EUR an das Finanzamt (kein KK-Kunde der Regio-Bank AG).
- Steffi Schmidt überträgt 7 600,00 EUR von ihrem Sparkonto auf ihr Girokonto.

Welcher Schlussbestand ergibt sich für die Debitoren, wenn der Inventurbestand der Kreditoren 479 600,00 EUR beträgt? EUR

2. Aufgabe

Das Hauptbuchkonto KKK der Regio-Bank AG weist folgende Zahlen auf:
- Eröffnungsbestand Debitoren 12 040 000,00 EUR
- Eröffnungsbestand Kreditoren 9 800 000,00 EUR
- Überweisungsaufträge von KK-Kunden 30 400 000,00 EUR
- Überweisungseingänge für KK-Kunden 32 000 000,00 EUR
- Barabhebungen 2 600 000,00 EUR
- Habenzinsen 60 000,00 EUR
- Sollzinsen 1 660 000,00 EUR
- Schlussbestand Kreditoren 11 600 000,00 EUR

Ermitteln Sie den Debitorenendbestand. EUR

2.3 Umsatzsteuer

1. Aufgabe

Geben Sie an, wie sich die nachfolgenden Geschäftsfälle der Regio-Bank AG auf die Umsatzsteuerpflicht des Kreditinstituts auswirken.

1 Erfassung der Umsatzsteuer im Konto Vorsteuer
2 Erfassung der Umsatzsteuer im Konto Umsatzsteuer
3 keine Umsatzsteuerpflicht

Geschäftsfälle

a) Die Regio-Bank AG verkauft einen Pkw, der für die Immobilienvermittlung genutzt wurde.

b) Für die Zahlungsverkehrsabteilung wird ein optischer Belegleser angeschafft.

c) Für die Depotabteilung wird ein Computer gekauft.

d) Kunden/Kundinnen werden mit Schließfachgebühren belastet.

e) Kunden/Kundinnen werden mit Maklercourtage für die Vermittlung einer Immobilie belastet.

f) Die Regio-Bank AG kauft eine Schließfachanlage.

g) KK-Kunden werden bei Kauf von Wertpapieren mit Provisionen belastet.

2. Aufgabe

Buchen Sie folgende Vorgänge im Grundbuch:

a) *Belastung von KK-Kunden mit Depotgebühren*   *28 107,80 EUR (einschl. USt)*

b) *Kauf von Mobiliar für die Vermögensverwaltung,*
   Zahlung über Bundesbank   *17 255,00 EUR (einschl. USt)*

c) *Abschluss des Kontos Vorsteuer*

d) *Überweisung der Zahllast über Bundesbank*

Vorgänge	Konten		Beträge	
	Soll	Haben	Soll	Haben
a)				
b)				
c)				
d)				

2.4 Wertminderungen der Betriebs- und Geschäftsausstattung

1. Aufgabe

Die Regio-Bank AG erwirbt am 19.08.20.. Einrichtungsgegenstände für eine Geschäftsstelle:

Kaufpreis	6 380,00 EUR
+ Liefer- und Aufbaukosten	650,00 EUR
= Gesamtnettopreis	7 030,00 EUR
+ 19 % USt	1 335,70 EUR
= Gesamtbruttopreis	8 365,70 EUR

Die gewöhnliche Nutzungsdauer gemäß AfA-Liste beträgt 13 Jahre. Die Regio-Bank AG überweist den Rechnungsbetrag über Bundesbank.

a) *Buchen Sie die Begleichung der Rechnung im Grundbuch.*

Konten		Beträge	
Soll	Haben	Soll	Haben

b) *Wie viel Euo betragen die planmäßigen Abschreibungen am 31.12. des Anschaffungsjahres?*   EUR ⬚⬚⬚⬚⬚

c) *Wie viel Euro beträgt der Restbuchwert der Gegenstände am 31.12. des Folgejahres?*   EUR ⬚⬚⬚⬚⬚

2. Aufgabe

Die Regio-Bank AG verkauft einen im umsatzsteuerbefreiten Bereich eingesetzten Pkw zum Preis 16 400,00 EUR an einen Händler. Der Restbuchwert des Pkw beträgt zum Verkaufszeitpunkt 12 380,00 EUR; Geldeingang über Bundesbank.

Buchen Sie den Vorgang im Grundbuch.

Konten		Beträge	
Soll	Haben	Soll	Haben

2.5 Bewertung von Forderungen

1. Aufgabe

Die Regio-Bank AG hat am 31.12.20.. durch Inventur einen Debitorenendbestand von 410 Mio. EUR ermittelt. Folgende Zusatzinformationen liegen Ihnen vor:

- Im Laufe des Jahres wurden Forderungen von 7 Mio. EUR uneinbringlich.
- Die erforderlichen Pauschalwertberichtigungen auf Forderungen betragen 1,10 %. Das Konto Pauschalwertberichtigungen auf Forderungen weist einen Bestand aus dem Vorjahr von 4,205 Mio. EUR auf.
- Am 31.12. belaufen sich die Forderungen an die Stadt Köln auf 25 Mio. EUR.
- Für zweifelhafte Forderungen wurden Einzelwertberichtigungen in Höhe von 3,6 Mio. EUR gebildet. Die Regio-Bank AG erwartet bei diesen Forderungen einen Ausfall von 80 %.

a) Wie viel Euro betragen die risikobehafteten, anscheinend intakten Forderungen? EUR

b) Ermitteln Sie die Höhe der erforderlichen Pauschalwertberichtigungen. EUR

c) Wie viel Euro betragen die notwendigen Abschreibungen bzw. Zuschreibungen bei den Pauschalwertberichtigungen? EUR

d) Tragen Sie in das Kästchen eine
   1 ein, wenn es sich um Abschreibungen auf Forderungen handelt.
   2 ein, wenn es sich um Erträge aus Zuschreibungen zu Forderungen handelt.

e) Mit welchem Wert werden die Debitoren im Schlussbilanzkonto (SBK) ausgewiesen? EUR

f) Ermitteln Sie den Bilanzwert der Forderungen. EUR

2. Aufgabe

Die Regio-Bank AG geht im Kreditgeschäft Risiken ein, die in der Buchhaltung zu erfassen sind. Stellen Sie fest, zu welcher Buchung die unten aufgeführten Aussagen jeweils führen.

Buchungen
1 Vornahme einer direkten Abschreibung
2 Bildung einer Einzelwertberichtigung
3 Auflösung einer Einzelwertberichtigung
4 Erhöhung der Pauschalwertberichtigungen
5 Verminderung der Pauschalwertberichtigungen

a) *Aufgrund der günstigen Konjunkturlage ist das Risiko bei Firmenkrediten gesunken.* ☐

b) *Das Insolvenzverfahren über das Vermögen der Ohlig GmbH wird mangels Masse nicht eröffnet. Die Regio-Bank AG hat eine ungesicherte Forderung.* ☐

c) *Am 31.12. des Jahres ist der bisherige Bestand auf dem Konto Pauschalwertberichtigungen a. F. höher als die erforderlichen Pauschalwertberichtigungen.* ☐

d) *Die Forderung an den Kunden Max Gerster wird zweifelhaft.* ☐

e) *Über das Vermögen der Bau-Union GmbH wird das Insolvenzverfahren eröffnet. Die Regio-Bank AG hat eine ungesicherte Forderung an das Unternehmen.* ☐

f) *Nach Abschluss eines Insolvenzverfahrens der Bau-Union GmbH stellt sich heraus, dass die tatsächliche Insolvenzquote höher war als die erwartete.* ☐

3. Aufgabe

Am 02.01.20.. wies das Konto Einzelwertberichtigungen auf Forderungen (EWB a. F.) der Regio-Bank AG einen Anfangsbestand von 246 000,00 EUR auf. Die Einzelwertberichtigung wurde für die Taurus GmbH gebildet, die im Vorjahr einen Insolvenzantrag gestellt hatte. Die Regio-Bank AG erwartete zu diesem Zeitpunkt für ihre nicht gesicherte Forderung einen Ausfall von 80 %.

Soll	EWB a. F.		Haben
	EBK		246 000,00 EUR

a) *Buchen Sie die folgenden im Laufe des Jahres 20.. anfallenden Geschäftsfälle im Grundbuch. Führen Sie dabei auch das Hauptbuchkonto EWB a. F.*

aa) *12.04.20.. Insolvenzeröffnung über das Vermögen ATF-Maschinenbau GmbH.*
Die Regio-Bank AG hat nicht gesicherte Forderungen an die Gesellschaft von insgesamt 328 700,00 EUR. Die Regio-Bank erwartet eine Insolvenzquote von 10 %.

ab) *09.05.20.. Abschluss des Insolvenzverfahrens über das Vermögen der Taurus GmbH*
Der Insolvenzverwalter überweist 46 125,00 EUR auf das Bundesbankkonto der Regio-Bank AG.

ac) *27.07.20.. Erfolglose Zwangsvollstreckung in das Vermögen des Kunden Alexander Habnix*
Die Forderung der Regio-Bank AG beträgt 12 800,00 EUR.

ad) *05.10.20.. Insolvenzantrag der Bauunion AG*
Die Regio-Bank AG schätzt den Forderungsausfall bei einer erwarteten Insolvenzquote von 20 % auf 164 000,00 EUR.

ae) *16.11.20.. Abschluss des Insolvenzverfahrens über das Vermögen der ATF-Maschinenbau GmbH (Aufgabe aa)*
Die Insolvenzquote beträgt 15 %. Der Insolvenzverwalter überweist das Geld auf das Bundesbankkonto der Regio-Bank AG.

Fall	Konten		Beträge	
	Soll	Haben	Soll	Haben
aa)				
ab)				
ac)				
ad)				
ae)				

b) Der Debitorenendbestand beträgt laut Inventur am 31.12.20.. beträgt 145 380 000 EUR. In dieser Summe sind unter anderem Kommunaldarlehen an die Stadtwerke Hamburg in Höhe von 2 300 000 EUR enthalten:
Für latente Risiken sind Pauschalwertberichtigungen auf Forderungen in Höhe von 1,00 % der risikobehafteten, anscheinend intakten Forderung zu bilden.

Ermitteln Sie die erforderlichen Pauschalwertberichtigungen auf Forderungen.

EUR ⬚⬚⬚⬚⬚⬚⬚⬚⬚

2.6 Bewertung von Wertpapieren

1. Aufgabe

Stellen Sie fest, auf welche Kategorie von Wertpapieren sich die unten stehenden Aussagen beziehen. Die Aussagen beziehen sich ...

1 nur auf Wertpapiere des Anlagebestandes,
2 nur auf Wertpapiere der Liquiditätsreserve,
3 nur auf Wertpapiere des Handelsbestandes,
4 nur auf Wertpapiere des Anlagebestandes und der Liquiditätsreserve,
5 auf alle der genannten Wertpapierpositionen,
6 auf keine der genannten Wertpapierpositionen.

a) Für diese Wertpapiere gilt das strenge Niederstwertprinzip.

b) Für diese Wertpapiere gilt das gemilderte Niederstwertprinzip.

c) Für diese Wertpapiere gilt das Zeitwertprinzip.

d) Diese Wertpapiere werden niemals höher als die Anschaffungskosten bilanziert.

e) Diese Wertpapiere werden planmäßig gemäß AfA-Liste abgeschrieben.

f) Realisierte Kursverluste sind immer als Aufwand zu erfassen.

g) Realisierte Kursgewinne sind immer als Ertrag zu erfassen.

h) Nicht realisierte Kursverluste müssen nur bei einer dauerhaften Wertminderung als Aufwand erfasst werden.

i) Nicht realisierte Kursgewinne sind immer als Ertrag zu erfassen.

2. Aufgabe

Im Jahr 20.. hatte die Regio-Bank AG die nachstehende Bundesanleihe als Liquiditätsreserve im Eigenbestand: 3,25 % Anleihe der Bundesrepublik Deutschland, Zinstermin 16.04. ganzjährig.

S				Skontro Bundesanleihe				H
Datum	Nennwert EUR	Kurs	Kurswert in EUR	Datum	Nennwert EUR	Kurs	Kurswert in EUR	
16.03.	900 000,00	104,50 %		02.11.	320 000,00	107,40 %		
22.05.	260 000,00	106,20 %						

Der Kurs der Anleihe beträgt am Bilanzstichtag 103,80 %.

Ermitteln Sie folgende Werte:

a) den Durchschnittserwerbskurs in Prozent (Ergebnis auf zwei Nachkommastellen runden). %

b) die zum Bilanzstichtag aufgelaufenen, noch nicht vereinnahmten Stückzinsen (kein Schaltjahr). EUR

c) den realisierten Erfolg. EUR

d) den nicht realisierten Erfolg. EUR

e) den Bilanzwert (einschließlich Stückzinsen). EUR

3. Aufgabe

Die Regio-Bank AG weist am Ende des Geschäftsjahres u. a. folgende Wertpapierbestände aus:

Aktien	Stück/Nennwert	Anschaffungskosten	Kurs am Bilanzstichtag
Anlagevermögen DataSoft-Aktien	2 000 Stück	34,00 EUR/Stück	31,00 EUR/Stück
Liquiditätsreserve 2,75-%-Bundesanleihe, Zinstermin 05.10. gzj. (kein Schaltjahr)	320 000,00 EUR	107,00 %	104,50 %
Handelsbestand MetaBau-Aktien	2 800 Stück	42,00 EUR/Stück	54,00 EUR/Stück

Die Regio-Bank AG geht davon aus, dass die Kursverluste bei den DataSoft-Aktien und bei der Bundesanleihe nicht dauerhaft sind.

Der Risikoabschlag bei der Bewertung der Wertpapiere des Handelsbestandes beträgt 6 %.

Ermitteln Sie folgende Werte:

a) Bilanzwert der DataSoft-Aktien EUR

b) aufgelaufene Stückzinsen der Bundesanleihe EUR

c) Bilanzwert der Bundesanleihe EUR

d) Bilanzwert der MetaBau-Aktien EUR

2.7 Bilanzielle Risikovorsorge

1. Aufgabe

Stellen Sie fest, auf welche Art der Risikovorsorge sich die untenstehenden Aussagen jeweils beziehen.
Risikovorsorge

1 Einzelwertberichtigungen auf Forderungen
2 Pauschalwertberichtigungen (unversteuert)
3 Stille Vorsorgereserven (versteuerte Pauschalwertberichtigungen)
4 Offene Vorsorgereserven (Fonds für allgemeine Bankrisiken)

Aussagen

a) *Die Risikovorsorge deckt erkannte Ausfallrisiken bei einzelnen Kreditnehmern.* ☐

b) *Die Risikovorsorge zählt zum Kernkapital.* ☐

c) *Die Risikovorsorge darf maximal 4 % des Gesamtbestandes der Forderungen und der Wertpapiere der Liquiditätsreserve betragen.* ☐

d) *Die Risikovorsorge mindert den zu versteuernden Gewinn und wird für latente Ausfallrisiken gebildet.* ☐

e) *Die Risikovorsorge wird aus dem versteuerten Gewinn gebildet, soweit dies nach vernünftiger kaufmännischer Beurteilung wegen der besonderen Risiken des Geschäftszweiges der Kreditinstitute notwendig ist.* ☐

f) *Die Risikovorsorge wird auf der Passivseite der Bilanz ausgewiesen.* ☐

g) *Die Risikovorsorge bildet in voller Höhe eine stille Reserve.* ☐

2. Aufgabe

Die Regio-Bank AG hat zum Bilanzstichtag folgende Inventurwerte ermittelt:

Barreserve	50 329 000,00 EUR
Spareinlagen	380 538 000,00 EUR
Forderungen an Kunden	265 940 000,00 EUR
Forderungen an Kreditinstitute	125 150 000,00 EUR
Wertpapiere der Liquiditätsreserve	85 854 000,00 EUR
Wertpapiere des Anlagevermögens	54 740 000,00 EUR
Wertpapiere des Handelsbestandes	14 697 000,00 EUR

Die Regio-Bank AG möchte eine stille Vorsorgereserven nach § 340f HGB bilden.

> **Vorsorge für allgemeine Bankrisiken (§ 340f HGB)**
> Kreditinstitute dürfen Forderungen an Kreditinstitute und Kunden, Schuldverschreibungen [...] sowie Aktien [...], die weder wie Anlagevermögen behandelt werden noch Teil des Handelsbestands sind, mit einem niedrigeren [...] Wert ansetzen, soweit dies [...] zur Sicherung gegen die besonderen Risiken des Geschäftszweigs der Kreditinstitute notwendig ist. Der Betrag der auf diese Weise gebildeten Vorsorgereserven darf vier vom Hundert des Gesamtbetrags der in Satz 1 bezeichneten Vermögensgegenstände [...] nicht übersteigen.

Wie viel Euro kann die Regio-Bank AG maximal als „Vorsorge für allgemeine Bankrisiken" ansetzen? EUR ☐☐☐☐☐☐☐☐☐☐

Lernfeld 8:

Kunden über die Anlage in Finanzinstrumenten beraten

8

Zielbeschreibung:

Sie verfügen über die Kompetenz, Finanzinstrumente zu analysieren und die Kunden über eine Geldanlage in Aktien, Anleihen und Investmentfonds zu beraten.

1 Lernsituationen

1.1 Anlageberatung in Wertpapieren

Situationsbeschreibung

Sie haben als Auszubildende bzw. Auszubildender der Regio-Bank AG bereits selbstständig Konten eröffnet sowie Beratungen über eine Geldanlage auf Konten durchgeführt.

Ihre Ausbilderin Vanessa Seitz ist aufgefallen, dass auf dem Girokonto der Kundin Helene Droste 25 000,00 EUR eingegangen sind. Frau Seitz ruft die Kundin an und erhält folgende Informationen:

- Der Geldbetrag stammt aus einer Erbschaft.
- Frau Droste möchte das Geld in Wertpapieren anlegen, um für das Rentenalter zu sparen.

Frau Seitz: *„Ich kenne Frau Droste schon seit vielen Jahren als gute Kundin. Ich glaube, wir sollten Frau Droste eine Geldanlage in festverzinslichen Wertpapieren empfehlen. Möchten Sie nicht das Gespräch gemeinsam mit mir führen?"*

Sie: *„Oje, oje, von Wertpapieren habe ich doch noch keine Ahnung."*

Frau Seitz: *„Was nicht ist, muss aber noch werden. Das Gespräch findet erst in der nächsten Woche statt, bis dahin haben wir also noch Zeit. Für Bankkaufleute gehört eine Beratung über Wertpapieranlagen zu den Kernkompetenzen. Vermögendere Kundinnen und Kunden erwarten von uns diese Dienstleistung und wir verdienen natürlich an diesen Geschäften."*

Sie: *„Ich habe ja schon Kundinnen und Kunden über Geldanlagen beraten. Eine Beratung über Wertpapieranlagen müsste doch ähnlich ablaufen."*

Frau Seitz: *„Im Grundsatz schon, der Aufbau der Beratungsgespräche ist gleich, allerdings sind Wertpapiergeschäfte in der Regel risikoreicher und deshalb müssen wir die Kundinnen und Kunden umfassend informieren. Zudem sind auch die Vorschriften des Wertpapierhandelsgesetzes zu beachten."*

Sie: *„Wertpapierhandelsgesetz? Davon habe ich noch nie etwas gehört."*

Frau Seitz: *„Dann wird es aber höchste Zeit, dies zu ändern. Bitte beschäftigen Sie sich mit den gesetzlichen Anforderungen an eine Anlageberatung in Wertpapieren und auch noch einmal mit dem Ablauf von Beratungsgesprächen. Wenn Sie dazu etwas ausarbeiten, können Ihre Unterlagen auch anderen Auszubildenden bei der Einarbeitung in die Materie helfen."*

Frau Seitz fordert Sie auf, folgende Unterlagen zu erstellen:

- Übersicht zu den Anforderungen des Wertpapierhandelsgesetzes (WpHG) an eine Beratung
- Ablaufschema zu einer Beratung in Wertpapieren
- Leitfaden zur Gestaltung von Beratungsgesprächen

Information

Begründen Sie, warum bei Wertpapierberatungsgesprächen besondere Sorgfaltspflichten zu beachten sind.

Tauschen Sie sich mit Ihren Tischnachbarn darüber aus, wie in Ihrem Ausbildungsbetrieb Wertpapierberatungsgespräche aufgebaut sind.

- Stellen Sie fest, welche Informationen und Materialien Sie für die Bearbeitung der Lernsituation benötigen.
- Erstellen Sie einen Arbeits- und Zeitplan.

Bearbeiten Sie die Unterlagen zu den Handlungsprodukten.

Übersicht zu den Anforderungen des Wertpapierhandelsgesetzes (WpHG) an eine Beratung

Sachkunde der Beraterin bzw. des Beraters	
Mitarbeiter- und Beschwerderegister	
Falschberatung	
Vergütung der Beratung	

Durchführen

Zielmarkt für Finanzprodukte	
Interessenkonflikte	
Zuwendungen	

Ablaufschema zu einer Beratung in Wertpapieren

1	Vorabinformationen zur Anlageberatung (§ 64 Abs. 1 WpHG)

2	Einholung der erforderlichen Kundeninformationen (WpHG-Bogen, § 64 WpHG, Art. 54, 55 Delegierten Verordnung EU 2017/565)
	Allgemeine Kundeninformationen
	Kenntnisse und Erfahrungen

Finanzielle Verhältnisse

_____
_____
_____
_____
_____
_____

Anlageziele

_____
_____
_____
_____
_____
_____
_____
_____

Durchführen

3 **Identifizierung geeigneter Finanzinstrumente**
(Art. 54, 55 Delegierten Verordnung EU 2017/565)

_____
_____
_____
_____
_____

4 **Information des Kunden über die wesentlichen Aspekte der empfohlenen Finanz-instrumente (§ 63 Abs. 7 WpHG)**

_____
_____
_____
_____
_____
_____
_____

Durchführen

5	**Geeignetheitserklärung**
	(§ 64 Abs. 4 WpHG, Artikel 54 Absatz 12 Delegierten Verordnung (EU) 2017/565)
	In der Geeignetheitserklärung sind folgende Aspekte aufzuführen:

_____

_____

_____

_____

_____

_____

_____

6	**Vertragsabschluss**

_____

_____

_____

Leitfaden zur Gestaltung von Beratungsgesprächen

Nutzen Sie als Informationsquelle „GUT BERATEN in der Bank

Bankkaufmann/Bankkauffrau 1. AJ", Lernübergreifende Themen, Kapitel 1.2 Beratungs- und Verkaufsgespräche, 214 ff.

Phasen	Gestaltung des Beratungsgespräches
Kontaktphase	Ziel:
	Inhalt:
Informations-/ Analysephase	Ziel:
	Inhalt:

Angebots-/ Prüfungsphase	Ziel: _____ Inhalt: _____
Abschluss- phase/ Verstärker	Ziel: _____ Inhalt: _____

Durchführen

Vergleichen Sie Ihre Unterlagen mit denen von einer anderen Arbeitsgruppe.

Kontrolle

Reflektieren und bewerten Sie Ihre Vorgehensweise und Ihre Arbeitsergebnisse.

Bewerten

Phase	Urteil	Verbesserungsvorschläge für diesen Bereich
Übersicht den Anforderungen des Wertpapierhandelsgesetzes (WpHG)	🙂 😐 🙁	
Ablaufschema zur Wertpapierberatung	🙂 😐 🙁	
Informationsschrift zur Gestaltung eines Beratungsgespräches	🙂 😐 🙁	

Aufgaben zur Lernsituation

1. Qualifikation der Anlageberater/-innen

Welche der folgenden Aussagen zur Anlageberatung ist <u>nicht</u> zutreffend?

(1) *Anlageberater/-innen müssen ausreichende Fachkenntnisse über Funktionsweise und Risiken der von ihnen empfohlenen Finanzinstrumente besitzen.*

(2) *Anlageberater/-innen müssen in der Lage sein, Finanzprodukte zu identifizieren, die zum Bedarf des Kunden bzw. der Kundin passen.*

(3) *Eine abgeschlossene Bankausbildung genügt als Sachkundenachweis für die Anlageberatung.*

(4) *Bei einer fehlerhaften Beratung hat der Kunde bzw. die Kundin einen Anspruch auf Schadenersatz.*

(5) *In das Mitarbeiter- und Beschwerderegister werden nur Berater/-innen eingetragen, die Kunden/Kundinnen falsch beraten haben.*

2. Verhaltensregeln bei der Anlageberatung

Welche der folgenden Aussagen zur Anlageberatung ist zutreffend?

(1) *Berater/-innen müssen neben den Interessen des Kreditinstitutes auch die Kundeninteressen berücksichtigen.*

(2) *Eine Beratung zu Börsenspekulationsgeschäften ist nach dem WpHG verboten.*

(3) *Kundenaufträge sind zu einem für den Kunden bzw. für die Kundin günstigen Zeitpunkt auszuführen.*

(4) *Das Kreditinstitut muss Aufzeichnungen über erbrachte Wertpapierdienstleistungen mindestens fünf Jahre aufbewahren.*

(5) *Kreditinstitute dürfen durch Vergütungsvereinbarungen Anreize schaffen, um den Vertrieb bestimmter Wertpapiere zu fördern.*

3. Geeignetheitserklärung

Welche der folgenden Aussagen zur Geeignetheitserklärung ist zutreffend?

(1) *Das Kreditinstitut muss dem Kunden bzw. der Kundin die Geeignetheitserklärung vor Vertragsabschluss auf einem dauerhaften Datenträger zur Verfügung stellen.*

(2) *Das Kreditinstitut muss dem Kunden bzw. der Kundin die Geeignetheitserklärung unmittelbar nach Vertragsabschluss in Schriftform zur Verfügung stellen.*

(3) *In der Geeignetheitserklärung ist der genaue Verlauf des Beratungsgespräches zu protokollieren.*

(4) *Die Geeignetheitserklärung ist von dem Kunden bzw. der Kundin und von dem Berater bzw. der Beraterin zu unterschreiben.*

(5) *In der Geeignetheitserklärung sind die Art des Finanzinstruments, seine Funktionsweise und die damit verbunden Risiken zu erläutern.*

4. Risiko von Wertpapieranlagen

Welche der folgenden Aussagen zum Risiko von Wertpapieranlagen ist zutreffend?

(1) *Risikoreiche Wertpapiere empfehlen sich vor allem für kurzfristige Anlagen.*

(2) *Berater bzw. Beraterinnen dürfen Kunden bzw. Kundinnen nur Finanzprodukte empfehlen, die für sie finanziell tragbar sind.*

(3) *Eine hohe Liquidität ist grundsätzlich mit einem hohen Risiko der Anlage verbunden.*

(4) *Eine hohe erwartete Rentabilität ist grundsätzlich mit einem niedrigen Risiko der Anlage verbunden.*

(5) *Die Zuordnung des Kunden bzw. der Kundin zu einer bestimmten Risikoklasse erfolgt ausschließlich nach seiner individuellen Risikotoleranz (Risikobereitschaft).*

1.2 Beratung zu einer Geldanlage in Anleihen

Sie sind als Auszubildende/-r in einer Geschäftsstelle der Regio-Bank AG tätig. Ihre Ausbilderin Vanessa Seitz hat bei der Kundin Helene Droste einen Geldeingang von 25 000,00 EUR registriert. In einem Telefonat mit der Kundin hat Frau Seitz folgende Informationen erhalten:

- Der Geldbetrag stammt aus einer Erbschaft.
- Frau Droste möchte das Geld relativ sicher anlegen, um für das Rentenalter zu sparen.
- Sie hat eine schöne und recht preiswerte Mietwohnung und plant nicht den Erwerb von Wohneigentum.
- Sie möchte keine Investmentfondsanteile erwerben, da ihr ein guter Bekannter wegen der Kosten davon abgeraten hat.

Frau Seitz hat mit der Kundin einen Beratungstermin in der nächsten Woche vereinbart. Sie sollen das Gespräch zusammen mit der Kundenbetreuerin führen. Zur Vorbereitung auf das Gespräch haben Sie sich bereits mit den Grundlagen einer Anlageberatung in Wertpapieren vertraut gemacht.

Im System der Regio-Bank AG sind folgende Kundendaten gespeichert:

Helene Droste			
Familienstand: alleinstehend, keine Kinder		Beruf: Buchhalterin	
Alter: 52 Jahre		Arbeitgeber: Spedition Trans-International GmbH	
Konten-übersicht	Konten/Depots	Betrag	Zusatzinformationen
	Girokonto: 499302347	Haben 28 452,00 EUR	Bankkarte, Visa-Kreditkarte
	Sparkonto: 499306732	18 680,00 EUR	
	Depot: 499305180	1 462,00 EUR	Investmentfondssparplan zur Anlage der vermögenswirksamen Leistungen
	Freistellungsauftrag: 1 000,00 EUR, bereits beansprucht: 0,00 EUR		

Frau Seitz: *„Ich habe mir die Unterlagen von Frau Droste noch einmal angeschaut. Bei der Depoteröffnung haben wir sie der Risikoklasse 2 zugeordnet. Wir können der Kundin als Geldanlage eine Bundesanleihe und eine Inhaberschuldverschreibung unseres Hauses empfehlen."*

Sie erhalten von Frau Seitz die folgenden Daten zu den Anleihen:

Typ	Staatsanleihe	Bankschuldverschreibung
Emittent	Bundesrepublik Deutschland	Regio-Bank AG
Rating (Standard & Poor's)	AAA	BBB+
Nominalzinssatz	3,00 %	3,50 %
Rendite	2,52 %	3,75 %
Zinstermin	25.03. ganzjährig	10.06. ganzjährig
Restlaufzeit	8 Jahre	7 Jahre
aktueller Börsenkurs	103,20 %	98,60 %

Zur Vorbereitung auf das Beratungsgespräch erstellen Sie folgende Unterlagen:

- Informationsblatt zu Anleihen
- Produktinformationsblatt zur Bundesanleihe und zur Bankschuldverschreibung

Führen Sie das Beratungsgespräch.

Nach dem Beratungsgespräch erstellen Sie folgende Unterlagen:

- Geeignetheitserklärung
- Kaufabrechnungen mithilfe eines Tabellenkalkulationsprogramms

Information ?	Notieren Sie die im Fall dargestellten Kundeninformationen, die Sie für eine Beratung benötigen. Tauschen Sie sich mit Ihren Tischnachbarn darüber aus, welche Unterlagen die Berater/ -innen in Ihrem Ausbildungsbetrieb bei Wertpapierberatungsgesprächen nutzen.
Planen und Entscheiden	• Stellen Sie fest, welche Informationen und Materialien Sie für die Bearbeitung der Lernsituation benötigen. • Erstellen Sie einen Arbeits- und Zeitplan.
Durchführen 	Bearbeiten Sie die Unterlagen zu den Handlungsprodukten. **Informationsblatt zu Anleihen**

Emittenten	
Rechte des Anlegers	
Nennwert	
Kurswert	
Verzinsung	**Festzinsanleihe** **Anleihen mit variabler Verzinsung**

		Durchführen
Verzinsung	**Null-Kupon-Anleihen**	
Nominalverzinsung		
Effektivverzinsung (Rendite)		
Stückzinsen	**Begründung für die Berechnung von Stückzinsen** **Ermittlung der Stückzinstage** Erläuterung: Beispiel zur Ermittlung der Stückzinstage: Kupontermin: 20.03.20.. Handelstag: Donnerstag, 15.07.20..	
Kosten und Steuern beim Wertpapierkauf bzw. -verkauf	**Kosten bei Kauf und Verkauf:** **Steuern beim Verkauf, wenn kein ausreichender Freistellungsauftrag vorliegt**	

Durchführen

Produktinformationsblatt zur Bundesanleihe und zur Bankschuldverschreibung

	Bundesanleihe	Bankschuldverschreibung
Verbriefte Rechte des Anlegers		
Emittentenrisiko		
Kursrisiko	Änderung der Bonitätseinschätzung Zinsänderungsrisiko	
Rendite (Rentabilität)	Rechnerischer Nachweis der Rendite der Bundesanleihe	Rechnerischer Nachweis der Rendite der Regio-Bank-Anleihe
	Erläuterung	
Liquidität		

Führen Sie das Beratungsgespräch.

Beobachter/-innen des Gesprächs nutzen den nachstehend abgebildeten Beobachtungsbogen.

A. Verhaltenskompetenz

Phasen	Beobachtung
Kontaktphase	
Informations-/ Analysephase	
Angebots-/ Prüfungsphase	
Abschluss-phase/ Verstärker	

B. Fachkompetenz

Vollständigkeit	
Richtigkeit	

Durchführen

Geeignetheitserklärung

_____

_____

_____

_____

_____

_____

_____

_____

_____

_____

_____

_____

Kaufabrechnungen mithilfe eines Tabellenkalkulationsprogramms

Frau Droste möchte am Dienstag, 15.10.2024 (Handelstag) Bundesanleihen im Nennwert von 15 000,00 EUR und Bankschuldverschreibungen im Nennwert von 10 000,00 EUR erwerben. Es fällt eine Bankprovision von 0,5 % vom Kurswert, mindestens aber vom Nennwert an.

Erstellen Sie die Abrechnungen.

	A	B	C
1	**Abrechnung Bundesanleihe**		**Eingabefelder**
2	Nennwert		15 000,00 EUR
3	Nominalzins		3,00 %
4	Kurs		103,20 %
5	Handelstag		15.10.2024
6	letzter Zinstermin vor dem Kauf		25.03.2024
7			
8	Erfüllungsvaluta (+ 2 Börsentage)		
9	nächster Zinstermin		
10			
11	Kurswert		
12	+ Stückzinsen		
13	* Zinstage		
14	* Zinstage im Zinslauf		
15	+ 0,5 % Bankprovision vom Kurswert, mindestens aber vom Nennwert		
16	Belastung, Wert		

	A	B	C
1	**Abrechnung Bankschuldverschreibung**		**Eingabefelder**
2	Nennwert		10 000,00 EUR
3	Nominalzins		3,50 %
4	Kurs		98,60 %
5	Handelstag		15.10.2024
6	letzter Zinstermin vor dem Kauf		10.06.2024
7			
8	Erfüllungsvaluta (+ 2 Börsentage)		
9	nächster Zinstermin		
10			
11	Kurswert		
12	+ Stückzinsen		
13	* Zinstage		
14	* Zinstage im Zinslauf		
15	+ 0,5 % Bankprovision vom Kurswert, mindestens aber vom Nennwert		
16	Belastung, Wert		

Vergleichen Sie Ihre Unterlagen mit denen einer anderen Arbeitsgruppe.

Geben Sie ein Feedback zum Beratungsgespräch mithilfe des ausgefüllten Beobachtungsbogens.

Reflektieren und bewerten Sie Ihre Vorgehensweise und Ihre Arbeitsergebnisse.

Phase	Urteil	Verbesserungsvorschläge für diesen Bereich
Informationsblatt zu Anleihen	🙂 😐 ☹️	
Produktinformationsblatt	🙂 😐 ☹️	
Beratungsgespräch	🙂 😐 ☹️	
Geeignetheitserklärung	🙂 😐 ☹️	
Kaufabrechnungen (Excelprogrammierungen)	🙂 😐 ☹️	

Aufgaben zur Lernsituation

1. Abrechnung einer Anleihe

Am 11. Juni 20.. (Freitag, kein Schaltjahr) wird im Kundenauftrag folgende Anleihe an der Börse gehandelt:
- Nennwert 8 000,00 EUR
- 5,5 % Bundesanleihe
- Kurs 104 %
- Zinstermin 15.03. ganzjährig
- Kosten: 0,5 % Provision vom Kurswert, mindestens aber vom Nennwert,
  0,75 ‰ Courtage vom Nennwert

a) Erstellen Sie die Abrechnungen aus der Sicht der Verkäuferbank.

Abrechnung des Börsengeschäftes	
Kurswert	
+ Stückzinsen	
= ausmachender Betrag	

Nebenrechnung: Ermittlung der Stückzinsen	
Zinsvaluta:	
Stückzinsen vom _____ bis	
Stückzinstage:	
Stückzinsen:	

Abrechnung für den Verkäufer mit Freistellungsauftrag	
Kurswert	
+ Stückzinsen	
= ausmachender Betrag	
− 0,5 % Provision	
− 0,75 ‰ Courtage	
= Gutschrift Wert 15.06.20..	

Abrechnung für den Verkäufer ohne Freistellungsauftrag Der steuerpflichtige Kursgewinn beträgt 320,00 EUR. Kirchensteuer ist nicht zu berücksichtigen.	
Kurswert	
+ Stückzinsen	
= ausmachender Betrag	
− 25 % KESt von .... EUR	
− 5,5 % SolZ	
− 0,5 % Provision	
− 0,75 ‰ Courtage	
= Gutschrift Wert 15.06.20..	

b) Erstellen Sie die Abrechnungen aus der Sicht der Käuferbank.

Abrechnung des Börsengeschäftes	
Kurswert	
+ Stückzinsen	
= ausmachender Betrag	

Abrechnung für den Käufer	
Kurswert	
+ Stückzinsen	
= ausmachender Betrag	
+ 0,5 % Provision	
+ 0,75 ‰ Courtage	
Belastung Wert 15.06.20..	

2. Ermittlung der Stückzinstage

Zinstermin der Anleihe	Handelstag	Erfüllungsvaluta	Stückzinsvaluta	Zeitraum zur Berechnung der Stückzinsen (jeweils einschließlich der genannten Daten)	Stückzinstage
01.03. ganzjährig	17.09. (Dienstag)				
10.04. ganzjährig	20.02. (Donnerstag)				
20.04. ganzjährig	29.05. (Mittwoch)				
08.05. ganzjährig	02.04. (Donnerstag)				
15.08. ganzjährig	27.03. (Freitag)				
20.10. ganzjährig	18.10. (Montag)				
25.11. ganzjährig	25.11. (Dienstag)				

Ermitteln Sie die Stückzinstage (ohne Schaltjahre).

3. Verzinsung von Anleihen

**Sie beraten Kunden/Kundinnen bei einer Geldanlage in Anleihen.
Stellen Sie fest, welche der folgenden Aussagen zutreffend ist.**

(1) *„Wenn Sie steigende Marktzinsen erwarten, sollten Sie Zero-Bonds mit einer längeren Laufzeit kaufen."*
(2) *„Wenn Sie Unternehmensanleihen mit einem schwächeren Rating kaufen, können Sie auch nur eine niedrigere Rendite erwarten."*
(3) *„Wenn Sie fallende Marktzinsen erwarten, sollten Sie keine Festzinsanleihe kaufen."*
(4) *„Inhaberschuldverschreibungen der Regio-Bank AG sind eine sichere Anlage, da die Rückzahlungsansprüche durch den Einlagensicherungsfonds gedeckt sind."*
(5) *„Wenn sich die Bonität des Emittenten einer Unternehmensanleihe verbessert, steigt der Kurs der Anleihe und die von einem Erwerber bzw. einer Erwerberin zu erzielende Rendite sinkt."*

4. Arten von Anleihen

Ordnen Sie den unten stehenden Aussagen die folgenden Wertpapiere zu:

(1) Bundesanleihen
(2) Floating-Rate-Notes
(3) Zero-Bonds (Null-Kupon-Anleihe)
(4) Hypothekenpfandbriefe

a) *Der Zinsertrag ist beim Verkauf der Anleihe oder bei Fälligkeit der Anleihe zu versteuern.*

b) *Im Insolvenzfall des Emittenten haben die Anleger/-innen ein Vorrecht auf eine bestimmte Deckungsmasse.*

c) *Bei dieser im Tenderverfahren ausgegebenen Anleihe beträgt die Laufzeit überwiegend zehn Jahre.*

d) *Der Anleger bzw. die Anlegerin weiß beim Erwerb der Anleihe nicht, wie hoch die zukünftigen Zinsen sein werden.*

e) *Diese Papiere weisen bei Marktzinsänderungen das höchste Kursrisiko auf.*

f) *Bei dieser Anleihe werden die Zinsen oft unterjährig gezahlt.*

5. Abrechnung einer Bundesanleihe

Am 16. Juli 20.. (Donnerstag, kein Schaltjahr) wird folgende Anleihe an der Börse gehandelt:
6 % Bundesanleihe, Nennwert 12 000,00 EUR; Kurs 107 %; Zinstermin 20.10. ganzjährig
Kosten: 0,5 % Provision vom Kurswert mindestens vom Nennwert,
        0,75 ‰ Courtage vom Nennwert

a) Ermitteln Sie die Stückzinsen.   EUR ⬚⬚⬚⬚

b) Abrechnung für den Verkäufer mit Freistellungsauftrag

Kurswert	
+ Stückzinsen	
= ausmachender Betrag	
− 0,5 % Provision	
− 0,75 ‰ Courtage	
= **Gutschrift Wert**	

c) Abrechnung für den Verkäufer ohne Freistellungsauftrag

Der steuerpflichtige Kursgewinn beträgt 610,00 EUR; Kirchensteuer ist nicht zu berücksichtigen.

Kurswert	
+ Stückzinsen	
= ausmachender Betrag	
− 25,0 % KESt	
− 5,5 % SolZ	
− 0,5 % Provision	
− 0,75 ‰ Courtage	
= **Gutschrift Wert**	

d) Abrechnung für den Käufer

Kurswert	
+ Stückzinsen	
= ausmachender Betrag	
+ 0,5 % Provision	
+ 0,75 ‰ Courtage	
= **Belastung Wert**	

6. Ute Grabowski erwirbt Bundesobligationen

Ute Grabowski interessiert sich für den Erwerb von Bundesobligationen.

a) Stellen Sie fest, welche der folgenden Aussagen über Bundesobligationen zutreffend ist. ⬚

  (1) Bundesobligationen kann der Anleger bzw. die Anlegerin kostenfrei bei der Deutschen Finanzagentur erwerben.
  (2) Das Bonitätsrisiko der Anleihe ist als gering einzustufen.
  (3) Auf Wunsch kann sich der Anleger bzw. die Anlegerin die Wertpapiere als effektive Stücke ausliefern lassen.
  (4) Bundesobligationen haben in der Regel eine Laufzeit von zehn Jahren.
  (5) Bundesobligationen sind in Dauerglobalurkunden verbrieft.

Die Kundin erteilt der Regio-Bank AG am Morgen des 18. April 20.. (Montag, kein Schaltjahr) folgenden Kaufauftrag:
- 3,5 % Bundesobligationen, Serie 169
- 3 000,00 EUR Nennwert
- Börsenkurs 103,5 %
- Zinstermine 18.08. jeden Jahres

Kosten:
− 0,5 % Provision vom Kurswert, mindestens aber vom Nennwert
− 0,75 ‰ Courtage vom Nennwert

b) Ermitteln Sie die Stückzinsen.   EUR ⬚⬚⬚⬚

c) Ermitteln Sie den Abrechnungsbetrag.   EUR ⬚⬚⬚⬚⬚

                                             Tag | Monat

d) Mit welcher Wertstellung wird der Abrechnungsbetrag auf dem Kundenkonto belastet? ⬚⬚ | ⬚⬚

7. Rendite einer Bundesanleihe

Am 23. September (Montag, kein Schaltjahr) erteilt Robert Haas vor Börsenbeginn folgenden Kaufauftrag:
8 000,00 EUR Nennwert; 6 % Bundesanleihen; Zinstermin 20.06. jeden Jahres; Kurs 104 %; Kosten: 0,5 %
Provision vom Kurswert, mindestens aber vom Nennwert, 0,75 ‰ Courtage vom Nennwert.

a). Erstellen Sie die Kaufabrechnung.

aa) Stückzinsen   EUR ☐☐☐,☐☐

ab) Abrechnungsbetrag (Belastung)   EUR ☐☐☐,☐☐

b) Ermitteln Sie die von Herrn Haas erwartete Rendite bezogen auf die
Endfälligkeit in 93 Monaten ohne Berücksichtigung der Kosten.   % ☐,☐☐

Nach 36 Monaten verkauft der Anleger die Anleihe zum Kurs von 98 %.

c) Welche Rendite hat Robert Haas ohne Berücksichtigung von Kosten und
Steuern tatsächlich erzielt?   % ☐,☐☐

8. Inhaberschuldverschreibung der Regio-Bank AG

Sie beraten Simon Pohl über folgende Anlagemöglichkeit:

Zinsvariable Inhaberschuldverschreibung (IHS) der Regio-Bank AG	
Laufzeit:	8 Jahre
Verkaufskurs:	100,75 %,
Verzinsung:	3-Monats-Euribor zuzüglich 0,20 %-Punkte, zahlbar vierteljährlich nachträglich am 15.03., 15.06., 15.09., 15.12. eines jeden Jahres
Zinsmethode:	act/360
Rückzahlung:	bei Fälligkeit zum Nennwert
Börseneinführung:	Frankfurt am Main

Euribor 1 Monat	1,655 %	Euribor 6 Monate	2,305 %
Euribor 3 Monate	1,925 %	Euribor 12 Monate	2,550 %

a) Welche der folgenden Aussagen über die Anleihe der Regio-Bank AG ist zutreffend?   ☐

(1) Sie können dem Kunden keine genaue Auskunft über die zu erwartende Rendite geben.
(2) Die Schuldverschreibung weist ein hohes Kursrisiko auf, da die Verzinsung an den Euribor gebunden ist.
(3) Die Anlage ist im Fall einer Insolvenz der Regio-Bank AG durch den Einlagensicherungsfonds gesichert.
(4) Der Euribor ist der Zinssatz, den europäische Banken im Durchschnitt für Kundeneinlagen zahlen.
(5) Sie empfehlen Kunden/Kundinnen die Anlage in zinsvariablen Schuldverschreibungen, insbesondere wenn Sie fallende Kapitalmarktzinsen erwarten.

Simon Pohl erteilt am 10.02.20.. (Mittwoch, kein Schaltjahr) einen Kaufauftrag zum Erwerb von 12 000,00 EUR Nennwert der IHS.

b) Erstellen Sie die Kaufabrechnung unter Berücksichtigung von 0,5 % Provision vom Kurswert.

ba) Stückzinsen   EUR ☐☐,☐☐

bb) Belastung   EUR ☐☐☐,☐☐

c) Ermitteln Sie die Höhe der Zinsgutschrift zum nächstfälligen Zinstermin.
Ein ausreichender Freistellungsauftrag liegt der Bank vor.   EUR ☐☐,☐☐

1.3 Kapitalerhöhung der Teletec AG

Situationsbeschreibung

Sie sind als Auszubildende/-r in einer Geschäftsstelle der Regio-Bank AG tätig. Ihre Ausbilderin Vanessa Seitz hat einen Telefonanruf von Bastian Opitz erhalten. Der Kunde hat von der Regio-Bank AG ein Bezugsangebot für Teletec-Aktien erhalten, das für ihn unverständlich ist. Deshalb hat er mit Frau Seitz einen Gesprächstermin vereinbart.

Frau Seitz schildert Ihnen die Hintergründe des Falles:

„Herr Opitz ist 56 Jahre alt, alleinstehend und Lehrer für Kunst und Musik am hiesigen Gymnasium. Vor einem Jahr ist sein Vater verstorben und hat ihm eine schuldenfreie Eigentumswohnung und ein gut strukturiertes Depot vererbt. Im Unterschied zu seinem Vater interessiert sich der Sohn eher weniger für finanzielle Angelegenheiten. Das Depot mit einem Gesamtwert von circa 350 000,00 EUR enthält zu 80 % Anleihen und zu 20 % Aktien. Diese Zusammensetzung passt zur Risikoneigung von Herrn Opitz. Ich befürchte nur, dass er den Unterschied zwischen Anleihen und Aktien immer noch nicht so richtig verstanden hat.

In dem Depot sind auch 220 Aktien der Teletec AG. Das Unternehmen führt gerade eine Kapitalerhöhung gegen Einlagen durch. Deshalb hat Herr Opitz ein Bezugsangebot für junge Aktien erhalten. In dem Gespräch müssen wir ihm noch einmal grundlegend erläutern, was Aktien eigentlich sind und welche Handlungsalternativen er bei der Kapitalerhöhung der Teletec AG hat."

Teletec AG

Düsseldorf

Bezugsangebot

über

5 000 000 neue auf den Inhaber lautende Stammaktien mit einem auf die einzelne Stückaktie entfallenden rechnerischen Anteil am Grundkapital von 1,00 EUR aus der Kapitalerhöhung gegen Bareinlagen vom April 20..

Der Vorstand der Teletec AG hat mit Zustimmung des Aufsichtsrates am 10. April 20.. beschlossen, unter teilweiser Ausnutzung der von der Hauptversammlung am 23.03. des Vorjahres genehmigten Kapitalerhöhung das Grundkapital von 25 000 000,00 EUR um 5 000 000,00 EUR auf 30 000 000,00 EUR durch Ausgabe von 5 000 000 neuen Inhaberaktien (Stückaktien; Wertpapier-Kennnummer 701532) gegen Bareinlagen zu erhöhen. Die neuen Aktien sind mit voller Gewinnanteilberechtigung für das laufende Geschäftsjahr ausgestattet.

Ein Bankkonsortium unter der Führung der Commerzbank AG hat die 5 000 000 neuen Aktien mit der Verpflichtung übernommen, diese den Aktionären unserer Gesellschaft zum Bezugspreis von 40,00 EUR pro Aktie im Verhältnis 5 : 1 anzubieten.

Nachdem die Durchführung der Kapitalerhöhung in das Handelsregister eingetragen worden ist, werden die Aktionäre der Teletec AG gebeten, ihr Bezugsrecht zur Vermeidung des Ausschlusses in der Zeit vom

31. Mai 20.. bis zum 14. Juni 20..

bei einer der nachstehend aufgeführten Banken auszuüben:

> Commerzbank AG
> Deutsche Bank AG
> Regio-Bank AG

Für jeweils fünf alte Aktien kann eine neue Aktie zum Preis von 40,00 EUR bezogen werden. Der Bezugspreis ist bei der Ausübung des Bezugsrechts, spätestens jedoch am letzten Tag der Bezugsfrist, d. h. am 14. Juni 20.., zu zahlen. Für den Bezug wird die übliche Bankprovision berechnet.

Als Bezugsrechtsnachweis dient die Gutschrift der Bezugsrechte aufgrund der bei der Deutschen Börse Clearing AG hinterlegten Globalurkunde. Die Bezugsrechte (Wertpapier-Kennnummer 901533) werden in der Zeit vom 31. Mai bis zum 10. Juni 20.. einschließlich an der Frankfurter Wertpapierbörse gehandelt. Ab Beginn der Bezugsfrist werden die alten Aktien „ex Bezugsrecht" notiert. Die neuen Aktien sind in einer Globalurkunde verbrieft, die bei der Deutsche Börse Clearing AG hinterlegt worden ist. Die Erwerber erhalten eine Gutschrift auf dem Girosammeldepotkonto. Ein Anspruch auf Einzelverbriefung der Aktien besteht nicht.

Die neuen Aktien sind an allen deutschen Börsen zum Handel zugelassen.

Die Notierungsaufnahme für die neuen Aktien ist für den 15. Juni 20.. vorgesehen.

Düsseldorf, 25. Mai 20.. **Der Vorstand**

Die Teletec Aktien notieren vor Beginn des Bezugsrechtshandels an der Börse zu 49,00 EUR.

Frau Seitz möchte, dass Sie das Kundengespräch unter Anleitung führen und zur Vorbereitung auf das Gespräch folgende Unterlagen erstellen:

- Glossar zu den Aktienarten
- Aufstellung von Frequently Asked Questions (FAQs) zur Kapitalerhöhung
- Beispielrechnungen für den Kunden

Führen Sie das Beratungsgespräch.

Markieren Sie in dem Bezugsangebot alle Begriffe, die Sie nicht hinreichend erklären können.

Information

- **Stellen Sie fest, welche Informationen und Materialien Sie für die Bearbeitung der Lernsituation benötigen.**
- **Erstellen Sie einen Arbeits- und Zeitplan.**

Planen und Entscheiden

Bearbeiten Sie die Unterlagen zu den Handlungsprodukten.

Durchführen

Glossar zu den Aktienarten

Stammaktie	
Vorzugsaktie	
Inhaberaktie	
Namensaktie	

Durchführen

Stückaktie	
Nennbetrags- aktie	
Globalurkunde	

Aufstellung von Frequently Asked Questions (FAQs) zur Kapitalerhöhung

FAQs	
Was ist eine Kapital- erhöhung gegen Einlagen? (§ 182 AktG)	
Was ist ein genehmigtes Kapital? (§ 202 AktG)	
Mit welcher Mehrheit muss die Hauptver- sammlung ein geneh- migtes Kapital beschlie- ßen? (§ 193 AktG)	
Wie viel Geld fließt der Teletec AG aus der Kapitalerhöhung zu?	
Warum haben die Aktionäre ein Bezugs- recht? (§ 186 AktG)	
Was ist ein Bezugs- verhältnis?	

Wie lang ist die Bezugsfrist? (§ 186 AktG)	
Warum haben Bezugsrechte einen Wert?	
Welche Handlungsalternativen hat der Aktionär?	
In welchem Zeitraum werden die Bezugsrechte an der Börse gehandelt?	
Was passiert, wenn der Aktionär keine Weisung über die Verwendung seiner Bezugsrechte erteilt? (Nr. 15 Sonderbedingungen für Wertpapiergeschäfte)	

Beispielrechnungen für den Kunden (ohne Kosten)

Rechnerischer Wert eines Bezugsrechts (BR)	
Rechnerischer Preis (Kurs) der Aktie nach der Kapitalerhöhung	
Ausübung aller Bezugsrechte	
Verkauf aller Bezugsrechte	

Durchführen

Opération blanche	

Führen Sie das Beratungsgespräch.

Achten Sie in dem Gespräch besonders auf die Einhaltung der Kommunikationsregeln.

Nutzen Sie den auf Seite 143 abgebildeten Beobachtungsbogen für ein Feedback.

Kontrolle

Vergleichen Sie Ihre Arbeitsergebnisse mit denen einer anderen Gruppe.

Geben Sie sich gegenseitig ein Feedback zur Einhaltung der Kommunikationsregeln.

Beobachtungen zur Einhaltung der Kommunikationsregeln	
Ich-Form nutzen	
deutliche Aussprache	
keine Unterbrechungen	
Fragen begründen	
Verständnisfragen stellen	
Aussagen erläutern	
keine voreiligen Verallgemeinerungen	

Reflektieren und bewerten Sie Ihre Vorgehensweise und Ihre Arbeitsergebnisse.

Bewerten

Phase	Urteil	Verbesserungsvorschläge für diesen Bereich
Glossar	🙂 😐 🙁	
FAQs	🙂 😐 🙁	
Beispielrechnungen	🙂 😐 🙁	
Beratungsgespräch	🙂 😐 🙁	

Aufgaben zur Lernsituation

1. Aktienarten

Stellen Sie fest, welche der folgenden Aktienarten bei den unten stehenden Aussagen jeweils angesprochen ist.

Aktienarten

1 Stammaktien
2 Vorzugsaktien
3 Inhaberaktien
4 Namensaktien

Tragen Sie in das Kästchen eine 9 ein, wenn keine der genannten Aktienarten angesprochen ist.

Aussagen

a) Die Ausgabe der Aktien setzt die Führung eines Aktienregisters voraus. ☐

b) Der Aktionär darf nicht an der Hauptversammlung teilnehmen. ☐

c) Diese Aktienart darf die Hälfte des Grundkapitals nicht übersteigen. ☐

d) Die Gesellschaft lädt ihre Aktionäre direkt zur Hauptversammlung ein. ☐

e) Die Übertragung der Aktien erfolgt nur durch Einigung und Übergabe. ☐

f) Die Aktie verbrieft alle satzungsmäßigen und gesetzlichen Aktionärsrechte. ☐

g) Die Dividendenrendite ist bei diesen Aktien oftmals höher. ☐

2. Formen der Kapitalerhöhung

Das Aktienrecht unterscheidet verschiedene Formen der Kapitalerhöhung.

(1) genehmigte Kapitalerhöhung
(2) Kapitalerhöhung gegen Einlagen
(3) Kapitalerhöhung aus Gesellschaftsmitteln

Stellen Sie fest, auf welche Form der Kapitalerhöhung die folgenden Aussagen jeweils zutreffen.

a) Der Vorstand wird ermächtigt, das Grundkapital bis zu einem bestimmten Nennbetrag durch Ausgabe neuer Aktien gegen Einlagen zu erhöhen. ☐

b) Das Grundkapital der Gesellschaft wird durch Umwandlung von Kapitalrücklagen und von Gewinnrücklagen erhöht. ☐

c) Ein Ausschluss des Bezugsrechts der Aktionäre ist zulässig, wenn der Ausgabepreis der Aktien den Börsenpreis nicht wesentlich unterschreitet. ☐

d) Führt die Kapitalerhöhung zu Teilrechten, sind diese Teilrechte selbstständig veräußerlich und vererblich. ☐

e) Bei dieser Kapitalmaßnahme ist die Opération blanche eine sinnvolle Alternative. ☐

3. Bezugsangebot der Stahlbau AG

Die Stahlbau AG veröffentlicht folgendes Bezugsangebot:

> „Der Vorstand der Stahlbau AG hat aufgrund der Ermächtigung in § 5 der Satzung mit Zustimmung des Aufsichtsrates beschlossen, das Grundkapital der Gesellschaft von 80 Mio. EUR auf 100 Mio. EUR durch die Ausgabe neuer, auf den Inhaber lautender Vorzugsaktien (Stückaktien) zu erhöhen. Der Preis einer jungen Stückaktie mit einem rechnerischen Anteil am Grundkapital von 1,00 EUR beträgt 32,00 EUR. Wir bitten die Aktionäre zur Vermeidung des Ausschlusses, ihre Bezugsrechte in der Zeit vom 5. August 20.. (Dienstag) bis zum 19. August 20.. auszuüben.“

a) Stellen Sie fest, welche der folgenden Aussagen über die Kapitalerhöhung zutreffend ist. ☐

   (1) Es handelt sich um eine Kapitalerhöhung gegen Einlagen unter Ausnutzung eines genehmigten Kapitals.
   (2) Es handelt sich um eine Kapitalerhöhung aus Gesellschaftsmitteln, weil sich das Grundkapital durch die Ausgabe junger Aktien erhöht.
   (3) Nach einer erfolgreichen Platzierung der Aktien steigt das Vermögen der Stahlbau AG um 20 Mio. EUR.
   (4) Ein Aktionär benötigt fünf Bezugsrechte zum Erwerb einer jungen Aktie.
   (5) Der gesamte Emissionserlös wird der Kapitalrücklage der Stahlbau AG zugeführt.

b) Welche Aussage beschreibt die neuen Aktien zutreffend? ☐

   (1) Die Aktien haben einen Nennwert von 1,00 EUR.
   (2) Die Aktionäre dürfen nicht an der Hauptversammlung teilnehmen.
   (3) Die Aktionäre werden in das Aktienregister der Gesellschaft eingetragen.
   (4) Die Aktionäre haben ein Auskunftsrecht in der Hauptversammlung.
   (5) Die Aktien haben Dividendennachteile gegenüber den Stammaktien.

c) In welchem Zeitraum werden die Bezugsrechte (BR) an der Börse gehandelt? Tragen Sie die Daten in die Kästchen ein.

	Tag	Monat		Tag	Monat
Handel der BR vom			bis zum		

4. Kapitalerhöhungen der Powertec AG

Beschreiben Sie die unterschiedlichen Auswirkungen folgender alternativer Kapitalerhöhungen auf die vereinfachte Bilanz der Powertec AG.

Aktiva	Bilanz vor der Kapitalerhöhung in Mio. EUR	Passiva	
Vermögen	2 610	Grundkapital	105
		Rücklagen	1 625
		Bankkredite	830
		Sonstige Passiva	50
	2 610		2 610

Der rechnerische Anteil einer Aktie am Grundkapital beträgt 1,00 EUR.

Welche Bilanzwerte ergeben sich nach einer Kapitalerhöhung aus Gesellschaftsmitteln bei einem Berichtigungsverhältnis von 5 : 1?

a) *Grundkapital* Mio. EUR ☐☐

b) *Rücklagen* Mio. EUR ☐☐

c) *Vermögen* Mio. EUR ☐☐

5. Bezugsrechtsparitäten

Die Rapid AG führt eine Kapitalerhöhung gegen Einlagen durch. Die Aktionäre werden aufgefordert, während der Bezugsfrist vom 27. Oktober 20.. bis zum 10. November 20.. (Dienstag) ihr Recht zum Bezug junger Aktien zum Bezugspreis von 36,00 EUR im Verhältnis 5 : 1 auszuüben.

	26.10.20..	27.10.20..
Rapid Aktien	43,00 EUR	42,40 EUR ex BR
Rapid Bezugsrechte	–	1,10 EUR

a) *Wie viel Euro beträgt der rechnerische Wert (Parität) des Bezugsrechtes am 26. Oktober 20..?* EUR ☐☐

b) *Wie viel Euro beträgt die Abweichung zwischen dem rechnerischen Wert (Parität) des Bezugsrechtes und dem tatsächlichen Wert am 27. Oktober 20..?* EUR ☐☐

c) *Ein Kunde erteilt keine Weisung hinsichtlich der Verwendung seiner Bezugsrechte.*

Stellen Sie fest, welche der folgenden Aussagen zutreffend ist. ☐

(1) Die Bank übt alle Bezugsrechte am letzten Tag der Bezugsfrist aus.
(2) Die Bank verkauft die Bezugsrechte am 06.11.20.. an der Börse.
(3) Die Bank verkauft die Bezugsrechte am 08.11.20.. an der Börse.
(4) Die Bank verkauft die Bezugsrechte am 10.11.20.. an der Börse.
(5) Die Bezugsrechte verfallen am Ende der Bezugsfrist.

6. Opération blanche für Werner Habig

Aufgrund der Ermächtigung gemäß § 4 der Satzung (Genehmigtes Kapital) hat der Vorstand der Humbold Maschinenbau AG mit Zustimmung des Aufsichtsrates beschlossen, das Grundkapital um 30 Mio. auf 210 Mio. EUR zu erhöhen:

- Emissionspreis: 45,00 EUR für eine junge Stückaktie
- Die jungen Aktien sind ab Oktober des laufenden Jahres gewinnanteilberechtigt.
  Das Geschäftsjahr entspricht dem Kalenderjahr. Es wird eine Bruttodividende von 0,90 EUR erwartet.
- Bezugsfrist: 17. Juli 20.. bis 31. Juli 20.. (= Montag)
- Aktienkurs am 16. Juli 20..: 55,00 EUR

Die Aktien können nur nach dem Bezugsverhältnis oder einem Vielfachen davon bezogen werden.

a) *Ermitteln Sie das Bezugsverhältnis.* ☐ : ☐

b) *Ermitteln Sie den rechnerischen Wert des Bezugsrechts auf der Grundlage des Aktienkurses*
   vom 16. Juli 20.. EUR ☐☐

c) *Der Aktionär Werner Habig besitzt 800 Aktien. Er beabsichtigt, einen Teil seiner BR zu verkaufen,*
   um mit dem Verkaufserlös junge Aktien beziehen zu können (Opération blanche).

   ca) *Wie viele junge Aktien kann er beziehen?* ☐☐

   cb) *Wie viele Bezugsrechte werden verkauft?* ☐☐☐

7. Kapitalerhöhung der Argus AG

**Die ordentliche Hauptversammlung der Argus AG hat beschlossen, das Grundkapital durch Umwandlung
von Gewinnrücklagen in Grundkapital um 14 Mio. auf 56 Mio. EUR zu erhöhen. Die jungen Stückaktien sind
für das laufende Geschäftsjahr voll gewinnanteilberechtigt. Die alten Aktien notieren an der Börse zu
120,00 EUR. Die Aktionärin Nicole Bogner besitzt 200 Aktien der Argus AG.**

a) *Stellen Sie fest, um welche Art einer Kapitalerhöhung es sich handelt.*

   (1) Kapitalerhöhung gegen Einlagen
   (2) Genehmigte Kapitalerhöhung
   (3) Kapitalerhöhung aus Gesellschaftsmitteln ☐

b) *Ermitteln Sie das Berichtigungsverhältnis.* ☐ : ☐

c) *Ermitteln Sie den rechnerischen Berichtigungsabschlag.* ☐☐☐☐

d) *Ermitteln Sie den rechnerischen Kurs der Aktie nach Emission der*
   Berichtigungsaktien (Kurs ex BA). ☐☐☐

e) *Wie viel Berichtigungsaktien werden der Aktionärin ohne Weiteres zugeteilt?* ☐☐

f) *Ermitteln Sie die verbleibenden Teilrechte. (Ergebnis auf zwei Stellen nach dem Komma runden.)* ☐☐

g) *Nicole Bogner möchte eine weitere Berichtigungsaktie beziehen und erteilt einen entsprechenden*
   Kaufauftrag zum Erwerb von Teilrechten. Erstellen Sie die Kaufabrechnung unter Berücksichtigung
   einer Provision von 5,00 EUR. ☐☐☐☐

1.4 Geldanlage in Aktien

Situationsbeschreibung

Sie sind in der Abteilung „Private Banking" der Regio-Bank AG tätig. Die Privatkundenbetreuerin Vanessa Seitz hat mit Dr. Thorsten Becker eine Videokonferenz vereinbart, um mit ihm über seine Wertpapieranlagen zu sprechen.

Herr Dr. Becker, 48 Jahre, geschieden, ist als Oberarzt im Stadtkrankenhaus tätig. Er ist ein „wachstumsorientierter" Anleger, der bei seiner Geldanlage auch begrenzte Risiken eingeht, um eine höhere Rendite erzielen zu können. Er besitzt eine schuldenfreie, selbstgenutzte Eigentumswohnung und verfügt bei der Regio-Bank AG über folgende Konto- und Depotguthaben:

Kontoguthaben	35 800,00 EUR
Anleihen	232 500,00 EUR
Aktien	176 300,00 EUR
Summe	444 600,00 EUR

In der Videokonferenz äußert sich Dr. Becker sehr zufrieden mit der Kursentwicklung seiner Aktien, insbesondere da die Performance besser sei als die Benchmark. Er glaubt zudem, dass die Aktienindizes in Zukunft steigen und möchte deshalb weitere 15 000,00 EUR in Aktien investieren. Für den nächsten Tag haben Frau Seitz und Herr Dr. Becker einen Beratungstermin in der Bank vereinbart, an dem Sie auch teilnehmen sollen.

Nach der Videokonferenz schauen Sie sich mit Frau Seitz das Depot des Kunden noch einmal genauer an. Frau Seitz kommt zu folgenden Schlussfolgerungen:
- Bei den Aktien im Depot handelt es sich um in- und ausländische Standardwerte.
- Im Depot sind 15 verschiedene Aktien. Es weist damit eine hinreichende Streuung auf.
- Herr Dr. Becker besitzt bisher keine Aktien aus der Pharmabranche.

Frau Seitz möchte dem Kunden Aktien aus der Pharmabranche empfehlen und bittet Sie, sich folgende drei Aktien genauer anzuschauen:
- Bayer   ISIN: DE000BAY0017
- Novartis   ISIN: CH0012005267
- Pfizer   ISIN: US7170811035

„Was meinen Sie mit genauer anschauen?", möchten Sie von Frau Seitz wissen.

„Da Herr Dr. Becker bisher keine Aktien aus der Pharmabranche besitzt, würde ich ihm gern eine dieser drei Aktien empfehlen", antwortet Frau Seitz. *„Nun müssen wir uns Gedanken darüber machen, welche Aktie am aussichtsreichsten erscheint. Hilfreich ist dabei eine Entscheidungsmatrix",* antwortet die Anlageberaterin.

Sie fühlen sich mit der Aufgabe zunächst überfordert, zumal Ihnen viele der genannten Begriffe bisher unverständlich sind. *„Keine leichte Aufgabe für Sie",* bestätigt Frau Seitz, *„aber durchaus machbar, wenn Sie systematisch vorgehen."*

Frau Seitz bittet Sie, folgende Unterlagen zu erstellen:
- Glossar mit Fachbegriffen zur Aktienanalyse
- Informationsschrift zu Verfahren der Aktienanalyse
- Entscheidungsmatrix zur Bewertung von Aktien
- Bewertung der Pharma-Aktien mithilfe einer Entscheidungsmatrix

Information

Markieren Sie in der Situationsbeschreibung alle Begriffe, die Sie nicht hinreichend erklären können.

Erkundigen Sie sich, wie in Ihrem Ausbildungsbetrieb vermögende Privatkunden betreut werden.

Planen und Entscheiden

- Stellen Sie fest, welche Informationen und Materialien Sie für die Bearbeitung der Lernsituation benötigen.
- Erstellen Sie einen Arbeits- und Zeitplan.

Durchführen

Bearbeiten Sie die Unterlagen zu den Handlungsprodukten.

Glossar mit Fachbegriffen zur Aktienanalyse

Aktien-Standardwerte	
Aktienindizes	
Performance	
Benchmark	
Streuung	
WKN und ISIN	

Entscheidungs-matrix	

Informationsschrift zu Verfahren der Aktienanalyse

Fundamentalanalyse	
Annahmen	
Vorgehensweise	

Durchführen

Kennzahlen	**Kurs-Gewinn-Verhältnis (KGV)**

Dividendenrendite

Kurs-Buchwert-Verhältnis

Erläutern Sie auch den Begriff Marktkapitalisierung.

Technische Analyse

Annahmen

Vorgehensweise

Kennzahlen

Chartanalyse	**Auf- und Abwärtstrend**
	Widerstand
	Unterstützung
	Gleitende Durchschnittslinien

Entscheidungsmatrix zur Bewertung von Aktien

Entwickeln Sie eine Entscheidungsmatrix in folgenden Arbeitsschritten:

1. Schritt: Aufstellen von Entscheidungskriterien

Legen Sie vier bis sechs Kriterien (Merkmale) fest, die nach Ihrer Ansicht bei der Beurteilung der Aktien von Bedeutung sind (z. B. Kurs-Gewinn-Verhältnis).

2. Schritt: Gewichtung der Entscheidungskriterien (Gewichtungsfaktor)

Gewichten Sie die von Ihnen festgelegten Kriterien nach ihrer Bedeutung für die Entscheidungsfindung mit einer Prozentzahl.

Beispiel: Das Kriterium „Kurs-Gewinn-Verhältnis (KGV)" soll bei der Aktienbeurteilung eine Gewichtung von 25 % erhalten.

Die Summe der prozentualen Gewichte aller Kriterien muss 100 % ergeben.

3. Festlegung einer Bewertungsskala (Punkteskala)

Beurteilen Sie die einzelnen Kriterien nach einer Punkteskala.

Beispiel: Kurs-Gewinn-Verhältnis

6 bis 8   = sehr gut   = 6 Punkte
9 bis 11   = gut   = 5 Punkte
12 bis 14 = befriedigend = 4 Punkte
usw.

Durchführen

4. Analyse und Bewertung der Aktien

Beschaffen Sie sich aktuelle Informationen über die Aktien im Internet. Bewerten Sie die Aktien nach Ihrer Punkteskala und tragen Sie Ihre Beurteilung in eine **Entscheidungsmatrix** ein.

Multiplizieren Sie anschließend die jeweilige Punktzahl mit dem Gewichtungsfaktor.

Addieren Sie die gewichteten Punktzahlen.

Beispiel

Kriterien	Gewich-tung	Aktie 1		Aktie 2		Aktie 3	
		Punkte	gewichtete Punktzahl	Punkte	gewichtete Punktzahl	Punkte	gewichtete Punktzahl
1 (z. B. KGV)	25 %	3	0,75	2	0,50	5	1,25
2	25 %	5	1,25	6	1,50	4	1,00
3	15 %	3	0,45	3	0,45	4	0,60
4	10 %	3	0,30	5	0,50	5	0,50
5	20 %	2	0,40	4	0,80	6	1,20
6	5 %	6	0,30	3	0,15	6	0,30
	100 %		**3,45**		**3,90**		**4,85**

5. Entscheidung

Empfehlen Sie die Aktie mit der höchsten Bewertungszahl (gewichtete Punktzahl) zum Kauf. Begründen Sie dabei Ihre Bewertungsskala und erläutern Sie Ihre Empfehlung.

Bewertung der Pharma-Aktien mithilfe einer Entscheidungsmatrix

Kriterien	Gewich-tung	Aktie 1		Aktie 2		Aktie 3	
		Punkte	gewichtete Punktzahl	Punkte	gewichtete Punktzahl	Punkte	gewichtete Punktzahl

Kontrolle

Vergleichen Sie Ihre Entscheidungsmatrix mit der von einer anderen Arbeitsgruppe.

Diskutieren Sie die Plausibilität Ihrer Beurteilungsskala und Ihrer Bewertungsergebnisse.

Reflektieren und bewerten Sie Ihre Vorgehensweise und Ihre Arbeitsergebnisse.

Bewerten

Phase	Urteil	Verbesserungsvorschläge für diesen Bereich
Glossar	😊 😐 😟	
Informationsschrift zur Aktienanalyse	😊 😐 😟	
Entscheidungsmatrix zur Aktienbewertung	😊 😐 😟	

Aufgaben zur Lernsituation

1. Bewertung von Aktien – Fundamentalanalyse

Für den Bereich Aktienanalyse/Research liegen der Regio-Bank AG folgende vorläufige Zahlenangaben für den Jahresabschluss der TeleMobil AG zum 31. Dezember 20.. vor:

Gezeichnetes Kapital	35 320 000,00 EUR
Rücklagen	983 500 000,00 EUR
Bilanzgewinn	36 900 000,00 EUR
Jahresüberschuss	68 000 000,00 EUR
Anzahl der ausgegebenen Aktien	35 320 000,00 Stück

Der Vorstand beabsichtigt, der Hauptversammlung der TeleMobil AG die Ausschüttung von 0,90 EUR je Aktie vorzuschlagen. Analysten erwarten im nächsten Geschäftsjahr einen Gewinn von 72 000 000,00 EUR.

Zurzeit notiert die TeleMobil-Aktie zu 32,00 EUR.

a) Ermitteln Sie den Buchwert der TeleMobil-Aktie.   EUR ⬚⬚⬚

b) Ermitteln Sie das Kurs-Gewinn-Verhältnis (KGV) der TeleMobil-Aktie.   ⬚⬚⬚

c) Ermitteln Sie die Dividendenrendite der TeleMobil-Aktie.   % ⬚⬚

d) Welche Aussage zur Bedeutung dieser Kennziffern ist zutreffend?   ⬚

   (1) Wenn der Buchwert einer Aktie niedriger ist als der aktuelle Börsenpreis, gilt die Aktie als tendenziell unterbewertet.

   (2) Der Buchwert gibt den rechnerischen Anteil einer Aktie am Eigenkapital des Unternehmens wieder.

   (3) Je höher das KGV, desto schneller ist der Aktienkurs durch die erwarteten zukünftigen Gewinne gedeckt.

   (4) Anleger sollten Aktien mit einem niedrigen KGV stets Aktien mit einem hohen KGV vorziehen.

   (5) Bei einer gleichbleibenden Dividendenerwartung erhöht sich die Dividendenrendite, wenn der Aktienkurs steigt.

2. Kurs-Gewinn-Verhältnis und Dividendenrendite

Sie beraten die Kundin Helga Jasper bei einer Aktienanlage. Folgende Werte hat Helga Jasper in die engere Auswahl gezogen:

Aktie	Aktueller Aktienkurs	KGV lfd. Jahr[1]	KGV Folgejahr[1]	Dividendenrendite lfd. Jahr[1]	Dividendenrendite Folgejahr[1]
Saturn Aktie	42,00 EUR	12	15	1,0 %	1,5 %
Merkur Aktie	12,50 EUR	25	20	0,4 %	0,4 %

[1] Schätzwert

Tragen Sie die beiden zutreffenden Aussagen in die Kästchen ein.

☐ ☐

(1) „Die Analysten erwarten bei der Saturn AG im Folgejahr einen Anstieg des Gewinns."

(2) „Ich empfehle Ihnen die Saturn-Aktie zum Kauf, da das KGV im Folgejahr voraussichtlich steigt."

(3) „Der erwartete Gewinn pro Aktie ist bei der Saturn AG größer als bei der Merkur AG."

(4) „Sie sollten die Merkur-Aktie kaufen, da Aktien mit einem niedrigeren Kurs immer das größere Kurspotenzial besitzen."

(5) „Die niedrige Dividendenrendite bei der Merkur-Aktie kann man auch positiv bewerten."

(6) „Nach den vorliegenden Kennzahlen ist die Merkur-Aktie relativ preiswert."

3. Analyse von Aktien der Data-Soft AG

Sie analysieren die Aktien der Data-Soft-AG, die zurzeit an der Börse zu 28,50 EUR notieren. Ihnen liegen folgende aktuelle Daten aus dem Jahresabschluss der Data-Soft-AG vor:

Aktiva	Bilanz in Tsd. EUR		Passiva
Anlagevermögen		**Eigenkapital**	
Sachanlagen	144 400	Gezeichnetes Kapital	5 800
Finanzanlagen	12 300	Rücklagen	119 360
		Bilanzgewinn	5 220
Umlaufvermögen			
Vorräte, Waren, Rohstoffe	348 750	**Fremdkapital**	
Forderungen aus Lieferungen	70 520	langfristige Bankkredite	406 680
Liquide Mittel	6 450	kurzfristige Verbindlichkeiten	45 360
	582 420		582 420

Aufwendungen	GuV-Rechnung in Tsd. EUR		Erträge
Materialaufwand	272 540	Umsatzerlöse	710 420
Personalaufwand	401 610	Sonstige Erträge	54 310
Abschreibungen auf Anlagen	31 780		
Zinsaufwand	28 570		
Sonstige Aufwendungen	14 360		
Steuern	5 730		
Jahresüberschuss	10 140		
	764 730		764 730

Die Aktien haben einen rechnerischen Anteil am Grundkapital von jeweils 1,00 EUR.
Analysten erwarten,
– dass die Gesellschaft den Bilanzgewinn in vollem Umfang ausschütten wird.
– dass die Gesellschaft im nächsten Jahr einen Gewinn von 14,5 Mio. Euro erzielen wird.
Ermitteln Sie

a) die aktuelle Marktkapitalisierung der Data-Soft AG.   Mio. EUR ☐☐☐☐

b) den Buchwert (Bilanzkurs) einer Aktie.   EUR ☐☐☐

c) die Dividendenrendite.   % ☐☐☐

d) das Kurs-Gewinn-Verhältnis.   ☐☐☐☐

4. Rendite einer Aktienanlage von Anke Uhland

Die Eheleute Kai und Anke Uhland haben nach einer Besitzdauer von 16 Monaten 300 Aktien der Weirich AG zum Kurs von 26,00 EUR verkauft, die sie zu 22,00 EUR erworben hatten. Sie haben eine Dividende von 0,40 EUR je Aktie erhalten. Des Weiteren haben sie bei einer Kapitalerhöhung gegen Einlagen ihre Bezugsrechte zum Kurs von 0,90 EUR an der Börse verkauft.

Die Eheleute hatten aufgrund eines ausreichenden Freistellungsauftrages keinen Steuerabzug.

Beim An- und Verkauf der Aktien sowie beim Verkauf der Bezugsrechte wurden 1 % Provision und 0,8 ‰ Courtage in Rechnung gestellt. Die anteiligen Depotgebühren betragen 12,00 EUR.

a) Erstellen Sie die Abrechnungen.

Kaufabrechnung Aktien	
Belastung	

Verkaufsabrechnung Aktien	
Gutschrift	

Verkaufsabrechnung Bezugsrechte	
Gutschrift	

b) Ermitteln Sie das Nettoergebnis und die Rendite der Anlage.

Nettoergebnis der Anlage:

Kursgewinn	
+ Erlöse aus Verkauf der Bezugsrechte	
+ Dividendenerträge	
– Depotgebühren	
Nettoergebnis	

$$\text{Rendite} = \frac{\text{Nettoergebnis} \cdot 100 \cdot 12}{\text{eingesetztes Kapital} \cdot \text{Monate}} =$$

1.5 Investmentfonds – Fondsarten

Paul Gehring hat mit Ihnen telefonisch einen Gesprächstermin vereinbart.

Die Eheleute Gehring haben auf ihrem Sparkonto mittlerweile 25 000,00 EUR angespart, von denen sie 20 000,00 EUR gerne etwas rentabler anlegen möchten.

Ein Freund hat ihnen als „heißen Tipp" den „Fidelity Indonesia Fund" empfohlen, der nach seiner Ansicht in den nächsten Monaten stark im Wert ansteigen wird.

Nach dem Telefonat rufen Sie folgende Kundendaten auf:

Kunden-daten	Eheleute Anna und Paul Gehring			Kinder: 2 (8 Jahre; 14 Jahre)	
		Alter	**Beruf**	**Arbeitgeber**	**Monatsnetto-einkommen**
	Paul Gehring	42 Jahre	Techniker	Argus Solution AG	2 550,00 EUR
	Anna Gehring	39 Jahre	Laborantin	Syntec GmbH	2 140,00 EUR
Konten-übersicht	**Konten/Depots**	**Betrag**		**Zusatzinformationen**	
	Girokonto: Eheleute Einzelverfügung	H 2 175,00 EUR		zwei Girocards zwei Kreditkarten	
	Sparkonto:	25 123,50 EUR			
	Depot:	-----			
	Freistellungsauftrag: 2 000,00 EUR *bereits beansprucht:* 23,00 EUR				

Die Eheleute haben bisher keine Erfahrungen mit Wertpapieren. Der Anlagebetrag soll langfristig angelegt werden.

Nachdem Sie sich im Internet über den „Fidelity Indonesia" (WKN: 974129) informiert haben, sind Sie davon überzeugt, dass dieses Produkt für die Eheleute Gehring nicht geeignet ist.

Nach Ihrer Einschätzung sind die Eheleute begrenzt risikobereit (maximale Fonds-Risikoklasse 3–4).

Sie halten es für richtig, den Anlagebetrag auf drei Fonds aufzuteilen, die zum Risikoprofil und zu den Anlagezielen der Eheleute passen. Da die Eheleute über keine Erfahrungen mit Wertpapieranlagen verfügen, legen Sie ein besonderes Augenmerk auf die Angebotsphase.

Zur Vorbereitung auf den Gesprächstermin erstellen Sie

- ein Erklärvideo über Investmentfonds,
- einen Anlagevorschlag mit Produktinformationen,
- eine Geeignetheitserklärung und
- eine Informationsschrift über die Gestaltung der Angebotsphase.

Führen Sie das Beratungsgespräch.

- Informieren Sie sich genauer über den von Herrn Gehring bevorzugten Investmentfonds und begründen Sie, warum dieses Produkt für die Kunden nicht geeignet ist.

Information

_____

_____

_____

_____

_____

_____

- Informieren Sie sich über die Erstellung von Erklärvideos.

Erstellen Sie einen Arbeits- und Zeitplan für die Bearbeitung der Lernsituation.

Planen und Entscheiden

_____

_____

_____

Bearbeiten Sie die Unterlagen zu den Handlungsprodukten.

Durchführen

Erklärvideo über Investmentfonds

Verwenden Sie dabei auch folgende Fachbegriffe: *Anleger, Anteilscheine, Fondsmanagement, Investmentvermögen, Kapitalverwaltungsgesellschaft (KVG), Miteigentum nach Bruchteilen, Risikostreuung, Sondereigentum, Verwahrstelle*

Anlagevorschlag mit Produktinformationen

Anlagebetrag: 20 000,00 EUR

	Fonds 1	Fonds 2	Fonds 3
Fondsname			
Anlagebetrag			
Anlage-schwerpunkt			
Ertragsverwendung (Ausschüttung oder Thesaurierung)			

Durchführen

	Fonds 1	Fonds 2	Fonds 3
Risiko (Volatilität)			
Chancen (Performance)			
Kosten	Ausgabeaufschlag: laufende Kosten p. a.:	Ausgabeaufschlag: laufende Kosten p. a.:	Ausgabeaufschlag: laufende Kosten p. a.:

Geeignetheitserklärung

Informationsschrift über die Gestaltung der Angebotsphase

Merkmal	Beschreibung
Ziele der Angebotsphase	
Wichtige Verhaltens- aspekte	
Mögliche Verkaufshilfen	
Umgang mit Kundeneinwänden	

Führen Sie das Beratungsgespräch.

Achten Sie in dem Gespräch besonders auf die Gestaltung der Angebotsphase.

Nutzen Sie den auf Seite 143 abgebildeten Beobachtungsbogen für ein Feedback.

Vergleichen Sie Ihre Unterlagen (Checkliste, Produktinformationsblatt, Kaufabrechnungen) mit den Unterlagen einer anderen Arbeitsgruppe.

Geben Sie ein Feedback zum Beratungsgespräch mithilfe des ausgefüllten Beobachtungs- bogens.

Bewerten

Reflektieren und bewerten Sie Ihre Vorgehensweise und Ihre Arbeitsergebnisse.

Phase	Urteil	Verbesserungsvorschläge für diesen Bereich
Erklärvideo zur Erläuterung Investmentprinzip	🙂 😐 🙁	
Anlagevorschlag	🙂 😐 🙁	
Geeignetheitserklärung	🙂 😐 🙁	
Beratungsgespräch mit Schwerpunkt Gestaltung der Angebotsphase	🙂 😐 🙁	

Aufgaben zur Lernsituation

1. Friedrich Krause informiert sich über Aktienfonds

Friedrich Krause hat aus einer Erbschaft 45 000,00 EUR erhalten und möchte einen Teil des Geldes in Aktien anlegen. Dabei ist er unschlüssig, ob er direkt Aktien erwerben soll oder ob er Anteile an einem Aktienfonds kaufen soll.
Mit welcher der folgenden Aussagen beraten Sie ihn richtig?

(1) „Das Risiko bei einer Geldanlage in Aktien ist immer größer als das Risiko bei einer Geldanlage in Investmentfondsanteilen."

(2) „Beim Erwerb von Aktienfonds haben Sie ein Stimmrecht in der Hauptversammlung für die in dem Fonds befindlichen Aktien."

(3) „Der Erwerb von Aktienfondsanteilen ist immer kostengünstiger als der Direkterwerb von Aktien."

(4) „Als Anleger haben Sie keinen Einfluss auf die Anlage- und Ausschüttungspolitik des Fondsmanagements."

(5) „Bei einer Insolvenz der Kapitalverwaltungsgesellschaft können Ihre Fondsanteile wertlos werden."

2. Investmentfondsanteile

Welche der folgenden Aussagen trifft auf Investmentfondsanteile zu?

(1) Investmentfondsanteile verbriefen ein Miteigentum am Vermögen der Kapitalverwaltungsgesellschaft.

(2) Fondsinhaber/-innen haben einen Anspruch auf Verzinsung ihrer Fondsanteile.

(3) Bei Aktienfonds gewährt jeder Fondsanteil ein Teilnahmerecht, aber kein Stimmrecht bei den Hauptversammlungen der Aktiengesellschaften, deren Aktien im Fondsvermögen enthalten sind.

(4) Die Kapitalverwaltungsgesellschaft ist jederzeit verpflichtet, die Fondsanteile zum Rücknahmepreis zurückzunehmen.

(5) Investmentfondsanteile verbriefen ein Miteigentum nach Bruchteilen am Sondervermögen eines Investmentfonds.

3. Fondsarten

Sie beraten Ruth Weber über eine Geldanlage in Investmentanteilen und erläutern ihr dabei verschiedene Fondsarten.
Stellen Sie fest, auf welche Fondsart sich die unten stehenden Aussagen jeweils beziehen.

Fondsarten

1 Deutscher Aktienfonds (Standardwerte)
2 Euro-Rentenfonds
3 Euro-Geldmarktfonds
4 Dachfonds
5 Indexfonds

Tragen Sie in das Kästchen eine 9 ein, wenn die Aussage auf keine der genannten Fondsarten zutrifft.

Aussagen

a) „Bei diesem Fonds bestehen kaum Kursrisiken und Sie zahlen keinen Ausgabeaufschlag.“

b) „Die Erträge aus diesem Fonds sind steuerfrei.“

c) „Dieser Fonds verfolgt eine passive Anlagestrategie.“

d) „Die Manager dieses Fonds versuchen, durch eine geschickte Auswahl von Einzelwerten den DAX zu schlagen.“

e) „Zinssteigerungen am Kapitalmarkt führen direkt zu Kursverlusten bei den Anteilen.“

f) „Das Fondsvermögen besteht aus Anteilen anderer Investmentfonds.“

4. Fondarten und ihre Anlageschwerpunkte

Sie beraten Silke Schneider hinsichtlich einer Einmalanlage in Investmentfonds. Sie stellen ihr dabei drei unterschiedliche Fonds vor.
Stellen Sie fest, welche Fondsart zu der jeweiligen Aussage passt.

1 Mischfonds
2 Geldmarktfonds
3 Rentenfonds
4 Dachfonds

a) Dieser Fonds investiert im Wesentlichen in variabel verzinsliche Anleihen mit einer Restlaufzeit von bis zu sechs Monaten.

b) Mit diesem Fonds werden Erträge entsprechend der Rendite am Kapitalmarkt erzielt.

c) Dieser Fonds investiert sowohl in Rentenpapiere als auch in Aktien.

d) Diese Fondsart kann mit verschiedenen Anlageschwerpunkten gewählt werden und ist somit vergleichbar mit einer standardisierten Vermögensverwaltung.

5. Kennzahlen von Investmentfonds

Ihr Kunde Lars Grote möchte sich bei Ihnen über die Bedeutung von verschiedenen Fondskennzahlen informieren, um die Vielzahl der am Markt existierenden Fonds besser einschätzen zu können.
Welche der folgenden Aussagen zu den Kennzahlen von Investmentfonds ist zutreffend?

(1) Die Performance misst die Wertentwicklung eines Fonds im Vergleich zu einem bestimmten Einzelwert, der in dem Fonds enthalten ist.
(2) Ein Aktienfonds weist üblicherweise eine niedrigere Volatilität auf als ein Rentenfonds.
(3) Wenn für einen Fonds eine Sharpe Ratio < 1 errechnet wird, dann konnte der Fond eine Überschussrendite erzielen.
(4) Die Gesamtkostenquote (Total Expense Ratio – TER) gibt Auskunft über die Höhe der Anschaffungskosten (Provision und Ausgabeaufschlag).
(5) Je größer die Volatilität eines Fonds, desto risikoreicher ist der entsprechende Investmentfonds.

1.6 Regelmäßiges Sparen in Investmentfonds

Situationsbeschreibung

Vor einiger Zeit hatten Sie mit den Eheleuten Anna und Paul Gehring ein Gespräch über eine Geldanlage in Investmentfonds. Sie konnten die Kunden damals in einem Beratungsgespräch davon überzeugen, das Geld in drei aktiv gemanagte Fonds Ihres Verbundpartners zu investieren.

Circa 10000,00 EUR hatten die Eheleute damals in den europäischen Mischfonds *Inter-Europe-Mix100* der Interfinanz-Kapitalverwaltungsgesellschaft angelegt.

In einem Telefonat teilt Ihnen Herr Gehring mit, dass der Fonds zwar im Wert gestiegen ist, er aber dennoch mit der Wertentwicklung nicht zufrieden sei. Sein Interesse an Wertpapieren ist gewachsen und er verfolgt aufmerksam die Kursentwicklung an der Börse und die Wertentwicklung des Fonds. Er kritisiert, dass der Deutsche Aktienindex deutlich stärker angestiegen ist als der Fondspreis. Den in seiner Depotaufstellung aufgeführten Rücknahmepreis von 39,05 EUR kann er sich auch nicht erklären.

Darüber möchte er gern mit Ihnen reden.

Zudem haben er und seine Frau die Absicht, in Zukunft regelmäßig Geld in Fondsanteilen anzulegen. Die beiden können sich da einen monatlichen Betrag von 200,00 EUR vorstellen. Herr Gehring hat von einem Freund den Rat erhalten, in Zukunft sein Geld in ETFs anzulegen. Darunter kann er sich allerdings nichts vorstellen.

Nach dem Telefonat rufen Sie einen aktuellen Depotauszug der Kunden auf und finden darin folgende Aufstellung:

	Anteile	Erwerbskurs	Rücknahmepreis	Wert am 31.12.20..
Inter-Europe-Mix100	300	36,20 EUR	39,05 EUR	11 715,00 EUR

Im Internet finden Sie aktuelle folgende Vermögensübersicht des Fonds:

Vermögensübersicht Inter-Europe-Mix100	
Anleihen (einschließlich aufgelaufenen Stückzinsen)	9 723 600,00 EUR
Aktien	26 918 902,00 EUR
Wertpapier-Investmentfondsanteile	4 850 325,00 EUR
Bankguthaben	3 920 650,00 EUR
Sonstiges Vermögen	4 735 690,00 EUR
Verbindlichkeiten	2 478 653,00 EUR
Zahl der ausgegebenen Anteile	1 220 700

Der Ausgabeaufschlag beträgt 4,00 %.

Zur Vorbereitung auf den Gesprächstermin erstellen Sie folgende Unterlagen:

- Übersicht zur Fondspreisermittlung
- Beispielrechnung zum Cost-Average-Effekt
- Informationsblatt zu aktiv und passiv gemanagten Fonds

Überlegen Sie, welche Aspekte Sie mit dem Kunden im Rahmen einer monatlichen Anlage in Fondsanteile ansprechen möchten.

Information

_____

_____

_____

_____

Erstellen Sie einen Arbeits- und Zeitplan für die Bearbeitung der Lernsituation.

Planen und Entscheiden

_____

_____

_____

_____

_____

Bearbeiten Sie die Unterlagen zu den Handlungsprodukten.

Durchführen

Übersicht zur Fondspreisermittlung

Nutzen Sie für die Berechnungen ein Tabellenkalkulationsprogramm.

	A	B
1	**Inventar**	**Betrag**
2	Anleihen (Kurswert + Stückzinsen)	
3	Aktien	
4	Wertpapier-Investmentanteile	
5	Bankguthaben	
6	Sonstiges Vermögen	
7	Verbindlichkeiten	
8	Nettoinventarwert	
9		
10	Anteile im Umlauf	
11		
12	Rücknahmepreis	
13	+ 4 % Ausgabeaufschlag	
14	Ausgabepreis	

Durchführen

Beispielrechnung zum Cost-Average-Effekt

	A	B	C	D	E	F
1	Zeitraum	Ausgabepreis	Monatlicher Erwerb von 4 Anteilen		Monatliche Anlage von 200,00 EUR	
2			Erwerbspreis	Anzahl Anteile	Erwerbspreis	Anzahl Anteile
3	Januar 20..	50,00 EUR				
4	Februar 20..	45,00 EUR				
5	März 20..	35,00 EUR				
6	April 20..	49,00 EUR				
7	Mai 20..	56,00 EUR				
8	Juni 20..	54,00 EUR				
9	Juli 20..	55,00 EUR				
10	August 20..	53,00 EUR				
11	Summe	✕				
12						
13	Durchschnitts-erwerbspreis	✕		✕		✕

Erläuterungen:

_____

_____

_____

Informationsblatt zu aktiv und passiv gemanagten Fonds

Kriterien	ETF (Exchange Traded Funds) (passiv gemanagt)	Investmentfonds (aktiv gemanagt)

Bilden Sie Zweierteams und gleichen Sie Ihre Ergebnisse ab. Ergänzen Sie bei Bedarf fehlende Punkte in Ihren Unterlagen.

Kontrolle

Reflektieren und bewerten Sie Ihre Vorgehensweise und Ihre Arbeitsergebnisse.

Bewerten

Phase	Urteil	Verbesserungsvorschläge für diesen Bereich
Übersicht zur Fondspreis-ermittlung	🙂 😐 🙁	
Beispielrechnung zum Cost-Average-Effekt	🙂 😐 🙁	
Informationsblatt zu aktiv und passiv gemanagten Fonds	🙂 😐 🙁	

Aufgaben zur Lernsituation

1. Erwerb von Investmentfondsanteilen

Tim Kohler interessiert sich für eine Kapitalanlage in Euro-Income-Fonds, die von der Interfinanz-Kapitalver-waltungsgesellschaft herausgegeben werden.

> **Auszug aus dem Verkaufsprospekt**
>
> Der Euro-Income-Fonds ist ein thesaurierender Rentenfonds, der seine Gelder in Euro-Anleihen von Emittenten mit guter und sehr guter Bonität anlegt. Dazu investiert der Fonds sowohl in Staats- als auch in Unternehmensanleihen.
>
> Die Interfinanz-Kapitalverwaltungsgesellschaft hat ihren Sitz in Frankfurt/M. und unterliegt dem Kapitalanlagege-setzbuch (KAGB).

a) Mit welcher der folgenden Aussagen beraten Sie den Kunden richtig?

(1) „Die Fondsanteile verbriefen ein Miteigentum nach Bruchteilen an der Kapitalverwaltungsgesell-schaft."

(2) „Als Anleger haben Sie ein Recht auf jährliche Ausschüttungen."

(3) „Bei einem thesaurierenden Fonds müssen Sie die Erträge erst bei Veräußerung bzw. Rückgabe der Fondsanteile versteuern."

(4) „Neben dem Ausgabeaufschlag fallen keine weiteren Kosten an."

(5) „Ihre Fondsanteile können Sie jederzeit an die Kapitalverwaltungsgesellschaft zurückgeben oder an der Börse verkaufen."

Der Kunde beabsichtigt einen langfristigen Vermögensaufbau. Er ist sich noch unschlüssig, ob er eine monatlich konstante Anzahl von Investmentanteilen erwerben oder einen monatlich konstanten Geldbetrag anlegen soll.

b) Mit welcher der folgenden Aussagen beraten Sie den Kunden richtig?

(1) „Sie sollten monatlich eine bestimmte Anzahl von Anteilen kaufen, weil Sie dann den Cost-Average-Effekt nutzen."

(2) „Sie sollten monatlich für einen bestimmten Geldbetrag Anteile kaufen, weil Sie dann den Cost-Average-Effekt nutzen."

(3) „Der Cost-Average-Effekt führt automatisch dazu, dass Sie immer zu den niedrigsten Kursen kaufen."

(4) „Der Cost-Average-Effekt führt dazu, dass Sie bei niedrigen Kursen weniger Anteile und bei höheren Kursen mehr Anteile erwerben."

(5) „Der Cost-Average-Effekt wirkt sich nur bei steigenden Kursen vorteilhaft für Sie aus."

Die Interfinanz-Kapitalverwaltungsgesellschaft veröffentlicht folgende aktuelle Werte für den Euro-Income-Fonds:

Anleihen (Kurswert + aufgelaufene Stückzinsen)   455 679 510,00 EUR

Sonstiges Vermögen   22 789 360,00 EUR

Anteile im Umlauf   34 767 867 Stück

Der Ausgabeaufschlag beträgt 3 %.

c) Ermitteln Sie den Ausgabepreis.   EUR ☐☐☐

Tim Kohler möchte für monatlich 180,00 EUR Fondsanteile erwerben.

d) Wie viele Anteile werden nach dem ersten Kauf in das Depot des Kunden eingebucht?   Stück ☐☐☐☐

2. Investment-Anlagekonto

Als Mitarbeiter der Regio-Bank AG haben Sie heute einen Termin mit Ihrer Kundin Sonja Gohly vereinbart. Sie plant den Abschluss eines Investment-Sparplanes mit einer monatlichen Sparrate von 100,00 EUR. Im Gespräch empfehlen Sie ihr die Eröffnung eines Investment-Anlagekontos bei der Invest-Kapitalverwaltungsgesellschaft.

a) Welche der folgenden Aussagen zum Investment-Anlagekonto ist zutreffend?

(1) Die Depotgebühren sind beim Investment-Anlagekonto üblicherweise höher als die Depotgebühren bei einem Kreditinstitut.

(2) Das monatliche Sparen in ein Investment-Anlagekonto ermöglicht auch den Kauf von Bruchteilen eines Anteils an einem Investmentfonds.

(3) Ein Investment-Anlagekonto wird beim Kreditinstitut des Sparers geführt.

(4) Die laufenden Sparleistungen der Kundin fließen an die Kapitalverwaltungsgesellschaft (KVG) und werden dort treuhänderisch verwaltet.

(5) Die Jahresabrechnung des Anlagekontos wird von der Regio-Bank AG erstellt und an die Kundin versandt.

b) Ihrer Kundin ist der Unterschied zwischen den Aufgaben der KVG und der Verwahrstelle noch nicht klar geworden. Welche der folgenden Aufgaben wird nicht von der Verwahrstelle, sondern von der KVG übernommen?

(1) Verwahrung der Effekten

(2) Ausgabe und Rücknahme der Anteilsscheine

(3) Ermittlung der Ausgabe- und Rücknahmepreise

(4) Erstellung von Produktinformationsblättern (Wesentliche Anlegerinformationen; KIID)

(5) Durchführung der Ertragsausschüttung

1.7 Leon Berger möchte seine Gewinnchancen durch den Kauf von Optionsscheinen maximieren

Situationsbeschreibung

Sie sind als Auszubildende/Auszubildender zurzeit bei den Wertpapierspezialisten Ihrer Bank eingesetzt. Im Rahmen dieser Tätigkeit durften Sie ein Telefonat eines Wertpapierberaters mit dem Kunden Leon Berger mithören.

Herr Berger hat sich in der letzten Zeit mittels verschiedener Quellen über einige börsennotierte Aktiengesellschaften informiert. Ein besonderes Augenmerk legt er zurzeit auf Aktien der Meditech AG, ein deutsches Technologieunternehmen, das im MDax gelistet ist. Er erwartet, dass sich bei dieser Aktie in den nächsten Monaten mit einem starken Kursanstieg zu rechnen ist. Deshalb möchte er circa 4 000,00 EUR in dieses Unternehmen investieren und dabei seine Gewinnchancen maximieren. Er bittet den Wertpapierberater Henning Block, ihm zeitnah zwei passende Optionsscheine herauszusuchen, da er in circa zwei Stunden persönlich in die Filiale kommen möchte, um eine Anlageentscheidung zu treffen.

Nach dem Telefonat teilt Ihnen Herr Block mit, dass es sich bei dem Kunden um einen erfahrenen, spekulativ eingestellten Anleger handelt, der manchmal auch hohe Risiken eingeht.

Herr Berger verfügt bei der Regio-Bank AG über folgende Konto- und Depotguthaben:

Girokonto	1 730,00 EUR
Anleihen	26 700,00 EUR
Fonds/ETFs	74 800,00 EUR
Aktien (versch. Einzelwerte)	39 000,00 EUR
Derivate	9 500,00 EUR
Summe	**151 730,00 EUR**

Der Wertpapierberater möchte dem Kunden folgende Optionsscheine zu Meditech-Aktien (Basiswert) vorstellen:

Call-Optionsschein I

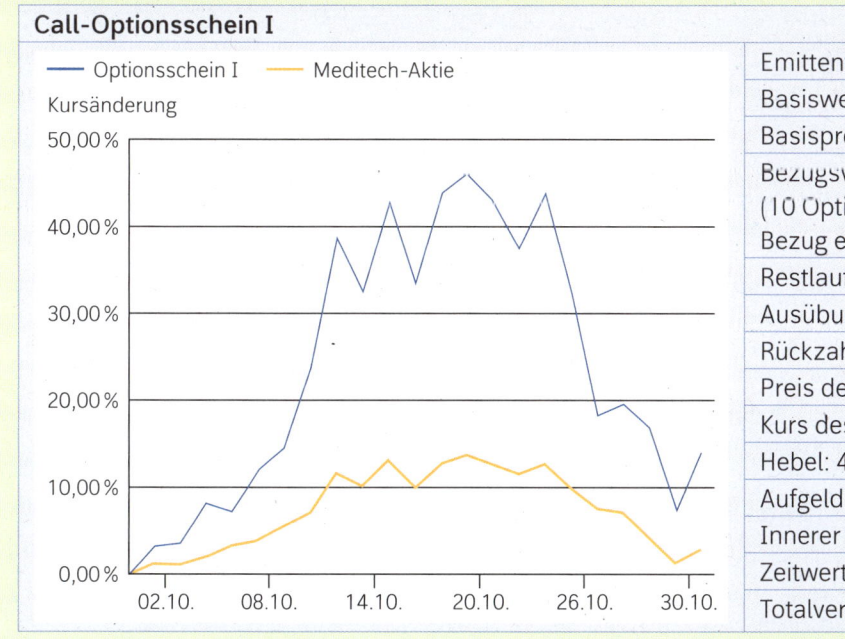

Emittent: Rheinbank AG
Basiswert: Meditech AG
Basispreis: 100,00 EUR
Bezugsverhältnis: 10 : 1 (0,10) (10 Optionsscheine berechtigen zum Bezug einer Aktie.)
Restlaufzeit: 19 Monate
Ausübung: amerikanisch
Rückzahlung: Barausgleich
Preis des Optionsscheins: 2,50 EUR
Kurs des Basiswertes: 112,00 EUR
Hebel: 4,48
Aufgeld in % p. a.: 7,33 %
Innerer Wert: 1,20 EUR
Zeitwert: 1,30 EUR
Totalverlustwahrscheinlichkeit: 51,25 %

Call-Optionsschein II

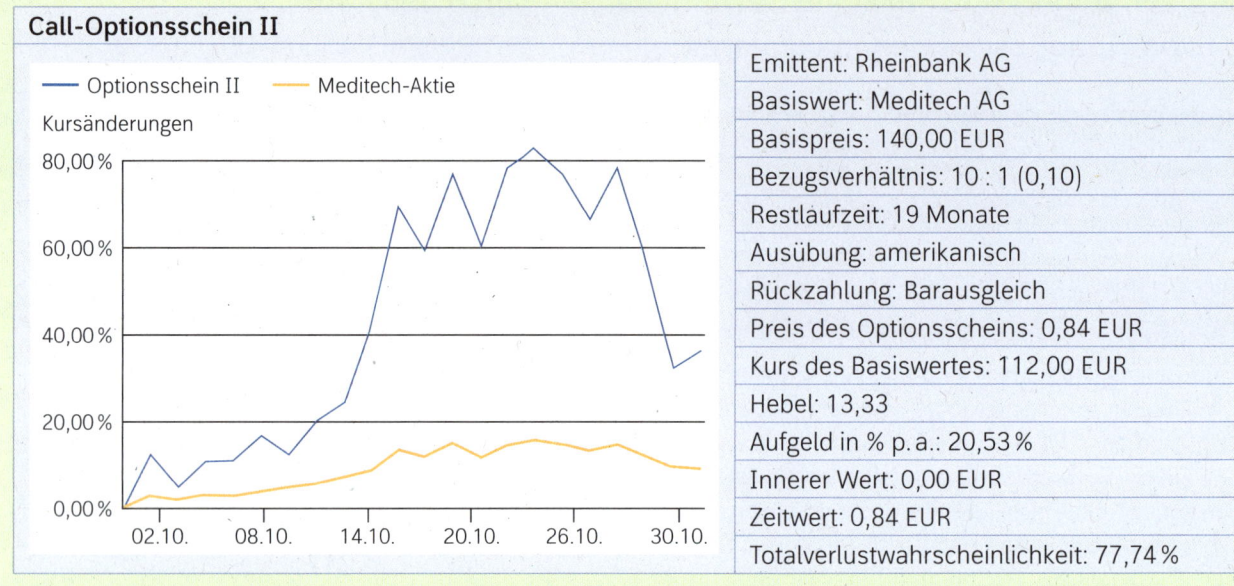

Emittent:	Rheinbank AG
Basiswert:	Meditech AG
Basispreis:	140,00 EUR
Bezugsverhältnis:	10 : 1 (0,10)
Restlaufzeit:	19 Monate
Ausübung:	amerikanisch
Rückzahlung:	Barausgleich
Preis des Optionsscheins:	0,84 EUR
Kurs des Basiswertes:	112,00 EUR
Hebel:	13,33
Aufgeld in % p. a.:	20,53 %
Innerer Wert:	0,00 EUR
Zeitwert:	0,84 EUR
Totalverlustwahrscheinlichkeit:	77,74 %

„Optionsscheine sind sehr komplexe und risikoreiche Finanzinstrumente", sagt Herr Block. „Haben Sie sich schon mal mit Derivaten beschäftigt?" Als Sie dies verneinen, fordert er Sie auf, sich mit der Thematik zu beschäftigen.

„Zunächst machen Sie sich bitte mit den Fachbegriffen vertraut und erstellen ein Glossar. Dann erstellen Sie ein Gewinn- und Verlustprofil für Anleger, die sich heute für einen Aktienkauf oder für einen Erwerb der Optionsscheine entscheiden und die Wertpapiere bis zu Endfälligkeit behalten. Bei Optionen ist das zwar eher unüblich, jedoch erleichtert diese Annahme das Verständnis für Optionen.

Dann müssen wir uns genauer mit den Kennzahlen der beiden Optionsscheine beschäftigen, da Herr Berger von uns eine Empfehlung haben möchte.

Fassen Sie die Ergebnisse dazu bitte in einem Kurzbericht über Chancen und Risiken der beiden Optionsscheine zusammen."

Erstellen Sie folgende Unterlagen:

- Glossar mit Fachbegriffen zu Optionsscheinen
- Gewinn- und Verlustprofil bei Aktien und Call-Optionsscheinen mithilfe eines Tabellenkalkulationsprogramms
- Übersicht der Kennzahlen von Call-Optionsscheinen
- Kurzbericht über Chancen und Risiken der Optionsscheine

Information

- Warum möchte der Kunde Leon Berger Optionsscheine zu Aktien der Meditech AG erwerben?

- Klären Sie den Begriff „Derivate".

Planen und Entscheiden

Erstellen Sie einen Arbeits- und Zeitplan für die Bearbeitung der Lernsituation.

Bearbeiten Sie die Unterlagen zu den Handlungsprodukten.

Glossar mit Fachbegriffen zu Optionsscheinen

Call-Option	
Kurserwartung des Erwerbers	
Basiswert	
Basispreis	
Options-prämie	
Ausübung	amerikanisch: europäisch:
Erfüllung	Lieferung des Basiswertes: Barausgleich (Cash Settlement):
Bezugs-verhältnis	
Emittent	

Durchführen

Gewinn- und Verlustprofil bei Aktien und Call-Optionsscheinen mithilfe eines Tabellen-kalkulationsprogramms

	A	B	C	D	E	F
1	**Optionschein I**					
2	Basispreis			100,00 EUR		
3	Aktienkurs bei Kauf			112,00 EUR		
4	Optionsprämie zum Erwerb einer Aktie (10 · 2,50 EUR)			25,00 EUR		
5						
6	**Aktienkurs bei Fälligkeit**	**Gewinn/Verlust in EUR bei der Aktie**	**Gewinn/Verlust in % bei der Aktie**	**Ausübung der Option ja/nein**	**Gewinn/Verlust in EUR bei der Option**	**Gewinn/Verlust in % bei der Option**
7	80,00 EUR					
8	90,00 EUR					
9	112,00 EUR					
10	142,00 EUR					
11	180,00 EUR					
12	200,00 EUR					
13						
14	**Optionschein II**					
15	Basispreis			140,00 EUR		
16	Aktienkurs bei Kauf			112,00 EUR		
17	Optionsprämie zum Erwerb einer Aktie (10 · 0,84 EUR)			8,40 EUR		
18						
19	**Aktienkurs bei Fälligkeit**	**Gewinn/Verlust in EUR bei der Aktie**	**Gewinn/Verlust in % bei der Aktie**	**Ausübung der Option ja/nein**	**Gewinn/Verlust in EUR bei der Option**	**Gewinn/Verlust in % bei der Option**
20	80,00 EUR					
21	90,00 EUR					
22	112,00 EUR					
23	142,00 EUR					
24	180,00 EUR					
25	200,00 EUR					

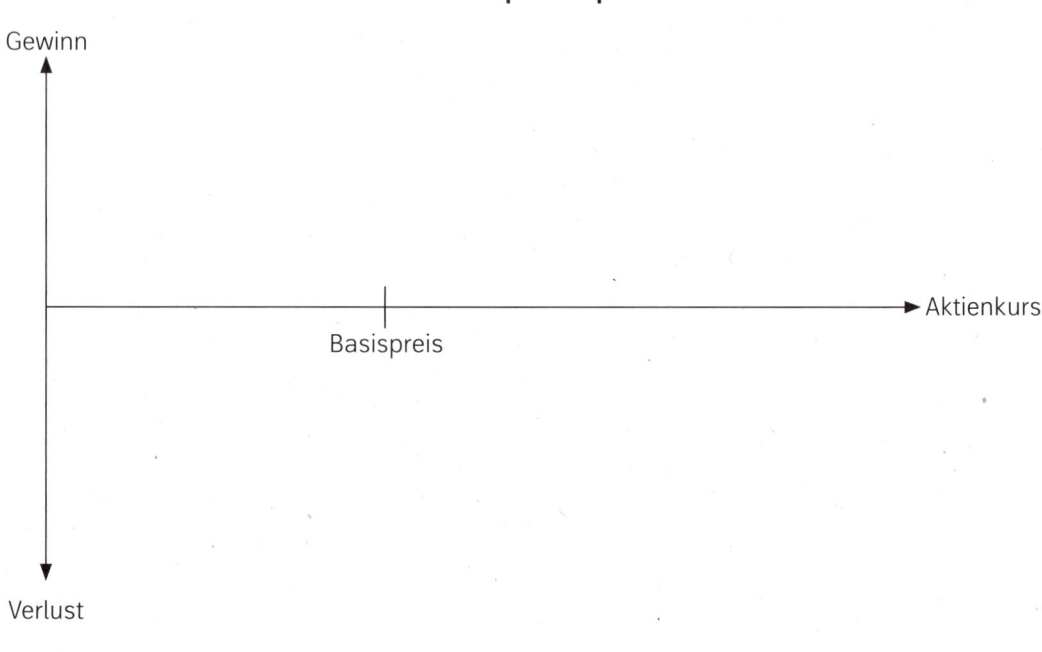

Gewinn- und Verlustprofil Optionsschein I

Übersicht der Kennzahlen zu Call-Optionsscheinen

Durchführen

Kennzahl	Erläuterung	Optionsschein I	Optionsschein II
Hebel			
Aufgeld in Euro			
Aufgeld in Prozent p. a.			
Innerer Wert			
Zeitwert			

Kurzbericht über Chancen und Risiken der Optionsscheine

Kontrolle

Bilden Sie Zweierteams und gleichen Sie Ihre Ergebnisse ab. Ergänzen Sie bei Bedarf fehlende Punkte in Ihren Unterlagen.

Bewerten

Reflektieren und bewerten Sie Ihre Vorgehensweise und Ihre Arbeitsergebnisse.

Phase	Urteil	Verbesserungsvorschläge für diesen Bereich
Glossar	🙂 😐 🙁	
Gewinn- und Verlustprofil bei Aktien und Call-Options-scheinen	🙂 😐 🙁	
Übersicht zu Kennzahlen von Call-Optionsscheinen	🙂 😐 🙁	
Kursbericht über Chancen und Risiken der Options-scheine	🙂 😐 🙁	

Aufgaben zur Lernsituation

1. Frau Dr. Damm erwirbt Call-Optionsscheine

Die Kundin Dr. Melanie Damm unterhält in ihrem bei der Regio-Bank AG geführten Depot u. a.:

WKN	Stück	Gattung	
760 500	– 4 200 –	Optionsscheine	
		Basiswert:	SOFTWARE2000-AG-Aktien
		Typ:	Call
		Emittent:	Regio-Bank AG
		Basispreis:	20,00 EUR
		Laufzeit:	2 Jahre
		Bezugsverhältnis:	10 : 1

Die Optionsscheine wurden von ihr ex Emission zum Kurs von 0,50 EUR bezogen.

Auszug aus den Optionsbedingungen

Jeweils zehn Optionsscheine berechtigen den Optionsschein-Inhaber die Zahlung eines Differenzbetrages zu verlangen. Der Differenzbetrag ist die in Euro ausgedrückte Differenz, um die der am Ausübungstag an der Frankfurter Börse festgestellte Schlusskurs der SOFTWARE2000-AG-Aktie den Basispreis überschreitet.

Kursnotiz vom 20. September 20.. (Schlusskurs)

SOFTWARE2000-AG-Aktie	24,20 EUR
SOFTWARE2000 Call 20,00/Regio-Bank AG	0,80 EUR

a) Ermitteln Sie auf der Basis der Schlusskurse vom 20. September

   aa) den Hebel,

   ab) den inneren Wert des Optionsscheins,   EUR

   ac) das Aufgeld in Prozent.   %

Frau Dr. Damm möchte nach dem Kursanstieg der letzten Tage „Kasse" machen.

b) Ermitteln Sie auf der Basis der Schlusskurse vom 20. September
den Differenzbetrag in Euro, den sie aufgrund ihrer Optionsscheine
vom Emittenten verlangen könnte.   EUR

c) Stellen Sie fest, welche Alternative für Frau Dr. Damm vorteilhafter ist.

   (1) Ausübung der Option
   (2) Verkauf der Optionsscheine an der Börse

d) Ermitteln Sie den Anlageerfolg aufgrund Ihrer Entscheidung in c)*
(Spesen bleiben unberücksichtigt).   EUR

2. Kennzahlen von Optionsscheinen

Steffen Pöhler interessiert sich für den Erwerb folgender Optionsscheine:
- **Emittent:** Regio-Bank AG
- **Basiswert** Aktien der Saturn AG
- **Optionsart:** Call
- **Bezugsverhältnis:** 10:1
  Je zehn Optionsscheine berechtigen zum Bezug einer Saturn-Aktie
- **Basispreis:** 90,00 EUR
- **Restlaufzeit:** 28 Monate

Aktuelle Börsenkurse:

Kurs Saturn-Aktie:	85,00 EUR
Kurs des Saturn-Optionsscheins	1,20 EUR

Ermitteln Sie zur Beurteilung des Optionsscheines folgende Kennzahlen:

a) Hebel
   Das Ergebnis ist auf zwei Stellen nach dem Komma zu runden.

ba) Innerer Wert eines Optionsscheines   EUR

bb) Geben Sie zudem an, ob es sich um einen
   (1) positiven inneren Wert oder um einen
   (2) negativen inneren Wert handelt.

c) Aufgeld in Prozent p. a.   %
   Das Ergebnis ist auf zwei Stellen nach dem Komma zu runden.

d) Zeitwert eines Optionsscheines   EUR

3. Tobias Wagner spekuliert auf steigende Kurse

Tobias Wagner interessiert sich für Kaufoptionen (Calls) auf Aktien der Data-Soft AG. Die DataSoft Aktie notiert aktuell zu 41,00 EUR. Nach einer umfassenden Beratung bieten Sie dem Kunden folgende Optionsscheine an:

Kaufoptionen auf Aktien der DataSoft AG (Calls)				
	Basispreis (Bezugspreis)	Bezugsverhältnis	Restlaufzeit	Aktueller Optionsscheinkurs
Optionsschein I	36,00 EUR	10:1 (je 10 Optionsscheine berechtigen zum Bezug einer Aktie)	18 Monate	1,00 EUR
Optionsschein II	45,00 EUR	10:1	12 Monate	0,50 EUR

a) Stellen Sie fest, ob sich die Optionen zurzeit

    (1) im Geld (in the money)   aa) Optionsschein I   ☐

    (2) am Geld (at the money)

    (3) aus dem Geld (out of the money) befinden.   ab) Optionsschein II   ☐

Tobias Wagner ist am Erwerb des Optionsscheines II interessiert. Sie klären ihn über die Hebelwirkung von Optionsscheinen auf.

b) Ermitteln Sie den Hebel. Das Ergebnis ist gegebenenfalls auf eine
    Nachkommastelle zu runden.   ☐☐

Sie erläutern dem Kunden die Bedeutung des Hebels.

c) Geben Sie an, welche zwei der nachstehenden Aussagen zutreffend sind.   ☐ ☐

    (1) Je höher der Hebel, desto höher ist tendenziell auch das Risiko für den Anleger.

    (2) Der Hebel wird vom Emittenten des Optionsscheines festgelegt und verändert sich nicht während der
        Laufzeit.

    (3) Der Hebel gibt die erwartete Rendite des Anlegers an.

    (4) Der Hebel ist der Faktor, um den die relative Änderung des Optionsscheinkurses größer ist als die
        relative Änderung des Aktienkurses.

    (5) Der Hebel ist der Faktor, um den die absolute Änderung des Optionsscheinkurses größer ist als die
        absolute Änderung des Aktienkurses.

    (6) Der Hebel kann auch negativ sein.

Tobias Wagner kauft 3 000 Optionsscheine II zum Kurs von 0,50 EUR. Er behält die Optionsscheine bis zur Fälligkeit.

d) Um wie viel Euro muss der Kurs der DataSoft Aktien steigen,
    damit er weder einen Gewinn noch einen Verlust erzielt?
    (Kosten bleiben unberücksichtigt.)   EUR ☐☐

4. Stefanie von Groote besitzt Put-Optionsscheine

Die Privatkundin Stefanie von Groote unterhält in ihrem bei der Regio-Bank AG geführten Depot u. a.:

ISIN	Stück	Gattung	
DE0007656504	– 6 000 –	Optionsscheine	
		Basiswert:	MOBITEL-AG-Aktien
		Typ:	PUT
		Emittent:	Europabank AG
		Basispreis:	100,00 EUR
		Bezugsverhältnis:	10:1
		Laufzeit:	2 Jahre
760 600	– 600 –	MOBITEL-AG-Aktien	

> **Auszug aus den Optionsbedingungen**
>
> Jeweils 10 Optionsscheine berechtigen den Inhaber die Zahlung des Differenzbetrages zu verlangen. Der Differenzbetrag ist die in Euro ausgedrückte Differenz, um die der am Ausübungstag an der Frankfurter Börse festgestellte Schlusskurs des jeweiligen Basiswertes den jeweiligen Basispreis unterschreitet.

Bezugspreis Optionsschein ex Emission am 15.01.20..:   **1,20 EUR**

Kurs MOBITEL-Aktie am 15.01.20..:   **99,00 EUR**

a) *Welches Motiv hat Frau von Groote am 15. Januar 20.. veranlasst, MOBITEL-PUT-Optionsscheine zu erwerben?*

Kursnotiz vom 27. Oktober 20.. (Schlusskurs)

MOBITEL-AG-Aktie   **93,10 EUR**

MOBITEL PUT 100/Europabank AG 15.06.20..   **1,75 EUR**

b) *Wie viel Euro beträgt am 27. Oktober*

    ba) *der innere Wert des Optionsscheines,*   EUR ☐☐

    bb) *der Zeitwert des Optionsscheines?*   EUR ☐☐

Frau von Groote beabsichtigt, ihre Anlage in Optionsscheinen zu liquidieren.

c) *Ermitteln Sie den Differenzbetrag, den Frau von Groote aufgrund ihrer Optionsscheine auf der Basis der Kursnotierungen vom 27. Oktober verlangen könnte.*   EUR ☐☐☐☐☐

d) *Entscheiden Sie, ob Frau von Groote*
    (1) die Zahlung des Differenzbetrages verlangen soll oder
    (2) die Optionsscheine an der Börse verkaufen soll.   ☐

Frau von Groote verkauft die Optionsscheine am 27. Oktober.

e) *Ermitteln Sie den Nettoerfolg der Anlagestrategie von Frau von Groote.*   EUR ☐☐☐☐

5. Optionen auf Aktien der Taurus AG

Die EUREX veröffentlichte für den 4. September 20.. folgende Optionspreise für Aktien der Taurus AG:

Laufzeit	Calls			Puts		
	Basispreise in EUR			Basispreise in EUR		
	32,00	34,00	36,00	32,00	34,00	36,00
	Optionsprämie in EUR			Optionsprämie in EUR		
September	1,06	0,08	0,01	0,10	1,02	3,00
Oktober	1,75	0,85	0,23	0,78	1,57	3,16
Dezember	2,64	1,57	0,79	1,24	2,00	3,70

Kursnotierung für die Taurus-Aktien am 4. September 20.. 33,00 EUR. Ein Kontrakt umfasst 100 Aktien.

a) *Bei welchem Basispreis weist die Kaufoption für den Käufer das größte Risiko auf?*   EUR ☐☐☐

b) *Wie viel Euro beträgt der innere Wert der Verkaufsoption Oktober mit dem Basispreis von 36,00 EUR?*   EUR ☐☐

c) *Wie viel Euro beträgt das Aufgeld der Kaufoption Dezember mit dem Basispreis von 34,00 EUR?*   EUR ☐☐

Egon Reich hatte am 21. Juli 20.. 50 Kontrakte einer Kaufoption mit der Fälligkeit September und einem Basispreis von 32,00 EUR erworben. Der Optionspreis betrug 1,55 EUR. Da die Option in Kürze fällig ist, kann er die Option entweder glattstellen oder ausüben. Im Fall der Ausübung beabsichtigt er, die Aktien sofort wieder zu verkaufen.

d) *Ermitteln Sie den jeweiligen Nettoerfolg der beiden Alternativen auf der Grundlage der Kurse vom*
   4. September 20.. unter Berücksichtigung folgender Kosten:
   - Kosten Aktienverkauf: 1 % Provision + 0,4 ‰ Courtage
   - Kosten der EUREX-Geschäfte:
     Bankprovision: 30,00 EUR + 1 % der Prämie (= Optionspreis)

   da) *Nettoerfolg bei Ausübung der Option und Verkauf der Aktien*   EUR ▯▯▯▯▯

   db) *Nettoerfolg bei Glattstellung der Option*   EUR ▯▯▯▯

6. Aussagen zu Optionen

Geben Sie an, welche der folgenden Aussagen zu Optionen richtig ist.   ▯

(1) Optionsgeschäfte sind immer Spekulationsgeschäfte.
(2) Erwerber/-innen von Put-Optionen hoffen auf steigende Kurse beim zugrunde liegenden Basiswert.
(3) Optionen beziehen sich immer auf eine bestimmte Aktie als zugrunde liegenden Basiswert.
(4) Call- und Put-Optionsscheine werden von Banken herausgegeben und nicht vom Unternehmen des
   zugrunde liegenden Basiswertes.
(5) Der Käufer einer Verkaufsoption wird auch als Stillhalter in Geld bezeichnet.

7. Kennzahlen von Optionen

a) **Die Delta-Aktie notiert zu 146,00 EUR an der Börse. Mia Lutz erwirbt einen Put-Optionsschein zu dieser Aktie mit einem Basispreis von 150,00 EUR und einem Bezugsverhältnis von 10 : 1. Für einen Optionsschein zahlt sie 0,80 EUR.**

   Ermitteln Sie das Aufgeld in Prozent.   % ▯▯▯

b) **Mia Lutz erwartet Kurssteigerungen bei Alpha-Aktien und möchte deshalb Call-Optionsscheine zu diesen Aktien erwerben.**
   Alpha-Aktien notieren an der Börse zu 45,00 EUR. Der Kurs des Optionsscheins kostet 0,25 EUR; das Bezugsverhältnis beträgt 10 : 1.

   Ermitteln Sie den Hebel.   % ▯▯▯

1.8 Die Eheleute Luisa und Sven Köhler erzielen Zinserträge

Situationsbeschreibung

Sie betreuen die Eheleute Luisa und Sven Köhler. Luisa Köhler hat von ihrer Tante 80 000,00 EUR geerbt, die gerade auf ihrem Konto bei der Regio-Bank AG eingegangen sind. Aus dieser Gutschrift resultiert der hohe Kontostand auf dem Gehaltskonto.

Sie haben die Eheleute über die Anlage ihres neu erworbenen Vermögens beraten. Luisa und Sven Köhler möchten das Geld wie folgt angelegen:
- 20 000,00 EUR als Festgeld für 6 Monate, da das Geld dann für einen Pkw-Kauf benötigt wird
- 15 000,00 EUR in einen Geldmarktfonds
- 25 000,00 EUR in einen EUR-Rentenfonds
- 20 000,00 EUR auf einem Sparkonto (Gemeinschaftskonto) mit Bonifizierung

Folgende weitere Kundeninformationen liegen Ihnen vor:

	Luisa Köhler	Sven Köhler
Geburtsdatum	23.05.1980	08.02.1978
Gehaltskonto Nr. 238663459 Gemeinschaftskonto	81 356,80 EUR Haben	
Sparkonto Nr. 238663751 Luisa Köhler, Vollmacht Sven Köhler	4 860,00 EUR	
Freistellungsauftrag	–	

Luisa und Sven Köhler gehören der evangelischen Kirche an. Sie haben beim Bundeszentralamt für Steuern keinen Widerspruch gegen die Übermittlung der Konfessionszugehörigkeit eingelegt.

Bisher haben sich die Eheleute Köhler nicht mit der Besteuerung ihrer Kapitalerträge befasst, da sie nur geringe Zinserträge realisiert hatten und darauf keine Steuern zahlen mussten. Durch die Erbschaft werden Luisa und Sven Köhler in Zukunft jedoch höhere Kapitalerträge erzielen.

Sie haben mit den Kunden einen Gesprächstermin vereinbart, um sie über die Besteuerung ihrer Kapitalerträge, über die Bedeutung eines Freistellungsauftrages sowie über die Abführung der Kirchensteuer zu informieren. Sie möchten den Eheleuten die Zusammenhänge anhand ihrer Vermögensanlagen verdeutlichen und gehen überschlägig von folgenden Kapitalerträgen aus:

Reihenfolge der Erträge	Anlageform	erwartete Zinserträge
1.	Festgeld	450,00 EUR
2.	Geldmarktfonds	780,00 EUR
3.	EUR-Rentenfonds	1 240,00 EUR
4.	Sparguthaben	800,00 EUR

Erstellen Sie zur Vorbereitung auf das Gespräch folgende Unterlagen:

- Aufstellung von Frequently Asked Questions (FAQs) zur Besteuerung von Kapitalerträgen
- Beispielrechnung für den Steuerabzug

Führen Sie das Informationsgespräch mit den Kunden.

Information

- Begründen Sie, warum die Eheleute Köhler zu einem Gespräch eingeladen werden.
- Beschaffen Sie sich von Ihrem Ausbildungsinstitut ein Formular zur Erfassung eines Freistellungsauftrags.

Planen und Entscheiden

- Stellen Sie fest, welche Informationen und Materialien Sie für die Bearbeitung der Lernsituation benötigen.
- Erstellen Sie einen Arbeits- und Zeitplan.

Durchführen

Bearbeiten Sie die Unterlagen zu den Handlungsprodukten.

Frequently Asked Questions (FAQ) zur Besteuerung von Kapitalerträgen

Was sind steuerpflichtige Kapitalerträge? (§ 20 Abs. 1, Nr. 1, 3, 7; Abs. 2 Nr. 1 EStG)	
Was ist ein Sparer-Pauschbetrag? (§ 20 Abs. 9 EStG)	
Was ist eine Abgeltung-steuer? (§ 32d EStG)	
In welchen zwei Fällen sollte der Steuerpflichtige die Kapitalerträge in der Einkommensteuer-erklärung angeben?	
Wann wird Kirchensteuer bei Kapitalerträgen vom Kreditinstitut einbehalten?	
Warum ist die KESt niedriger (24,45 % bzw. 24,51 %), wenn KiSt einbehalten wird?	

		Durchführen
Was ist ein Freistellungsauftrag? (§ 44a Abs. 1, 2, 2a EStG)	Aussteller	
	Bedeutung	
	Höhe	
	Gültigkeit	
	Besonderheiten bei Eheleuten	
Für welche Konten kann kein Freistellungsauftrag erteilt werden?		
Was ist eine Nichtveranlagungsbescheinigung? (§ 44a Abs. 2 EStG)	Aussteller	
	Bedeutung	
	Höhe	
	Gültigkeit	

Durchführen

Beispielrechnung für den Steuerabzug

Die Eheleute Köhler haben Ihren Rat befolgt und einen Freistellungsauftrag über 2 000,00 EUR erteilt. Sie sind evangelisch und zahlen 9 % Kirchensteuer. Dadurch ermäßigt sich der KESt-Satz auf 24,45 %.

Nr.	Abrechnungen	Freistellungsauftrag 2 000,00 EUR	Summe der abgeführten Steuern	
1.	Zinsen aus Festgeld	450,00 EUR	KESt	
			SolZ	
			KiSt	
2.	Zinsen aus Geldmarktfonds	780,00 EUR	KESt	
			SolZ	
			KiSt	
3.	Zinsen aus EUR-Rentenfonds	1 240,00 EUR		
	– Rest FSA			
	Berechnungsgrundlage für KESt			
	– 24,45 % KESt		KESt	
	– 5,50 % SolZ		SolZ	
	– 9,00 % KiSt		KiSt	
	Kontogutschrift			
4.	Zinsen aus Sparguthaben	800,00 EUR		
	– 24,45 % KESt		KESt	
	– 5,50 % SolZ		SolZ	
	– 9,00 % KiSt		KiSt	
	Kontogutschrift			

Führen Sie das Informationsgespräch mit den Kunden.

Verwenden Sie als Beobachter/-in dabei den nachfolgenden Beobachtungsbogen.

Beurteilungsbogen Informationsgespräch	
Situation	
Name: Berater/-in	
Richtigkeit	
Vollständigkeit	
Verständlichkeit	
Strukturierter Gesprächsaufbau	
Angemessene Sprache (verbales Verhalten)	
Körpersprache (nonverbales Verhalten)	

Durchführen

Vergleichen Sie Ihre Antworten der FAQ-Liste und die Ergebnisse der Beispielrechnung mit denen einer anderen Arbeitsgruppe.

Geben Sie sich gegenseitlg ein Feedback zu Ihrem Informationsgespräch.

Kontrolle

Reflektieren und bewerten Sie Ihre Vorgehensweise und Ihre Arbeitsergebnisse.

Bewerten

Phase	Urteil	Verbesserungsvorschläge für diesen Bereich
FAQ-Liste	🙂 😐 🙁	
Beispielrechnung	🙂 😐 🙁	
Informationsgespräch	🙂 😐 🙁	

Aufgaben zur Lernsituation

Information zur Steuerberechnung	
• Kapitalertragsteuer ohne Kirchensteuer:	25,00 %
• Kapitalertragsteuer bei 9 % Kirchensteuer:	24,45 %
• Solidaritätszuschlag:	5,50 %
• Kirchensteuer:	9,00 %
Steuerbeträge sind auf zwei Stellen nach dem Komma abzurunden.	

1. Zinsgutschrift für eine Bundesanleihe

Die Clearstream Banking AG erteilt dem Kreditinstitut eine Zinsgutschrift für eine 5 %-Bundesanleihe im Nennwert von 12 Mio. EUR. Kirchensteuer ist nicht zu berücksichtigen.

Die Anleihen sind wie folgt zuzuordnen:
- 4 Mio. EUR Nennwert gehören Kunden/Kundinnen mit ausreichendem Freistellungsauftrag.
- 8 Mio. EUR Nennwert gehören Kunden/Kundinnen ohne Freistellungsauftrag.

Ermitteln Sie folgende Beträge:

a) Gutschrift der Clearstream Banking AG EUR _____

b) Gutschrift für die Kunden/Kundinnen mit ausreichenden Freistellungsaufträgen EUR _____

c) Gutschrift für die Kunden/Kundinnen ohne Freistellungsaufträge bzw. Verlustvorträge EUR _____

2. Dividendenzahlung der Linex AG

Die Hauptversammlung der Linex AG hat eine Dividende von 1,20 EUR je Aktie beschlossen. Am Tag nach der Hauptversammlung erteilt die Clearstream Banking AG dem Kreditinstitut eine Dividendengutschrift für 25 000 Aktien der Gesellschaft. Kirchensteuer ist nicht zu berücksichtigen.

Die Aktien sind wie folgt zuzuordnen:
- 8 000 Aktien gehören Kunden/Kundinnen mit ausreichendem Freistellungsauftrag.
- 17 000 Aktien gehören Kunden/Kundinnen ohne Freistellungsauftrag.

Ermitteln Sie folgende Beträge:

a) Gutschrift der Clearstream Banking AG EUR _____

b) Gutschrift für die Kunden/Kundinnen mit ausreichenden Freistellungsaufträgen EUR _____

c) Gutschrift für die Kunden/Kundinnen ohne Freistellungsaufträge bzw. Verlustvorträge EUR _____

3. Steffen Grohe erhält eine Zinsgutschrift

Steffen Grohe besitzt Bundesanleihen, aus denen er bei Fälligkeit des Kupons eine Kontogutschrift von 1 273,94 EUR erhält. Die Bank hat bei der Ermittlung des Steuerabzuges ein restliches Freistellungsvolumen von 280,00 EUR berücksichtigt. Kirchensteuer fiel nicht an.

Ermitteln Sie die Bruttozinsen. EUR _____

1.9 Matthias Schulz erzielt positive und negative Kapitalerträge

Situationsbeschreibung

Sie sind Mitarbeiter/-in bei der Regio-Bank AG und betreuen den Kunden Matthias Schulz.

Folgende Kundendaten liegen Ihnen vor:

	Matthias Schulz
Geburtsdatum	23.11.1967
Gehaltskonto Nr. 4354987623	Soll 3 265,58 EUR
Sparkonto Nr. 4354987526	25 645,74 EUR
Depot Nr. 4354987821	84 587,40 EUR
Freistellungsauftrag	1 000,00 EUR
Kirchensteuer (KiSt)	nein

Im Laufe des Jahres 20.. erzielte der Kunde folgende Kapitalerträge:

Datum	Vorgang	Betrag
05.02.20..	Ausschüttung des Rentenfonds	700,00 EUR
23.03. 20..	Verkauf von DAX-Zertifikaten: Gewinn (Kauf der Papiere am 20.01.2010)	900,00 EUR
20.05. 20..	Kauf von Pfandbriefen: gezahlte Stückzinsen	200,00 EUR
14.07. 20..	Veräußerungsverlust aus dem Verkauf von Optionsscheinen	2 000,00 EUR
21.09. 20..	Ausschüttung eines Aktienfonds (davon 30 % steuerfrei)	1 500,00 EUR
08.11. 20..	Zinsen aus Bundesanleihen	1 400,00 EUR
31.12. 20..	Zinsen aus Sparguthaben	650,00 EUR

Mathias Schulz hat die Abrechnungen der Regio-Bank AG kontrolliert und festgestellt, dass er im vergangenen Jahr insgesamt 375,00 EUR Kapitalertragsteuer und 20,61 EUR Solidaritätszuschlag gezahlt hat. Dieses Ergebnis ist für ihn nicht nachvollziehbar.

Sie haben mit dem Kunden einen Gesprächstermin vereinbart.

Erstellen Sie zur Vorbereitung auf das Gespräch folgende Unterlagen:

- Aufstellung von Frequently Asked Questions (FAQs) zur Verrechnung von negativen Kapitalerträgen
- Nachweis über die abgeführten Steuern
- Ermittlung des Nettoertrages nach Steuern

Führen Sie das Informationsgespräch mit dem Kunden.

Information

- Informieren Sie sich über die in dem Fall genannten Wertpapiere.
- Begründen Sie, warum bei Kauf von Anleihen Stückzinsen gezahlt werden.

Planen und Entscheiden

- Stellen Sie fest, welche Informationen und Materialien Sie für die Bearbeitung der Lernsituation benötigen.
- Erstellen Sie einen Arbeits- und Zeitplan.

Durchführen

Bearbeiten Sie die Unterlagen zu den Handlungsprodukten.

Frequently Asked Questions (FAQ) zur Verrechnung von negativen Kapitalerträgen

Was sind negative Kapitalerträge?	

Wie werden negative Kapitalerträge steuerlich berücksichtigt?	**Verrechnung von negativen Kapitalerträgen** 1. Schritt: _____ ↓ 2. Schritt: _____ ↓ 3. Schritt: _____

Wie lange bleibt ein eventueller Bestand auf dem Verlustverrechnungskonto bestehen?	
Welche Bedeutung hat das Wiederaufleben des Freistellungsauftrages?	
Wann ist es sinnvoll, sich von der Bank eine Verlustbescheinigung ausstellen zu lassen?	

Nachweis über die abgeführten Steuern

Datum	Abrechnungen	Frei-stellungs-auftrag 1 000,00 EUR	Allgemeiner Verlustver-rechnungs-topf (kein Anfangsbestand)	Steuerverrech-nungskonto (gezahlte Steuern unter Berücksichtigung von Erstattungen)
05.02.	Ausschüttung des Rentenfonds	700,00 EUR	.... EUR / .... EUR	KESt .... EUR / SolZ .... EUR
23.03.	Veräußerungsgewinn bei DAX-Zertifikaten: – 25 % KESt von ...... EUR – 5,5 % SolZ	900,00 EUR	.... EUR / .... EUR	KESt .... EUR / SolZ .... EUR
20.05.	Kauf von Pfandbriefen: gezahlte Stückzinsen + 25 % KESt + 5,5 % SolZ	200,00 EUR	.... EUR / .... EUR	KESt .... EUR / SolZ .... EUR
14.07.	Veräußerungsverlust aus dem Verkauf von Optionsscheinen + 25 % KESt von ...... EUR + 5,5 % SolZ	2 000,00 EUR	.... EUR / .... EUR	KESt .... EUR / SolZ .... EUR
21.09.	Steuerpflichtiger Ertrag des Aktienfonds (1 500,00 – 450,00)	1 050,00 EUR	.... EUR / .... EUR	KESt .... EUR / SolZ .... EUR
08.11.	Zinsen aus Bundes-anleihen – 25 % KESt von ...... EUR – 5,5 % SolZ Kontogutschrift	1 400,00 EUR	.... EUR / .... EUR	KESt .... EUR / SolZ .... EUR
31.12.	Zinsen aus Sparguthaben – 25 % KESt – 5,5 % SolZ Kontogutschrift	650,00 EUR	.... EUR / .... EUR	KESt 375,00 EUR / SolZ 20,61 EUR

Ermittlung des Nettoertrages nach Steuern

05.02.	Ertrag Rentenfonds	....
23.03.	Veräußerungsgewinn DAX-Zertifikate	....
20.05.	gezahlte Stückzinsen	....
14.07.	Veräußerungsverlust Optionsscheine	....
21.09.	Ertrag Aktienfonds	....
08.11.	Zinsen aus Bundesanleihen	....
31.12.	Zinsen aus Sparguthaben	....
Summe Kapitalerträge		....
– Sparer-Pauschbetrag		....
steuerpflichtiger Kapitalertrag		....
– 25 % KESt		....
– 5,5 % SolZ		....

Durchführen

Kapitalerträge	
+ steuerfreier Ertrag aus Aktienfonds am 21.09.20..	
– Steuerabzug	
Nettoertrag nach Steuern	

Führen Sie das Informationsgespräch mit dem Kunden.

Verwenden Sie als Beobachter/-in dabei den in der Lernsituation 1.8 auf Seite 193 abgebildeten Beobachtungsbogen.

Kontrolle

- Vergleichen Sie Ihre Antworten der FAQ-Liste und die Ergebnisse der Beispielrechnung mit den Antworten und Ergebnissen anderer Arbeitsgruppen.
- Geben Sie sich gegenseitig ein Feedback zum Informationsgespräch.

Bewerten

Reflektieren und bewerten Sie Ihre Vorgehensweise und Ihre Arbeitsergebnisse.

Phase	Urteil	Verbesserungsvorschläge für diesen Bereich
FAQ-Liste	🙂 😐 🙁	
Nachweis über die abgeführten Steuern und Ermittlung des Ertrages nach Steuern	🙂 😐 🙁	
Informationsgespräch	🙂 😐 🙁	

Aufgaben zur Lernsituation

1. Anke Strobel erhält eine Dividendenzahlung

Anke Strobel ist Kundin der Regio-Bank AG. Die Kundin gehört einer Religionsgemeinschaft an, sodass 24,45 % KESt und 9 % KiSt zu berücksichtigen sind. Für die Kundin gelten folgende Werte:
- Restbetrag Freistellungsauftrag 210,00 EUR
- Bestand Allgemeiner Verlustverrechnungstopf 185,00 EUR

Im Depot von Frau Strobel befinden sich 800 Aktien der Symatic AG. Am 15.05.20.. zahlt die Gesellschaft eine Dividende von 1,20 EUR pro Aktie.

Ermitteln Sie den Gutschriftsbetrag aus der Dividendenzahlung vom 15.05.20..   EUR [ ][ ][ ][ ][ ]

2. Kapitalerträge der Eheleute Küpper

Die Regio-Bank AG führt für die Eheleute Kirsten und Daniel Küpper verschiedene Einzel- und Gemeinschaftskonten bzw. -depots. Kirsten ist evangelisch; Daniel ist katholisch. Sie beraten die Eheleute über die Besteuerung ihrer Kapitalerträge.

Stellen Sie fest, welche Aussage zutreffend ist.

(1) „Eine Verlustverrechnung zwischen Einzelkonten von Eheleuten kann nur im Rahmen der Einkommensteuerveranlagung erfolgen."
(2) „Eine rückwirkende Verrechnung von Verlusten ist nicht möglich."
(3) „Einen Freistellungsauftrag kann jeder von Ihnen bis zu jeweils 1 000,00 EUR erteilen."
(4) „Ein nicht ausgenutztes Freistellungsvolumen Ihres Freistellungsauftrages übertragen wir automatisch auf das nächste Jahr."
(5) „Einen Freistellungsauftrag können Sie jederzeit ändern oder widerrufen."

3. Die Eheleute Gerber erzielen Kapitalerträge

Die Regio-Bank AG führt für die Eheleute Karin und Dirk Gerber verschiedene Einzel- und Gemeinschaftskonten bzw. -depots. Kirsten ist evangelisch; Daniel ist katholisch. Sie beraten die Eheleute über die Besteuerung ihrer Kapitalerträge.

Stellen Sie fest, welche zwei der folgenden Aussagen zutreffend sind.

(1) „Für die Einzel- und Gemeinschaftskonten führen wir getrennte Verlustverrechnungstöpfe."
(2) „Eine rückwirkende Verrechnung von Verlusten ist nicht möglich."
(3) „Eheleute können nur einen gemeinschaftlichen Freistellungsauftrag erteilen."
(4) „Ein nicht ausgenutztes Freistellungsvolumen Ihres Freistellungsauftrages übertragen wir automatisch auf das nächste Jahr."
(5) „Wenn Sie eine Verlustbescheinigung von uns erhalten, werden wir Ihre Verlusttöpfe auf Null zurücksetzen."
(6) „Bei einem Kirchensteuersatz von 9 % ermäßigt sich die Kapitalertragsteuer auf 22,75 %."

4. Sven Lehnert verkauft Zertifikate mit einem Verlust

Sven Lehnert, konfessionslos, hat zu Beginn des Jahres einen Freistellungsauftrag (FSA) über 600,00 EUR erteilt.
Nachdem er im Laufe des Jahres verschiedene Kapitalerträge erzielt hat, weisen der FSA und die Verlustkonten (Verlusttopf) aktuell keine Werte auf. Bisher wurden von der Bank insgesamt 120,00 EUR KESt an das Finanzamt abgeführt. Der Solidaritätszuschlag ist nicht zu berücksichtigen.

Nun erzielt er folgende Kapitalerträge (bzw. -verluste):
25.05.20..: Veräußerungsverlust beim Verkauf von Zertifikaten   1 400,00 EUR
04.06.20..: Zinserträge   1 900,00 EUR

a) Ermitteln Sie für den 25.05.20.. folgende Werte.

neuer Bestand FSA	neuer Bestand Verlusttopf	abzuführende KESt	erstattete KESt

b) Ermitteln Sie für den 04.06.20.. folgende Werte.

neuer Bestand FSA	neuer Bestand Verlusttopf	abzuführende KESt	erstattete KESt

1.10 Veräußerungsgewinne und -verluste bei Aktiengeschäften

Situationsbeschreibung

Sie sind Mitarbeiter/-in bei der Regio-Bank AG und betreuen den Kunden Oliver Lehmann, der ein umfangreiches Wertpapierdepot besitzt.

Oliver Lehmann ist ledig und erzielte im Jahr 20.. folgende Kapitalerträge:

Datum	Kapitalerträge	
20.02.20..	Zinsen aus Guthaben	380,00 EUR
02.04.20..	Veräußerungsverlust aus Aktienverkauf (Taurus-Aktien)	440,00 EUR
16.04.20..	Zinsen aus festverzinslichen Wertpapieren	570,00 EUR
09.05.20..	Kauf von Anleihen, gezahlte Stückzinsen	150,00 EUR
24.06.20..	Veräußerungsgewinn aus Aktienverkauf (steuerfreier Altbestand)	1 100,00 EUR
24.07.20..	Zinsen aus festverzinslichen Wertpapieren	760,00 EUR
10.08.20..	Veräußerungsgewinn aus Verkauf von Zertifikaten	1 340,00 EUR
14.09.20..	Veräußerungsverlust aus der Rückgabe von Investmentfondsanteilen	930,00 EUR
26.10.20..	Veräußerungsgewinn aus Aktienverkauf (Taurus-Aktien)	2 755,00 EUR
31.12.20..	Zinsen aus Guthaben	820,00 EUR

Oliver Lehmann hat zu Beginn des Jahres der Regio-Bank AG einen Freistellungsauftrag über 1 000,00 EUR erteilt. Er gehört keiner Religionsgemeinschaft an.

Aus dem Vorjahr sind folgende Verlustvorträge zu berücksichtigen:
- Allgemeiner Verlustverrechnungstopf   120,00 EUR
- Aktien-Verlustverrechnungstopf   380,00 EUR

Oliver Lehmann hat im Jahr 20.. insgesamt 901,25 EUR KESt und 49,56 EUR SolZ gezahlt. Diese Beträge sind für ihn nicht nachvollziehbar. Zudem versteht er nicht, wie der Veräußerungsverlust aus dem Verkauf eines Teils seiner Taurus-Aktien am 02.04.20.. und der Veräußerungsgewinn aus dem Verkauf eines weiteren Teils seiner Taurus-Aktien am 26.10.20.. zustande gekommen ist. Zu Oliver Lehmanns Aktiengeschäften mit Taurus-Aktien liegen Ihnen folgende Informationen vor:

Datum	Kauf/Verkauf	Gattung	Stück	Kurs
08.01. 20..	Kauf	Taurus-Aktien	300	34,00 EUR
20.02.20..	Kauf	Taurus-Aktien	300	28,70 EUR
02.04.20..	Verkauf	Taurus-Aktien	500	31,00 EUR
14.06.20..	Kauf	Taurus-Aktien	400	26,50 EUR
26.10.20..	Verkauf	Taurus-Aktien	350	35,00 EUR

Sie haben mit dem Kunden einen Gesprächstermin vereinbart.

Erstellen Sie zur Vorbereitung auf das Gespräch folgende Unterlagen:

- Schema zur Verrechnung von Veräußerungsgewinnen und -verlusten aus Aktiengeschäften
- Nachweis über die abgeführten Steuern
- Nachweis über den Veräußerungserfolg bei den Aktiengeschäften

Führen Sie das Informationsgespräch mit dem Kunden.

Im „Allgemeinen Verlustverrechnungstopf" sind zu Beginn des Jahres 120,00 EUR erfasst. Erläutern Sie, wie dieser Betrag zustande gekommen ist und welche Bedeutung er hat.

Information

- Stellen Sie fest, welche Informationen und Materialien Sie für die Bearbeitung der Lernsituation benötigen.
- Erstellen Sie einen Arbeits- und Zeitplan.

Planen und Entscheiden

Bearbeiten Sie die Unterlagen zu den Handlungsprodukten.

Schema zur Verrechnung von Veräußerungsgewinnen und -verlusten aus Aktiengeschäften

Durchführen

Verrechnung von Veräußerungsgewinnen und -verlusten aus Aktiengeschäften

Aktiengewinne	Aktienverluste
1. Schritt: _____	1. Schritt: _____
⬇	⬇
2. Schritt: _____	2. Schritt: _____
⬇	⬇
3. Schritt: _____	3. Schritt: _____
⬇	
4. Schritt: _____	

Durchführen

Nachweis über die abgeführten Steuern

Datum	Abrechnungen		Frei-stellungs-auftrag 1000,00 EUR	Allgemeiner Verlust-verrech-nungstopf Vortrag 120,00 EUR	Aktien-verlust-verrech-nungstopf Vortrag 380,00 EUR	Steuer-verrechnungs-konto (gezahlte Steuern unter Berück-sichtigung von Erstattungen)
20.02.	Zinsen aus Guthaben	380,00 EUR	.... EUR	.... EUR	.... EUR	KESt .... EUR SolZ .... EUR
02.04.	Verlust aus Aktien-verkauf	440,00 EUR	.... EUR	.... EUR	.... EUR	KESt .... EUR SolZ .... EUR
16.04.	Zinsen aus festverzins-lichen Wertpapieren	570,00 EUR	.... EUR	.... EUR	.... EUR	KESt .... EUR SolZ .... EUR
09.05.	Kauf von Anleihen, gezahlte Stückzinsen	150,00 EUR	.... EUR	.... EUR	.... EUR	KESt .... EUR SolZ .... EUR
24.06.	Gewinn aus Aktien-verkauf; Altbestand – steuerfrei	1 100,00 EUR	.... EUR	.... EUR	.... EUR	KESt .... EUR SolZ .... EUR
24.07.	Zinsen aus festverzins-lichen Wertpapieren – 25 % KESt von.... EUR – 5,5 % SolZ	760,00 EUR .... EUR .... EUR	.... EUR	.... EUR	.... EUR	KESt .... EUR SolZ .... EUR
10.08.	Gewinn aus Verkauf von Zertifikaten – 25 % KESt – 5,5 % SolZ	1 340,00 EUR .... EUR .... EUR	.... EUR	.... EUR	.... EUR	KESt .... EUR SolZ .... EUR
14.09.	Verlust bei Rückgabe von Investmentanteilen + 25 % KESt-Erstattung + 5,5 % SolZ-Erstattung	930,00 EUR .... EUR .... EUR	.... EUR	.... EUR	.... EUR	KESt .... EUR SolZ .... EUR
26.10.	Gewinn Aktienverkauf – 25 % KESt von ... EUR – 5,5 % SolZ	2 755,00 EUR .... EUR .... EUR	.... EUR	.... EUR	.... EUR	KESt .... EUR SolZ .... EUR
31.12.	Zinsen aus Guthaben – 25 % KESt – 5,5 % SolZ	820,00 EUR .... EUR .... EUR	.... EUR	.... EUR	.... EUR	KESt. 901,25 EUR SolZ 49,56 EUR

Nachweis über den Veräußerungserfolg bei den Aktiengeschäften

Hinweis: Der Veräußerungserfolg ist nach dem sogenannten FIFO-Prinzip (first in – first out) zu ermitteln. Dabei wird unterstellt, dass die zuerst gekauften Aktien auch als erste wieder verkauft werden.

Verkauf von 500 Taurus-Aktien am 02.04.20..

Datum	Stück	Kaufkurs	Verkaufs-kurs	Gewinn/Verlust pro Aktie	Gesamtgewinn/-verlust

Verkauf von 350 Taurus-Aktien am 26.10.20..

Durchführen

Datum	Stück	Kaufkurs	Verkaufs-kurs	Gewinn/Verlust pro Aktie	Gesamtgewinn/ -verlust

Führen Sie das Informationsgespräch mit dem Kunden.

Verwenden Sie als Beobachter/-in dabei den in der Lernsituation 1.8 auf Seite 193 abgebildeten Beobachtungsbogen.

Geben Sie sich gegenseitig ein Feedback zum Informationsgespräch.

Kontrolle

Reflektieren und bewerten Sie Ihre Vorgehensweise und Ihre Arbeitsergebnisse.

Bewerten

Phase	Urteil	Verbesserungsvorschläge für diesen Bereich
Nachweis über die abgeführten Steuern	🙂 😐 🙁	
Ermittlung der Veräußerungsgewinn und -verluste bei Aktiengeschäften	🙂 😐 🙁	
Informationsgespräch	🙂 😐 🙁	

Aufgaben zur Lernsituation

1. Beratung über die Besteuerung von Kapitalerträgen

Sie beraten Florian Probst über die Besteuerung von Kapitalerträgen.
Stellen Sie fest, welche zwei der folgenden Aussagen zutreffend sind.

(1) „Veräußerungsgewinne aus Aktiengeschäften dürfen Sie nur mit Veräußerungsverlusten aus Aktiengeschäften verrechnen."

(2) „Veräußerungsverluste aus Aktiengeschäften dürfen Sie nur mit Veräußerungsgewinnen aus Aktiengeschäften verrechnen."

(3) „Wenn Sie Ihre inländischen Kapitalerträge in der Einkommensteuererklärung angeben, müssen Sie mit einer Steuernachzahlung für Ihre Kapitalerträge rechnen, wenn Ihr persönlicher Einkommensteuersatz mehr als 25 % beträgt."

(4) „Ein am Jahresende nicht verbrauchter Verlustverrechnungstopf wird von uns automatisch auf das folgende Kalenderjahr übertragen."

(5) „Eine Verlustverrechnung mit bei einer anderen Bank erzielten Kapitalerträgen können wir nur vornehmen, wenn Sie uns eine entsprechende Bescheinigung der anderen Bank vorlegen."

(6) „Über den Stand auf Ihren Verlustverrechnungskonten am Jahresende stellen wir Ihnen automatisch eine Bescheinung für das Finanzamt aus."

2. Verlustverrechnungstöpfe

Jens Böhme, alleinstehend, hatte der Regio-Bank AG zu Beginn des Jahres einen Freistellungsauftrag über 600,00 EUR erteilt.
Aktuell weisen der Freistellungsauftrag und die Verlustverrechnungstöpfe folgende Bestände auf:

- Freistellungsauftrag   0,00 EUR
- Allgemeiner Verlustverrechnungstopf   0,00 EUR
- Aktien-Verlustverrechnungstopf   350,00 EUR
- bisher abgeführte KESt   160,00 EUR

a) Jens Böhme erleidet bei der Veräußerung von Zertifikaten einen Verlust von 1 500,00 EUR. Ermitteln Sie folgende Werte:

abzuführende (–) KESt bzw. zu erstattende (+) KESt	Neuer Bestand		
	Freistellungsauftrag	Allgemeiner Verlust-verrechnungstopf	Aktien-Verlust-verrechnungstopf

b) Jens Böhme hat bei der Veräußerung von Aktien einen Gewinn von 1 250,00 EUR realisiert. Ermitteln Sie folgende Werte:

abzuführende (–) KESt bzw. zu erstattende (+) KESt	Neuer Bestand		
	Freistellungsauftrag	Allgemeiner Verlust-verrechnungstopf	Aktien-Verlust-verrechnungstopf

3. Verwaltung von Freistellungsauftrag und Verlustverrechnungstöpfen

Sie verwalten den Freistellungsauftrag und die Verlustverrechnungstöpfe von Christoph Döring.
Am 06.10.20.. bestehen folgende Werte:

- restliches Freistellungsvolumen   180,00 EUR
- Kontostand „Allgemeiner Verlustverrechnungstopf"   270,00 EUR
- Kontostand „Aktien-Verlustverrechnungstopf"   510,00 EUR

Bis zum 06.10.20.. hat die Bank im laufenden Jahr noch keine Steuern für den Kunden an das Finanzamt abgeführt.
Der Kunde gehört keiner Religionsgemeinschaft an.

Christoph Döring tätigt im Laufe des Jahres noch folgende Geschäfte:

12.10.20..	Zinsgutschrift aus festverzinslichen Wertpapieren	840,00 EUR
18.10.20..	Veräußerungsverlust aus Aktien	560,00 EUR
03.11.20..	Veräußerungsgewinn aus Zertifikaten	630,00 EUR
24.11.20..	Veräußerungsgewinn aus Aktien	2 200,00 EUR
10.12.20..	Zahlung von Stückzinsen bei Kauf einer Anleihe	250,00 EUR

Ermitteln Sie die Werte für die untenstehende Tabelle. Geben Sie in der Lösung auch das entsprechende Vorzeichen (– für abzuführende KESt bzw. + für zu erstattende KESt) an.

Datum	Ertrag bzw. Verlust	Freistellungs-volumen	Allgemeiner Verlust-verrechnungstopf	Aktien-Verlust-verrechnungstopf	KESt
		180,00 EUR	270,00 EUR	510,00 EUR	0,00 EUR
12.10.20..	840,00 EUR				
18.10.20..	560,00 EUR				
03.11.20..	630,00 EUR				
24.11.20..	2 200,00 EUR				
10.12.20..	250,00 EUR				

4. Helmut Steinfeld kauft und verkauft Powertec-Aktien

Helmut Steinfeld tätigt im Laufe des Jahres 20.. ausschließlich folgende Aktiengeschäfte:

Datum	Kauf/Verkauf	Gattung	Stück	Kurs
14.03.20..	Kauf	Powertec-Aktien	600	34,00 EUR
20.04.20..	Kauf	Powertec-Aktien	800	31,00 EUR
16.05.20..	Kauf	Powertec-Aktien	700	25,00 EUR
10.09.20..	Verkauf	Powertec-Aktien	1 000	42,00 EUR
08.10.20..	Verkauf	Powertec-Aktien	750	26,00 EUR

Der Kunde hat keinen Freistellungsauftrag erteilt. Da er keiner Religionsgemeinschaft angehört, ist keine Kirchensteuer zu berücksichtigen. Auf seinen Verlustverrechnungskonten sind keine Anfangsbestände vorhanden. Die An- und Verkaufskosten sind nicht zu berücksichtigen.

a) Ermitteln Sie die KESt und den SolZ beim Verkauf am 10.09.20..

KESt   EUR [   ]

SolZ   EUR [   ]

b) *Ermitteln Sie die im Jahr 20.. insgesamt einbehaltene KESt und den insgesamt einbehaltenen SolZ.*

KESt   EUR   ☐☐☐☐☐☐

SolZ   EUR   ☐☐☐☐☐

5. Jana Kämper tätigt Aktiengeschäfte

Jana Kämper verkaufte am 07.10.2020 900 Aktien der Phönix AG.
Folgende Informationen sind über den Phönix-Aktienbestand der Kundin gespeichert:

Datum	Kauf/Verkauf	Stück	Kurs
14.04.2006	Kauf (Altbestand)	400	32,00 EUR
15.07.2013	Kauf	300	36,00 EUR
30.04.2017	Kauf	600	41,00 EUR
07.10.2019	Verkauf	900	45,00 EUR

Die Kundin hat keinen Freistellungsauftrag erteilt und gehört keiner Religionsgemeinschaft an. Auf ihren Verlustverrechnungskonten sind keine Anfangsbestände vorhanden. An- und Verkaufskosten bei den Aktientransaktionen sind nicht zu berücksichtigen.

Ermitteln Sie die KESt und den SolZ beim Verkauf am 07.10.2020.

KESt   EUR   ☐☐☐☐☐

SolZ   EUR   ☐☐☐☐

6. Besteuerung von Fondserträgen

Jens Müller besitzt 500 Anteile des Aktienfonds „Euro-Invest-Mid-Cap". Nach den Fondsbedingungen beträgt der Aktienanteil am Fondsvermögen mindestens 80 %.

Auszüge aus dem Investmentsteuergesetz

§ 18 InvStG Vorabpauschale
(1) Die Vorabpauschale ist der Betrag, um den die Ausschüttungen eines Investmentfonds innerhalb eines Kalenderjahres den Basisertrag für dieses Kalenderjahr unterschreiten. Der Basisertrag wird ermittelt durch Multiplikation des Rücknahmepreises des Investmentanteils zu Beginn des Kalenderjahres mit 70 Prozent des Basiszinses. Der Basisertrag ist auf den Mehrbetrag begrenzt, der sich zwischen dem ersten und dem letzten im Kalenderjahr festgesetzten Rücknahmepreis zuzüglich der Ausschüttungen innerhalb des Kalenderjahres ergibt.

§ 20 InvStG Teilfreistellung
(1) Steuerfrei sind bei Aktienfonds 30 Prozent der Erträge (Aktienteilfreistellung).

Bei der Ertragsausschüttung sind folgende Daten zu berücksichtigen:
- **Ausschüttung je Anteil 0,15 EUR**
- **Der Rücknahmepreis betrug am Anfang des Jahres 110,00 EUR, am Ende des Jahres 135,00 EUR. Der Basiszinssatz nach § 203 BewG beträgt 2,00 %.**

a) *Wie viel Euro beträgt der Basisertrag je Fondsanteil?*   EUR ☐☐☐

b) *Wie viel Euro beträgt die Vorabpauschale je Fondsanteil?*   EUR ☐☐☐

c) *Wie viel Euro beträgt der Gesamtertrag je Fondsanteil?*   EUR ☐☐☐

d) *Wie viel Euro beträgt der steuerpflichtige Ertrag je Anteil?*   EUR ☐☐☐

e) *Der Freistellungsauftrag des konfessionslosen Kunden ist bereits ausgeschöpft. Ermitteln Sie die Höhe der Kontogutschrift für den Kunden.*   EUR ☐☐☐☐☐

1.11 Paul Gehring möchte Wertpapiere kaufen

Situationsbeschreibung

Ihr Kunde Paul Gehring hat nun schon seit einigen Jahren Erfahrungen mit einer Geldanlage in Investmentfondsanteilen gesammelt. Er interessiert sich zunehmend für die Welt der Finanzen und liest regelmäßig den Wirtschaftsteil in der Zeitung.

Vor zwei Tagen haben Sie mit dem Kunden ein Anlageberatungsgespräch geführt. Paul Gehring hat nämlich aus einer Erbschaft 30 000,00 EUR erhalten, die er anlegen möchte. In einem Beratungsgespräch haben Sie die persönliche und wirtschaftliche Situation des Kunden gemäß § 31 WpHG analysiert und die Kundenangaben in einem Dokumentationsbogen erfasst.

In dem Beratungsgespräch wurde deutlich, dass der Kunde erstmalig eine Direktinvestition in Aktien präferiert. Sie haben ihm empfohlen, circa die Hälfte des Geldes in Aktien anzulegen. Er hat sich zu Hause noch einmal gründlich mit der von Ihnen erstellten Geeignetheitserklärung und den von Ihnen empfohlenen Aktien beschäftigt und nun telefonisch einen weiteren Termin mit Ihnen vereinbart, um die entsprechenden Aufträge zu erteilen.

Paul Gehring beabsichtigt den Kauf folgender Aktien:
- 30 Stück Allianz SE-Aktien, WKN 840400, ISIN DE0008404005
- 50 Stück Siemens AG-Aktien, WKN 723610, ISIN DE0007236101
- 70 Stück Mercedes-Benz AG-Aktien, WKN 710000, ISIN DE0007100000

Bisher hat Paul Gehring keine Börsengeschäfte getätigt, da er die Investmentfondsanteile immer direkt von der Kapitalverwaltungsgesellschaft erworben hat. In dem Telefonat mit dem Kunden haben Sie den Eindruck gewonnen, dass er sich sehr für die Abwicklung von Wertpapiergeschäften und für die Kursbildung an der Börse interessiert.

Zur Vorbereitung auf das Kundengespräch erstellen Sie folgende Unterlagen:

- Wertpapierorder mit Erläuterungen
- Ablaufbeschreibung von Börsengeschäften

Führen Sie das Kundengespräch.

Beim Auftrag zum Kauf von 70 Mercedes-Benz-Aktien erteilt Herr Gehring folgende Weisungen:
Limit: 67,00 EUR, Gültigkeit: Ultimo, Börsenplatz: Xetra, Auction Only

Sie leiten den Auftrag an die Börse weiter.

Zu Beginn der Auktion zeigt das Xetra-System folgende Orderlage:

Kurs	Kaufaufträge	Verkaufsaufträge
	Stück	Stück
66,70 EUR	4 700	860
66,80 EUR	2 950	720
66,90 EUR	3 750	1 140
67,00 EUR	2 650	1 480
67,10 EUR	1 940	2 160
67,20 EUR	1 950	2 250
67,30 EUR	1 550	3 800
67,40 EUR	920	4 380

Erstellen Sie eine

- Rechnung zur Ermittlung des Auktionspreises mit einem Tabellenkalkulationsprogramm und eine
- Kundeninformation über die Ausführung bzw. Nichtausführung des Auftrages.

Information

- Welche Kundendaten müssen Sie nach § 64 Abs. 3 WpHG erfassen?

_____

_____

_____

_____

- Informieren Sie sich darüber, wie in Ihrem Ausbildungsbetrieb Wertpapierorders erteilt und abgewickelt werden.

Planen und Entscheiden

- Stellen Sie fest, welche Informationen und Materialien Sie für die Bearbeitung der Lernsituation benötigen.
- Erstellen Sie einen Arbeits- und Zeitplan.

Durchführen

Bearbeiten Sie die Unterlagen zu den Handlungsprodukten.

Wertpapierorder mit Erläuterungen

Regio-Bank AG

Auftrag zum Kauf oder Verkauf von Wertpapieren	
Art des Auftrags: ☐ Kauf ☐ Verkauf	
Name: _____	
Depot-Nr. _____	Verrechnungskonto-Nr. _____
WKN/ISIN: _____	Bezeichnung: _____
Stück/Nennwert: _____	

① Limitierung:
☐ Billigst-/Bestens-Order　　　　　　　　☐ Stop-Loss-Market-Order
☐ Limit-Order: Limit: _____ EUR　　　☐ Stop-Buy-Market-Order
　　　　　　　　　　　　　　　　　　　　　Limit: _____ EUR

② Gültigkeit[1] ☐ tagesgültig　　　☐ ultimo　　　☐ gültig bis _____
[1] Ohne Angabe: Ausführung gemäß „Bedingungen für Wertpapiergeschäfte"

③ Börsenplatz[2]: _____　　☐ Xetra Auction Only

01 Berlin, 02 Düsseldorf, 03 Frankfurt, 04 München, 05 Stuttgart, 06 Tradegate, 07 Xetra

[2] Ohne Angabe: Ausführung gemäß „Grundsätze zur Ausführung von Aufträgen in Finanzinstrumente"

④ Risikohinweis:
Bitte überprüfen Sie, ob die auf diesem Vordruck angegebenen Transaktionen mit Ihren Kenntnissen und Erfahrungen übereinstimmen. Sollte eine von Ihnen georderte Transaktion Ihre Risikoklasse übersteigen, sind mit der Transaktion höhere Anlagerisiken verbunden. Mit Ihrer Unterschrift erklären Sie ausdrücklich, dass die Transaktion dennoch ausgeführt werden soll.

⑤ ⑥ Wir führen den Auftrag als Kommissionsgeschäft aus.
Sofern die Wertpapiere zur Girosammelverwahrung zugelassen sind, verschaffen wir Ihnen zur Erfüllung des Geschäftes ein Miteigentum an diesem Sammelbestand.
Es gelten unsere Bedingungen für Wertpapiergeschäfte.

_____　　　　　_____
Ort. Datum　　　　　　　　　　　　Unterschrift Konto-/Depotinhaber/-in

Bearbeitungshinweise der Bank:
_Auftrag entgegengenommen am _____ um _____ Uhr _____
　　　　　　　　　　　　　　　　　　　　　　Unterschrift Angestellte/-r

Erläuterungen zur Wertpapierorder

①

Limitierung
(Nr. 6 Sonderbedin-
gungen für Wert-
papiergeschäfte)

_____

②

Gültigkeit
(Nr. 6 Sonderbedin-
gungen für Wert-
papiergeschäfte)

_____

③

Börsenplatz
(Grundsätze zur
Ausführung von
Aufträgen in Finanz-
instrumente,
§ 82 WpHG)

_____

④

Risikohinweis

_____

⑤

Kommissions-
geschäft
(Nr. 1 Sonderbedin-
gungen für Wert-
papiergeschäfte)

_____

⑥

Verwahrung
(Nr. 11 Sonder-
bedingungen für
Wertpapiergeschäfte)

Durchführen

Ablaufbeschreibung von Börsengeschäften

Phase	Beschreibung/wichtige Inalte
1. Auftrags-erteilung	
2. Auftrags-ausführung	
3. Auftrags-erfüllung	

Führen Sie das Kundengespräch.

Rechnung zur Ermittlung des Auktionspreises mit einem Tabellenkalkulationsprogramm

Orderlage zu Beginn der Auktion

	A	B	C	D	E	F
1	Kurs	Kauf-aufträge	Verkaufs-aufträge	Summe der ausführbaren Kaufaufträge	Summe der ausführbaren Verkaufsaufträge	Summe der handelbaren Aktien
2		Stück	Stück			
3	66,70 EUR	4 700	860			
4	66,80 EUR	2 950	720			
5	66,90 EUR	3 750	1 140			
6	67,00 EUR	2 650	1 480			
7	67,10 EUR	1 940	2 160			
8	67,20 EUR	1 950	2 250			
9	67,30 EUR	1 550	3 800			
10	67,40 EUR	920	4 380			

Kundeninformation über die Ausführung bzw. Nichtausführung des Auftrages

Durchführen

_____

_____

_____

Tauschen Sie die von Ihnen erstellten Unterlagen mit anderen Mitschülerinnen/ Mitschülern aus, um die Materialien gegenseitig zu prüfen.

Kontrolle

Reflektieren und bewerten Sie Ihre Vorgehensweise und Ihre Arbeitsergebnisse.

Bewerten

Phase	Urteil	Verbesserungsvorschläge für diesen Bereich
Erläuterungen zur Wertpapierorder	🙂 😐 🙁	
Ablaufbeschreibung von Börsengeschäften	🙂 😐 🙁	
Gespräch mit dem Kunden	🙂 😐 🙁	
Auktionspreisermittlung und Kundeninformation über Ausführung/Nichtausführung des Auftrags	🙂 😐 🙁	

Aufgaben zur Lernsituation

1. Jan Welter kauft Aktien im Xetra-Handel

Jan Welter erteilt am 10.09.20.. (Donnerstag) der Regio-Bank AG folgende Effektenorder:

Kauf 450 Aktien der Delta AG; Limit 32,50 EUR; Ausführung im fortlaufenden Xetra-Handel

a) _Stellen Sie fest, welche der folgenden Aussagen zutreffend ist._

    (1) _Die Regio-Bank prüft vor der Weiterleitung des Auftrages an die Börse, ob der Kunde einer Risikoklasse zugeordnet wurde, in der Aktienkäufe möglich sind._

    (2) _Die Order ist für einen Monat, also bis zum 10.10.20.., gültig._

    (3) _Die Order wird immer zum Kurs von 32,50 EUR ausgeführt, sofern ein Marktteilnehmer bereit war, die Aktien zu diesem Kurs zu verkaufen._

    (4) _Im Xetra-Handel sind keine Teilausführungen von Aufträgen möglich._

    (5) _Im Xetra-Handel sorgt ein Skontoführer dafür, dass es stets zu einer marktgerechten Preisfeststellung kommt._

Vor der Eingabe des Kundenauftrages stellt sich die Orderlage im Xetra-System wie folgt dar:

Xetra-Orderbuch			
Kauforder		Verkaufsorder	
Stück (BidQty)	Limit (Bid)	Stück (AskQty)	Limit (Ask)
290	32,20 EUR	100	32,40 EUR
150	32,10 EUR	230	32,50 EUR
310	32,00 EUR	310	32,60 EUR
430	31,90 EUR	380	32,70 EUR
570	31,80 EUR	520	32,80 EUR
600	31,70 EUR	740	32,90 EUR
460	31,60 EUR	670	33,00 EUR
720	31,50 EUR	860	33,10 EUR

Die Regio-Bank stellt bei Effektenabrechnungen eine Provision von 1 % des Kurswertes, mindestens aber 15,00 EUR in Rechnung.

b) *Stellen Sie fest, ob und ggf. zu welchen Kursen die Order ausgeführt wird, und ermitteln Sie die Belastung bzw. die Belastungen für den Kunden.*

	Stückzahl	Kurs	Kurswert	Provision	Belastung in EUR
1. Ausführung					
2. Ausführung					
Summe					

2. Limitierte und nicht limitierte Effektenorder

Bei der Erteilung einer Effektenorder sind folgende Arten zu unterscheiden:
(1) nicht limitierte Order
(2) limitierte Kauforder
(3) limitierte Verkaufsorder
(4) Stop-Loss-Order (Stop-Loss-Market-Order)
(5) Stop-Buy-Order (Stop-Buy-Market-Order)

Beurteilen Sie, auf welche der genannten Orderarten sich die folgenden Aussagen jeweils beziehen.

a) *Diese Order wird erst wirksam, wenn ein bestimmter Börsenpreis unterschritten wird. Die Wertpapiere werden dann zum nächsten festgestellten Börsenkurs gehandelt.*

b) *Diese Order wird nur ausgeführt, wenn der Börsenpreis einen bestimmten Höchstpreis nicht überschreitet.*

c) *Diese Order wird sofort zum nächstmöglichen Börsenpreis ausgeführt, auch wenn dies für den Auftraggeber bzw. die Auftraggeberin ein ungünstiger Kurs ist.*

d) *Diese Order erteilen insbesondere charttechnisch orientierte Anleger/-innen, die weitere Kurssteigerungen erwarten, wenn eine Aktie eine bestimmte Widerstandslinie nach oben überwindet.*

e) *Diese Order wird vorsorglich erteilt und dient der Verlustbegrenzung bzw. der Gewinnsicherung.*

f) *Diese Order wird zu dem im Auftrag genannten Kurs oder zu einem höheren Kurs ausgeführt.*

g) *Diese Order gilt nach den Sonderbedingungen für Wertpapiergeschäfte nur für einen Börsentag.*

3. Ermittlung eines Xetra-Auktionspreises

Für die Aktien der Prosaro AG wird im Xetra-Handel eine Auktion durchgeführt.

Folgende Aufträge liegen zu Beginn der Auktion vor:

Kaufaufträge		Verkaufsaufträge	
Stück	Limit	Stück	Limit
380	billigst	400	bestens
2 340	175,00 EUR	1 860	178,00 EUR
1 870	175,50 EUR	2 340	177,50 EUR
1 650	176,00 EUR	1 850	177,00 EUR
1 350	176,50 EUR	1 370	176,50 EUR
940	177,00 EUR	1 920	176,00 EUR
870	177,50 EUR	2 100	175,50 EUR
700	178,00 EUR	1 470	175,00 EUR

a) Ermitteln Sie den Auktionspreis.   EUR ☐☐☐☐

b) Stellen Sie fest, welche der folgenden Aussagen über die Ausführung der vorliegenden Kaufaufträge zutreffend ist.   ☐

(1) Nur die unter dem Auktionspreis limitierten und die nicht limitierten Aufträge werden ausgeführt.

(2) Nur die über dem Auktionspreis limitierten und die nicht limitierten Aufträge werden ausgeführt.

(3) Nur die zum Auktionspreis limitierten und die nicht limitierten Aufträge werden ausgeführt.

(4) Alle unter und zum Auktionspreis limitierten und die nicht limitierten Aufträge werden ausgeführt.

(5) Alle über und zum Auktionspreis limitierten und die nicht limitierten Aufträge werden ausgeführt.

4. Abwicklung einer Wertpapierorder

Volkan Güve erteilt der Regio-Bank AG telefonisch eine Kauforder über 100 Aktien der MobiTel AG.

Bringen Sie die einzelnen Schritte einer Kauforder in die richtige Reihenfolge

(1) Belastung des Kundenkontos und Einbuchen der Wertpapiere in das Kundendepot

(2) Weiterleitung der Order an die Börse

(3) Prüfung der Kundenlegitimation, Risikoklasse und der Kontodeckung

(4) Erstellung der Kundenabrechnung

(5) Ausführungsbestätigung von der Börse

☐ ☐ ☐ ☐ ☐

2 Aufgaben zum Lernfeld

2.1 Jens Wiesner interessiert sich für den Erwerb von Bundesobligationen

1. Aufgabe

Jens Wiesner möchte einen Teil seines Vermögens in Bundeswertpapieren anlegen. Er legt Ihnen folgenden Werbeprospekt vor, um sich von Ihnen beraten zu lassen.

Bundesobligationen

So kann sich Ihr Erspartes sehen lassen.

Sparer und Sparerinnen werden oft mit kleinen Fischen abgespeist. Lassen Sie sich also bei der Geldanlage mal einen guten Fang auftischen. Entscheiden Sie sich für Bundesobligationen, denn Bundesobligationen bieten Ihnen die Sicherheit eines Wertpapiers, das gute und feste Zinserträge mit der klar überschaubaren Laufzeit von nur fünf Jahren verbindet. Bundesobligationen sind eine hervorragende mittelfristige Geldanlage.

Banken und Sparkassen helfen Ihnen gerne bei Fragen zu Bundesobligationen weiter.

Hier gibt's mehr Geld fürs Geld.

Konditionen der Serie 182

Laufzeit	5 Jahre
Zinstermin	22.02. gzj.
Zinssatz	4,50 %
Börsenkurs	99,80 %
Rendite	4,52 %

Beraten Sie den Kunden über das Risiko, die Rentabilität und die Liquidität einer Geldanlage in Bundesobligationen.

Risiko: _____

_____

_____

Rentabilität: _____

_____

_____

Liquidität: _____

_____

2. Aufgabe

Jens Wiesner entschließt sich zum Kauf der Bundesobligationen im Nennwert von 8 000,00 EUR. Der Kaufauftrag wird am 21. Juni 20.. (Donnerstag, kein Schaltjahr) an der Börse ausgeführt.

> **Kosten:** 0,5 % Provision vom Kurswert, mindestens aber vom Nennwert
> 0,75 ‰ Courtage vom Nennwert

a) Erstellen Sie die Kaufabrechnung. Die Stückzinsberechnung erfolgt nach der taggenauen Methode (act/act).

Abrechnung	
Kurswert	EUR
+ Stückzinsen	EUR
+ 0,5 % Provision	EUR
+ 0,75 ‰ Courtage	EUR
= Belastung, Wert	EUR

b) Wie viel Euro Zinsen aus den Bundesobligationen sind im Jahr des Erwerbs in der Steuererklärung von Jens Wiesner zu berücksichtigen?   EUR ☐☐☐☐

3. Aufgabe

Nach einer Besitzdauer von 18 Monaten benötigt Jens Wiesner Geld für den Kauf eines neuen Pkw. Deshalb möchte er die Obligationen verkaufen. Die Restlaufzeit der Papiere beträgt drei Jahre und zwei Monate. Die Obligationen werden an der Börse zum Kurs von 96,00 % gehandelt. Käuferin der Bundesobligationen ist Yvonne Lambrecht.

a) Beurteilen Sie das Marktzinsniveau zum Zeitpunkt des Verkaufs.

b) Ermitteln Sie die von Jens Wiesner erzielte Rendite (ohne Berücksichtigung der Kosten).   % ☐☐☐

c) Welche Rendite erzielt Yvonne Lambrecht, wenn sie die Obligationen bis zur Endfälligkeit behält?   % ☐☐☐

Gleichungen zur Ermittlung der Rendite:

$$\text{Rendite} = \frac{(\text{Nominalzins} - \text{Kursverlust pro Jahr})}{\text{Erwerbskurs}} \cdot 100$$

bzw.

$$\text{Rendite} = \frac{(\text{Nominalzins} + \text{Kursgewinn pro Jahr})}{\text{Erwerbskurs}} \cdot 100$$

4. Aufgabe

Yvonne Lambrecht verkauft die Obligationen aber schon nach einer Besitzdauer von 15 Monaten zum Kurs von 101,5 %.

a) Beurteilen Sie das Marktzinsniveau zum Zeitpunkt des Verkaufs.

b) Ermitteln Sie die von Yvonne Lambrecht erzielte Rendite (ohne Berücksichtigung der Kosten).   % ☐☐

2.2 Tina Reschke erwirbt festverzinsliche Wertpapiere

1. Aufgabe

Sie sind Kundenberater/-in bei der Regio-Bank AG. Ihre Kundin Tina Reschke hat aus einer Erbschaft 25 000,00 EUR erhalten, die sie in festverzinslichen Wertpapieren anlegen möchte.
In einem Beratungsgespräch stellen Sie der Kundin folgende Wertpapiere vor:

	Bundesanleihe	Unternehmensanleihe
Emittent	Bundesrepublik Deutschland	Taurus AG
Nominalverzinsung	4,50 %	6,00 %
Laufzeit	10 Jahre	10 Jahre
Zinstermin	21.03. ganzjährlich	12.04. ganzjährlich
Aktueller Börsenkurs	106,50 %	98,00 %
Rendite	3,62 %	6,33 %

Erläutern Sie der Kundin den Unterschied zwischen der Nominalverzinsung und der Rendite von Anleihen.

2. Aufgabe

Tina Reschke ist erstaunt, dass sich die Renditen der Anleihen deutlich unterscheiden.

Begründen Sie die unterschiedlichen Höhen der Renditen.

3. Aufgabe

Tina Reschke entschließt sich zu einer Aufteilung des Geldes und erteilt am Mittwoch, 15. Mai 20.. (kein Schaltjahr) folgende Kaufaufträge:

- 15 000,00 EUR Nennwert Bundesanleihe
- 10 000,00 EUR Nennwert Unternehmensanleihe

Sie weisen die Kundin darauf hin, dass die Aufträge als Kommissionsgeschäfte abgewickelt werden.

a) *Erläutern Sie das bei der Auftragserteilung entstehenden Rechtsverhältnis zwischen der Regio-Bank AG und der Kundin.*

b) *Die Kaufaufträge werden ausgeführt.*

   Erstellen Sie die Kaufabrechnungen unter Berücksichtigung folgender Kosten:
   - 0,5 % Provision vom Kurswert, mindestens aber vom Nennwert
   - 0,75 ‰ Courtage vom Nennwert

Abrechnung Bundesanleihe		
Kurswert		EUR
+ Stückzinsen		EUR
+ 0,5 % Provision		EUR
+ 0,75 ‰ Courtage		EUR
= Belastung, Wert		EUR

Abrechnung Unternehmensanleihe		
Kurswert		EUR
+ Stückzinsen		EUR
+ 0,5 % Provision		EUR
+ 0,75 ‰ Courtage		EUR
= Belastung, Wert		EUR

4. Aufgabe

Tina Reschke versteht nicht, warum ihr beim Kauf der Wertpapiere Stückzinsen in Rechnung gestellt werden.

Begründen Sie die Zahlung von Stückzinsen.

_____

_____

_____

_____

2.3 Geldanlage in öffentlichen Pfandbriefen

1. Aufgabe

Christina Weber möchte für 8 000,00 EUR Anleihen mit möglichst geringem Kursrisiko erwerben. Sie stellen der Kundin folgende Pfandbriefe der Vereinigten Hypothekenbank AG vor:

Öffentliche Pfandbriefe mit variablem Zinssatz Reihe 997 – ISIN DE000A0MDMR7	
Emissionsvolumen	200 000 000,00 EUR
Stückelung	Verbrieft in einer oder mehreren Globalurkunden, handelbare Einheit: 1 000,00 EUR oder ein Mehrfaches davon. Einzelurkunden werden nicht ausgedruckt.
Verzinsung	6-Monats-Euribor + 0,15 Prozentpunkte Die Zinsen sind halbjährlich nachträglich jeweils am 20. der Monate Dezember und Juni eines jeden Jahres zahlbar. Die Zinssätze für jede Zinsperiode werden jeweils zwei Banktage vor Beginn der betreffenden Zinsperiode festgelegt. Zinsberechnung: act/360
Laufzeit	10 Jahre Die Öffentlichen Pfandbriefe sind unkündbar.
Sicherheit	Für die Verzinsung und Rückzahlung des Kapitals haftet das gesamte Vermögen der Bank nach Maßgabe der gesetzlichen Bestimmungen, insbesondere der Gesamtbetrag der in das gesetzlich vorgeschriebene Deckungsregister eingetragenen Kommunalkredite. Die Öffentlichen Pfandbriefe sind mündelsicher.
Börseneinführung	Die Einführung in den Börsenhandel an der Hanseatischen Wertpapierbörse Hamburg ist vorgesehen. Die Öffentlichen Pfandbriefe sind nach Börseneinführung notenbankfähig. Hamburg, im Juni 20..
Vereinigte Hypothekenbank AG Hamburg	

Sie informieren Christina Weber über das bei einer Anlage in Anleihen verbundene Bonitätsrisiko. Die Pfandbriefe haben von einer Ratingagentur die Bestnote AAA erhalten.

Erläutern Sie der Kundin, warum eine Geldanlage in Pfandbriefen als besonders sicher gilt.

_____

_____

_____

_____

_____

2. Aufgabe

Christina Weber kannte bisher nur Hypothekenpfandbriefe.

Unterscheiden Sie Hypothekenpfandbriefe und Öffentliche Pfandbriefe.

_____

_____

_____

_____

_____

3. Aufgabe

Der Emissionsprospekt weist darauf hin, dass die Pfandbriefe mündelsicher und notenbankfähig seien.

Erklären Sie die Begriffe „Mündelsicherheit" und „Notenbankfähigkeit".

_____

_____

_____

_____

4. Aufgabe

Sie informieren die Kundin über die Verzinsung der Anleihe und über das Kursrisiko bei einem vorzeitigen Verkauf der Papiere an der Börse.

a) Erklären Sie die Zinsausstattung der Anleihe.

_____

_____

b) Beurteilen Sie das Kursrisiko der Anleihe.

_____

_____

5. Aufgabe

Sie haben der Kundin dargelegt, dass die Anlage sehr liquide ist, da die Pfandbriefe an der Börse gehandelt werden.

Wodurch ist in der Praxis gewährleistet, dass bei diesem marktengen Wert jederzeit ein marktgerechter Börsenpreis zustande kommt?

_____

_____

_____

_____

6. Aufgabe

Christina Weber erteilt am 10.09.20.. (Mittwoch) einen Kaufauftrag über 8 000,00 EUR Nennwert. Die Order wird zu folgenden Bedingungen ausgeführt:
- **Börsenkurs: 100,25 %**
- **aktuelle Verzinsung der Anleihe: 3,85 %**
- **Kosten: 0,5 % Provision vom Kurswert, 0,75 ‰ Courtage vom Nennwert**

a) Erstellen Sie die Kaufabrechnung.

	Kurswert	EUR
+	Stückzinsen	EUR
+	0,5 % Provision	EUR
+	0,75 ‰ Courtage	EUR
=	Belastung, Wert _____	EUR

b) Wie erlangt Frau Weber das Eigentum an den Papieren?

_____

_____

_____

7. Aufgabe

Am 20.12.20.. erhält Christina Weber eine Zinsgutschrift aus den Pfandbriefen. Ein ausreichender Freistellungsauftrag liegt vor.

Ermitteln Sie die Zinsgutschrift.　　　　　　　　　　　　　EUR ⎢⎢⎢⎢⎢⎢

2.4 Kapitalerhöhung gegen Bareinlagen der Logistik AG

1. Aufgabe

Der Aktionär Matthias Schäfer hat von seinem Kreditinstitut das folgende Bezugsangebot erhalten. Berücksichtigen Sie bei Ihren Ausführungen die nachstehenden Kurse.

Kurse der Frankfurter Wertpapierbörse	28.05.20.. (Freitag)	31.05.20.. (Montag)
Logistik Aktien (Dividende 0,90 EUR)	28,00 EUR	24,00 EUR ex BR
Logistik Bezugsrechte	–	2,40 EUR

Logistik AG
Berlin

Bezugsangebot über

8 000 000 neue Inhaberaktien (Stückaktien) mit einem auf die einzelne Stückaktie entfallenden rechnerischen Anteil am Grundkapital von 1,00 EUR aus der Kapitalerhöhung gegen Bareinlagen vom April 20..

Der Vorstand der Logistik AG hat am 25. März 20.. mit Zustimmung des Aufsichtsrates vom 26. März beschlossen, unter teilweiser Ausnutzung der Ermächtigung gem. § 4 Abs. 4 der Satzung der Gesellschaft das Grundkapital von 32 000 000,00 EUR um 8 000 000,00 EUR auf 40 000 000,00 EUR durch Ausgabe von 8 000 000 neuen Inhaberaktien (Stückaktien; ISIN DE0007017105) gegen Bareinlagen zu erhöhen. Die neuen Aktien sind mit voller Gewinnanteilberechtigung für das laufende Geschäftsjahr ausgestattet.

Ein Bankenkonsortium unter der Führung der Commerzbank AG hat die 8 000 000 neuen Aktien mit der Verpflichtung übernommen, diese den Aktionären unserer Gesellschaft zum Bezugspreis von 15,00 EUR pro Aktie im Verhältnis 4 : 1 anzubieten.
Nachdem die Durchführung der Kapitalerhöhung in das Handelsregister eingetragen worden ist, werden die Aktionäre der Logistik AG gebeten, ihr Bezugsrecht zur Vermeidung des Ausschlusses in der Zeit vom

31. Mai 20.. bis zum 14. Juni 20..

bei einer der nachstehend aufgeführten Banken auszuüben:

> Commerzbank Aktiengesellschaft
> Deutsche Bank Aktiengesellschaft
> Regio-Bank Aktiengesellschaft

Für jeweils vier alte Aktien kann eine neue Aktie zum Preis von 15,00 EUR bezogen werden. Der Bezugspreis ist bei der Ausübung des Bezugsrechts, spätestens jedoch am letzten Tag der Bezugsfrist, d. h. am 14. Juni 20.., zu zahlen. Für den Bezug wird die übliche Bankprovision berechnet.

Als Bezugsrechtsnachweis dient die Gutschrift der Bezugsrechte aufgrund der bei der Clearstream Banking AG hinterlegten Globalurkunde. Die Bezugsrechte (ISIN DE0007017182) werden in der Zeit vom 31. Mai bis zum 10. Juni 20.. einschließlich an allen deutschen Wertpapierbörsen gehandelt. Ab Beginn der Bezugsfrist werden die alten Aktien „ex Bezugsrecht" notiert. Die neuen Aktien sind in einer Globalurkunde verbrieft, die bei der Clearstream Banking AG hinterlegt worden ist. Die Erwerber erhalten eine Gutschrift auf dem Girosammeldepotkonto. Ein Anspruch auf Einzelverbriefung der Aktien besteht nicht.

Die neuen Aktien sind zum Handel an allen deutschen Wertpapierbörsen zugelassen.
Die Notierungsaufnahme für die neuen Aktien ist für den 15. Juni 20.. vorgesehen.

Berlin, im Mai 20..   **Der Vorstand**

Matthias Schäfer hat am 28. Mai 20.. einen Beratungstermin mit der Kundenbetreuerin Claudia Esser vereinbart, um sich über die Kapitalerhöhung zu informieren.

a) Erläutern Sie dem Kunden die dem Bezugsangebot zugrunde liegende Kapitalerhöhung.

_____

_____

_____

_____

b) Stellen Sie fest, um wie viel Euro sich folgende Bilanzpositionen durch die Kapitalerhöhung erhöhen:

   ba) Vermögen   Mio. EUR ☐ ☐ ☐

   bb) Grundkapital (gezeichnetes Kapital)   Mio. EUR ☐

   bc) Kapitalrücklage   Mio. EUR ☐ ☐

c) Warum notieren die Logistik-Aktien am 31. Mai 20.. deutlich niedriger als am 28. Mai 20..?

_____

_____

_____

2. Aufgabe

Matthias Schäfer besitzt 800 Logistik-Aktien. Beraten Sie den Kunden über die Bedeutung seiner Bezugsrechte.

a) Ermitteln Sie den rechnerischen Wert eines Bezugsrechtes anhand der Kurse vom 28.05.20..   EUR ☐ ☐ ☐

_____

_____

_____

b) Begründen Sie, warum die Bezugsrechte einen Wert haben.

_____

_____

c) Erläutern Sie dem Kunden folgende Verwendungsmöglichkeiten der Bezugsrechte:

Grundlage Ihrer Beratung sind die Kurse vom 28.05.20..
• Verkauf aller Bezugsrechte
• Ausübung aller Bezugsrechte

_____

_____

_____

_____

_____

3. Aufgabe

Matthias Schäfer möchte 50 junge Aktien beziehen und die nicht benötigten Bezugsrechte verkaufen.

a) In welchem Zeitraum werden die Bezugsrechte an der Börse gehandelt?

_____

_____

b) Welche Aufträge muss der Kunde erteilen?

_____

_____

c) Erläutern Sie dem Kunden, wie er die Rechte an den neuen Aktien erwirbt.

_____

_____

_____

4. Aufgabe

Die Aufträge des Kunden werden ausgeführt.

a) Der Auftrag zum Verkauf der Bezugsrechte wird am 31.05.20.. an der Börse ausgeführt. Erstellen Sie die Kundenabrechnung unter Berücksichtigung von 1 % Provision und 0,8 ‰ Courtage.

_____

_____

_____

_____

b) Die neuen Aktien werden bezogen. Erstellen Sie die Abrechnung unter Berücksichtigung von 1 % Provision.

_____

_____

_____

_____

2.5 Kapitalerhöhung aus Gesellschaftsmitteln der DataSoft AG

1. Aufgabe

Die DataSoft AG veröffentlicht folgende Aufforderung zur Entgegennahme von Berichtigungsaktien:

DataSoft AG

– Wertpapier-Kenn-Nr. 567 210 und 567 212 –

Aufforderung zur Entgegennahme von Berichtigungsaktien

Die ordentliche Hauptversammlung unserer Gesellschaft hat am 16. Mai dieses Jahres beschlossen, das Grundkapital aus Gesellschaftsmitteln im Verhältnis 4:1 um 9 480 000,00 EUR auf 47 400 000,00 EUR durch Umwandlung von anderen Gewinnrücklagen in Grundkapital zu erhöhen.

Es werden
- 6 320 000 Stück Inhaber-Stammaktien ohne Nennbetrag und
- 3 160 000 Stück Inhaber-Vorzugsaktien ohne Nennbetrag

mit einem rechnerischen Anteil von 9 480 000,00 EUR am Grundkapital ausgegeben. Der rechnerische Anteil einer Aktie am Grundkapital beträgt 1,00 EUR.

Die neuen Stammaktien stehen den Stammaktionären, die neuen Vorzugsaktien den Vorzugsaktionären entsprechend ihrem Aktienbesitz im Verhältnis 4:1 zu, sodass auf vier alte Stammaktien eine neue Stammaktie und auf vier alte Vorzugsaktien eine neue Vorzugsaktie entfällt.

Die neuen Stamm- und Vorzugsaktien sind ab dem 1. Januar 20.. dividendenberechtigt. Die stimmrechtslosen Vorzugsaktien sollen nach der Kapitalerhöhung aus Gesellschaftsmitteln jeweils mit dem in § 24 Abs. 3 Buchstabe b der Satzung festgesetzten Vorzugsgewinnanteil von 0,50 EUR je Aktie ausgestattet sein.

Die Durchführung der Kapitalerhöhung wurde am 24. Mai 20.. in das Handelsregister beim Amtsgericht Dresden eingetragen.

Zur Entgegennahme der Berichtigungsaktien bitten wir die Aktionäre unserer Gesellschaft, den als Berechtigungsnachweis dienenden Gewinnanteilschein Nr. 24 der alten Stammaktien bzw. Gewinnanteilschein Nr. 8 der alten Vorzugsaktien

vom 12. Juni 20.. an

bei einer der nachstehend aufgeführten Banken während der üblichen Schalterstunden zur Entgegennahme der neuen Aktien einzureichen:

Deutsche Bank AG   DZ-Bank AG
Commerzbank AG   Regio-Bank AG

Die Berichtigungs-Stammaktien sind mit Gewinnanteilscheinen Nr. 25–40 und Erneuerungsschein, die Berichtigungs-Vorzugsaktien mit Gewinnanteilscheinen Nr. 9–20 und Erneuerungsschein ausgestattet; die Berichtigungsaktien haben die gleichen Wertpapierkennnummern wie die alten Aktien.

Aktionäre, deren Aktien im Depot einer Bank verwahrt werden, haben wegen der Entgegennahme der Berichtigungsaktien nichts zu veranlassen. Soweit jedoch auf ihren Bestand Teilrechte entfallen, werden die Aktionäre gebeten, ihrer Depotbank wegen der Auf- oder Abrundung auf eine Stückaktie einen entsprechenden Auftrag zu erteilen. Die Ausgabestellen sind bereit, den An- und Verkauf von Teilrechten nach Möglichkeit zu vermitteln.

Die Berichtigungsaktien sind kraft Gesetzes zum Amtlichen Markt an den Wertpapierbörsen in Berlin, Düsseldorf und Frankfurt am Main zugelassen. Sie werden ab dem 12. Juni 20.. gleich den alten Aktien lieferbar und in die jeweilige Börsennotierung einbezogen sein. Vom gleichen Tag an werden die alten Aktien „ex Berichtigungsaktien" gehandelt und amtlich notiert.

> Soweit die Berichtigungsaktien nicht innerhalb eines Jahres seit der Veröffentlichung dieser Bekanntmachung im Bundesanzeiger abgefordert und eventuell vorhandene Teilrechte bis dahin nicht reguliert werden, sind wir nach den gesetzlichen Vorschriften berechtigt und verpflichtet, nach dreimaliger Ankündigung und nach Ablauf eines Jahres seit der dritten Ankündigung die nicht abgeholten Aktien sowie die auf noch nicht regulierte Teilrechte entfallenden Aktien für Rechnung der Beteiligten zu verkaufen.
>
> Die Ausgabe der Berichtigungsaktien erfolgt für die Aktionäre kostenfrei. Bei dem An- und Verkauf von Teilrechten wird die übliche Provision berechnet.
>
> Der Vorstand

Stefan Reichert hat mit seinem Kundenbetreuer am 9. Juni einen Beratungstermin vereinbart. Da sich normalerweise seine Ehefrau um die finanziellen Angelegenheiten kümmert, verfügt er nur über begrenzte Fachkenntnisse im Wertpapiergeschäft.
Eine Terminalabfrage zeigt u. a. folgende Depotwerte:

Reichert, Stefan		Depot-Nr. 7853622	
Wertpapier-Kenn-Nr.	Gattung	Stück	Kurse 09.06.20..
567 210	DataSoft AG ST	30	545,00 EUR
567 212	DataSoft AG VZ	15	462,00 EUR

a) Erläutern Sie dem Kunden die unterschiedlichen Rechte von Stamm- und Vorzugsaktien.

b) Er versteht nicht, warum die Stammaktien an der Börse deutlich höher notieren als die Vorzugsaktien. Begründen Sie das unterschiedliche Kursniveau.

c) Beurteilen Sie die finanziellen Auswirkungen der Kapitalerhöhung für den Kunden.

d) Erläutern Sie die Bedeutung der Kapitalerhöhung für die DataSoft AG. Beschreiben Sie dabei auch die Bilanzänderungen.

2. Aufgabe

Nach dem Kursanstieg der DataSoft-Aktien in den letzten 15 Monaten erwartet Stefan Reichert jetzt eher stagnierende Kurse. Er möchte deshalb seinen Aktienbestand verringern und am liebsten die Berichtigungsaktien nicht beziehen.

a) Wie viele Berichtigungsaktien und Teilrechte stehen dem Kunden zu?

_____

_____

_____

b) Beraten Sie den Kunden.

_____

_____

_____

_____

_____

c) Welche Urkunden dienen als Berechtigungsnachweis für den Bezug der Berichtigungsaktien?

_____

_____

3. Aufgabe

Stefan Reichert möchte die überschüssigen Teilrechte veräußern.

a) Wo werden Teilrechte gehandelt?

_____

_____

b) Ermitteln Sie den rechnerischen Berichtigungsabschlag für die Stamm- und Vorzugsaktien auf der Basis der Kurse vom 9. Juni 20..

_____

_____

_____

c) Ermitteln Sie den rechnerischen Kurs ex BA für die Stamm- und Vorzugsaktien.

_____

_____

d) Erstellen Sie die Verkaufsabrechnung für die Teilrechte. Dabei ist für jede Abrechnung eine Provisionspauschale von 10,00 EUR zu berücksichtigen.

Abrechnung Stammaktien	
Wert der Teilrechte	EUR
– Provision	EUR
= Gutschrift	EUR

Abrechnung Vorzugsaktien	
Wert der Teilrechte	EUR
– Provision	EUR
= Gutschrift	EUR

4. Aufgabe

Stefan Reichert erteilt am 18. Juni 20.. (Donnerstag) den Auftrag, alle Data-Soft-Stammaktien zu verkaufen. Der Verkaufsauftrag wird an der Börse zum Kurs von 418,00 EUR ausgeführt.

Kosten bei Börsengeschäften:

Provision	1 % vom Kurswert, mind. aber 10,00 EUR
Courtage	0,8 ‰ vom Kurswert

a) Wie viele Aktien werden verkauft?

b) Erstellen Sie die Verkaufsabrechnung.

5. Aufgabe

Stefan Reichert hatte die Stammaktien vor 15 Monaten zum Kurs von 432,00 EUR erworben. In der Zeit seines Besitzes hat er eine Dividendenzahlung von 8,00 EUR je Aktie erhalten. Die Bezugsrechte aus einer Kapitalerhöhung gegen Einlagen hatte er zum Stückpreis von 2,30 EUR veräußert. Die anteiligen Depotgebühren betragen 16,00 EUR.

a) Ermitteln Sie das Nettoergebnis der Aktienanlage unter Berücksichtigung der oben angegebenen Kosten bei Börsengeschäften nach folgendem Schema:

	EUR
Kursgewinn	
+ Erlöse aus dem Verkauf von Teilrechten	
+ Erlöse aus Verkauf von Bezugsrechten	
+ Dividendenerträge	
– Depotgebühren	
= Nettoergebnis	

Nebenrechnung:

b) Ermitteln Sie die Rendite der Aktienanlage mithilfe folgender Gleichung:

$$\text{Rendite} = \frac{\text{Nettoergebnis} \cdot 100 \cdot 12}{\text{eingesetztes Kapital} \cdot \text{Besitzdauer in Monaten}}$$

%

2.6 Die Regio-Bank AG analysiert Aktien der Westabo AG

1. Aufgabe

Fabian Meißner ist vermögender Privatkunde der Regio-Bank AG. Er hat in einem Börsenmagazin gelesen, dass eine Geldanlage in Westabo Aktien gute Chancen bieten soll. Sie haben mit dem Kunden einen Beratungstermin vereinbart.

Die Westabo AG gehört zu den großen deutschen Maschinenbauunternehmen und stellt Werkzeugmaschinen her, die weltweit vertrieben werden.

Sie nutzen die Fundamentalanalyse zur Beurteilung der Aktie.

Erläutern Sie die Annahmen und das Ziel der Fundamentalanalyse.

_____

_____

_____

_____

_____

2. Aufgabe

Ihnen liegen folgende Daten aus dem Jahresabschluss des letzten Geschäftsjahres vor:

Aktiva	Bilanz in Tsd. EUR		Passiva
Anlagevermögen		**Eigenkapital**	
Sachanlagen	144 400	Gezeichnetes Kapital	5 800
Finanzanlagen	12 300	Rücklagen und Bilanzgewinn	124 580
Umlaufvermögen		**Fremdkapital**	
Vorräte, Waren, Rohstoffe	348 750	langfristige Bankkredite	406 680
Forderungen aus Lieferungen und Leistungen	70 520	kurzfristige Verbindlichkeiten	45 360
Liquide Mittel	6 450		
	582 420		582 420

Aufwendungen	GuV-Rechnung in Tsd. EUR		Erträge
Materialaufwand	264 540	Umsatzerlöse	710 420
Personalaufwand	391 610	Sonstige Erträge	54 310
Abschreibungen auf Anlagen	46 780		
Zinsaufwand	28 570		
Sonstige Aufwendungen	14 360		
Steuern	730		
Jahresüberschuss	18 140		
	764 730		764 730

Der aktuelle Börsenkurs der Westabo Aktien beträgt 28,50 EUR.

Die Aktien haben einen rechnerischen Anteil am Grundkapital von jeweils 1,00 EUR.

a) Ermitteln Sie die aktuelle Marktkapitalisierung der Westabo AG.   Mio. EUR ☐☐☐☐☐

_____

_____

_____

b) *Erläutern und ermitteln Sie den Buchwert je Aktie.*   EUR ☐☐☐

---

3. Aufgabe

Die Analysten der Regio-Bank AG erwarten bei der Westabo AG folgende Ergebnisse.

	Laufendes Jahr	Nächstes Jahr	Übernächstes Jahr
Ergebnis je Aktie	3,20 EUR	2,00 EUR	3,50 EUR
Dividende je Aktie	0,80 EUR	0,50 EUR	0,90 EUR

a) *Ermitteln und beurteilen Sie die erwartete Entwicklung des Kurs-Gewinn-Verhältnisses.*

b) *Ermitteln und beurteilen Sie die erwartete Entwicklung der Dividendenrendite.*

---

4. Aufgabe

Sie nutzen zudem die technische Analyse zur Beurteilung der Aktie.

Erläutern Sie die Annahmen und das Ziel der technischen Analyse.

5. Aufgabe

Der Chart der Westabo-Aktien zeigt folgendes Bild:

Beurteilen Sie den Trend der Kursentwicklung. Gehen Sie dabei auf Widerstands- und Unterstützungslinien ein.

_____

_____

_____

_____

_____

_____

2.7 Beate Drehsen interessiert sich für Investmentfonds

1. Aufgabe

Die in Wertpapieranlagen unerfahrene Kundin Beate Drehsen möchte die aus einer Erbschaft erhaltenen 60 000,00 EUR anlegen.
Die ledige Kundin ist 45 Jahre alt und in einem Industriebetrieb als Schreibkraft tätig. Das Geld kann langfristig angelegt werden, sollte aber im Notfall verfügbar sein. In circa 1,5 Jahren möchte sie sich einen neuen Pkw der Mittelklasse kaufen.
In dem Beratungsgespräch wird deutlich, dass die Kundin eine eher konservative Anlegerin ist. Um eine begrenzte Rendite zu erzielen, ist sie jedoch bereit, ein begrenztes Risiko einzugehen.
In einem Beratungsgespräch sollen der Kundin die wesentlichen Merkmale einer Anlage in Investmentfonds dargestellt werden.

a) Überzeugen Sie Beate Drehsen von den Vorteilen einer Anlage in Investmentanteilen.

_____

_____

_____

_____

b) Nennen Sie vier Rechte der Anlegerin.

_____

_____

_____

_____

c) Nennen Sie vier Aufgaben der Verwahrstelle.

_____

_____

_____

_____

_____

2. Aufgabe

Der Kundenberater empfiehlt der Kundin eine Aufteilung des Geldes auf verschiedene Fonds:

a) Erläutern Sie der Kundin in Form einer Gegenüberstellung die Kosten, die Rentabilität und die Risiken von Fondsanlagen.

Fonds	Kosten	Rentabilität	Risiken
EUR-Geldmarkt-fonds			
EUR-Renten-fonds			
EUR-Aktien-fonds			
Internationaler Aktienfonds			

b) Empfehlen Sie der Kundin eine konkrete Aufteilung der 60 000,00 EUR und bieten Sie ihr konkrete, mit Ihrem Ausbildungsbetrieb verbundene Fonds an.

Betrag	Fondsname	Anlageschwerpunkt	Risiko

3. Aufgabe

Um die Kundin von den Vorteilen regelmäßiger Einzahlungen auf einem Anlagekonto zu überzeugen, soll der Cost-Average-Effekt an folgendem Beispiel dargestellt werden:

Der Anleger I erwirbt pro Monat jeweils fünf Anteile, während der Anleger II monatlich 250,00 EUR auf das Anlagekonto einzahlt.

Monat	Ausgabepreis in EUR	Aufwand für Anleger I in EUR	Zahl der erworbenen Anteile von Anleger II
Januar	45,00		
Februar	49,00		
März	56,00		
April	52,00		
Mai	50,00		
Juni	55,00		

Ermitteln Sie den durchschnittlichen Erwerbskurs für die beiden Anleger.

_____

_____

_____

2.8 Beate Wenzel kauft Effekten

1. Aufgabe

Beate Wenzel, Kundin der Regio-Bank AG, hat von ihrer Großmutter Mathilde Wenzel Spareinlagen von 200 000,00 EUR geerbt.

Durch welche Unterlagen kann sich Beate Wenzel als Erbin legitimieren?

_____

_____

2. Aufgabe

Sie hat mit ihrem Kundenberater Thomas Peters einen Beratungstermin vereinbart, um das Geld langfristig anzulegen. Beate Wenzel ist 38 Jahre alt und ledig. Ihr Monatsnettoeinkommen beträgt 1 900,00 EUR. Sie schätzt sich selbst als risikobewusst ein und ist zur Erzielung einer höheren Rendite bereit, ein mittleres Risiko einzugehen.

Sie besitzt keine Immobilien und verfügt über folgendes Vermögen:
- Spareinlagen   20 000,00 EUR
- festverzinsliche Wertpapiere   25 000,00 EUR
- Aktienfonds (inländische Standardwerte)   15 000,00 EUR

a) Nennen Sie vier Informationen, die Sie zur Prüfung der persönlichen Umstände von der Kundin benötigen.

_____

_____

_____

b) *Unterbreiten Sie der Kundin einen begründeten Anlagevorschlag.*

3. Aufgabe

Nach der Anlageberatung erteilt Birgit Wenzel am 6. April 20.. (Freitag) rechtzeitig vor Börsenbeginn folgende Kaufaufträge:
- 200 Pletter-Maschinenbau-Aktien, Kurslimit 52,00 EUR
- 150 DataSoft-Aktien, Kurslimit 88,00 EUR

a) *Erläutern Sie der Kundin die Bedeutung des Limits und die Gültigkeitsdauer der Order.*

b) *Nennen Sie weitere in der Effektenorder zu erfassende Daten.*

c) *Beschreiben Sie die Ausführung des Auftrages als Kommissionsgeschäft.*

4. Aufgabe

Des Weiteren erteilt Beate Wenzel am 6. April 20.. (Freitag, kein Schaltjahr) einen Kaufauftrag über:
- 30 000,00 EUR Nennwert 5 %-Inhaberschuldverschreibungen der RegioBank,
  Kurs 102 %, Zinstermin 15.03. ganzjährig, Zinsberechnung act/act

a) *Beschreiben Sie die Ausführung als Festpreisgeschäft.*

b) *Erstellen Sie die Kundenabrechnung.*

5. Aufgabe

Die Kundin möchte die Aktien der Pletter Maschinenbau AG bei der Xetra-Auktion erwerben. Zu Beginn der Auktion am 06.04.20.. (Freitag) stellt sich die Orderlage wie folgt dar:

Kaufaufträge		Verkaufsaufträge	
Stück	Limit	Stück	Limit
230	billigst	160	bestens
950	49,00 EUR	430	53,00 EUR
670	49,50 EUR	320	52,50 EUR
480	50,00 EUR	690	52,00 EUR
390	50,50 EUR	610	51,50 EUR
850	51,00 EUR	540	51,00 EUR
600	51,50 EUR	570	50,50 EUR
530	52,00 EUR	890	50,00 EUR
470	52,50 EUR	760	49,50 EUR
260	53,00 EUR	950	49,00 EUR

a) Ermitteln Sie den Xetra-Auktionspreis für die Aktien der Pletter Maschinenbau AG.   EUR [   ]

Orderbuch der DataSoft-Aktien				
Kurs	Summe der ausführbaren Kaufaufträge	Summe der ausführbaren Verkaufsaufträge	Nachfrage-überhang	Angebots-überhang
53,00 EUR				
52,50 EUR				
52,00 EUR				
51,50 EUR				
51,00 EUR				
50,50 EUR				
50,00 EUR				
49,50 EUR				
49,00 EUR				

b) Erstellen Sie die Abrechnung für die Kundin Beate Wenzel unter Berücksichtigung von 1 % Provision.

6. Aufgabe

Die Kauforder für die DataSoft-Aktien wird im fortlaufenden Xetra-Handel zum Kurs von 86,20 EUR ausgeführt.

Erstellen Sie die Kundenabrechnung unter Berücksichtigung von 1 % Provision.

2.9 Die Eheleute Katrin und Frank Meurer erzielen Kapitalerträge

Aufgabe

Die Eheleute Katrin und Frank Meurer erzielten im Jahr 20.. bei der Regio-Bank AG folgende Kapitalerträge:

Datum	Kapitalerträge	
25.01.	Zinsen aus festverzinslichen Wertpapieren	460,00 EUR
09.02.	Veräußerungsverlust bei Zertifikaten	685,00 EUR
30.03.	Kauf von Anleihen, gezahlte Stückzinsen	170,00 EUR
24.05.	Veräußerungsgewinn bei Zertifikaten	648,00 EUR
30.06.	Steuerpflichtiger Ertrag eines Investmentfonds	984,00 EUR
12.07.	Zinsen aus Guthaben	1 240,00 EUR
19.08.	Kauf von Anleihen, gezahlte Stückzinsen	165,00 EUR
03.09.	Veräußerungsgewinne aus Aktien; Altbestand – steuerfrei	3 850,00 EUR
26.10.	Zinsen aus Kontoguthaben	852,00 EUR
31.12.	Zinsen aus Guthaben	1 430,00 EUR

Die Eheleute Meurer haben der Regio-Bank AG zu Beginn des Jahres einen Freistellungsauftrag über 2 000,00 EUR erteilt. Die Verlustverrechnungstöpfe weisen keine Anfangsbestände auf.

Da Katrin und Frank Meurer einer Religionsgemeinschaft angehören, sind 9 % Kirchensteuer (KiSt) zu berücksichtigen.

Da die Kirchensteuer grundsätzlich als Sonderausgabe abzugsfähig ist, ermäßigt sich die Kapitalertragsteuer (Abgeltungssteuer) auf 24,45 %.

a) Verwalten Sie den Freistellungsauftrag und den Allgemeinen Verlustverrechnungstopf und ermitteln Sie jeweils die Steuerabzüge. Nutzen Sie für die Berechnung den auf der folgenden Seite abgebildeten Bogen.

b) Wie viel Euro

    ba) Kapitalertragsteuer,   EUR ☐☐☐☐

    bb) Solidaritätszuschlag und   EUR ☐☐☐

    bc) Kirchensteuer   EUR ☐☐☐

    wurden im Jahr 20.. insgesamt an das Bundeszentralamt für Steuern abgeführt?

Datum	Abrechnungen		Freistellungs-auftrag 2 000,00 EUR	Allgemeiner Verlust-verrechnungs-topf	Steuerverrechnungs-konto (gezahlte KESt und SolZ unter Berücksichtigung von Erstattungen)	
25.01.	Zinsen aus festverzinslichen Wertpapieren	460,00 EUR	.... EUR	.... EUR	KESt SolZ KiSt	.... EUR .... EUR .... EUR
09.02.	Veräußerungsverlust bei Zertifikaten	685,00 EUR	.... EUR	.... EUR	KESt SolZ KiSt	.... EUR .... EUR .... EUR
30.03.	Kauf von Anleihen, gezahlte Stückzinsen	170,00 EUR	.... EUR	.... EUR	KESt SolZ KiSt	.... EUR .... EUR .... EUR
24.05.	Veräußerungsgewinn bei Zertifikaten	648,00 EUR	.... EUR	.... EUR	KESt SolZ KiSt	.... EUR .... EUR .... EUR
30.06.	Steuerpflichtiger Ertrag eines Investmentfonds	984,00 EUR	.... EUR	.... EUR	KESt SolZ KiSt	.... EUR .... EUR .... EUR
12.07.	Zinsen aus Guthaben – 24,45 % KESt von ...... EUR – 5,5 % SolZ – 9 % KiSt	1 240,00 EUR .... EUR .... EUR .... EUR	.... EUR	.... EUR	KESt SolZ KiSt	.... EUR .... EUR .... EUR
19.08.	Kauf von Anleihen, gezahlte Stückzinsen Erstattung bereits gezahlter KESt + 24,45 % KESt + 5,5 % SolZ + 9 KiSt	165,00 EUR .... EUR .... EUR .... EUR	.... EUR	.... EUR	 KESt SolZ KiSt	 .... EUR .... EUR .... EUR
03.09	Veräußerungsgewinne aus Aktien; Altbestand – steuerfrei	3 850,00 EUR	.... EUR	.... EUR	KESt SolZ KiSt	.... EUR .... EUR .... EUR
26.10	Zinsen aus Kontoguthaben – 24,45 % KESt – 5,5 % SolZ – 9 % KiSt	852,00 EUR .... EUR .... EUR .... EUR	.... EUR	.... EUR	KESt SolZ KiSt	.... EUR .... EUR .... EUR
31.12.	Zinsen aus Guthaben – 24,45 % KESt – 5,5 % SolZ – 9 % KiSt	1 430,00 EUR .... EUR .... EUR .... EUR	.... EUR	.... EUR	KESt SolZ KiSt	.... EUR .... EUR .... EUR

Lernfeld 9:

Baufinanzierungen abschließen

9

Zielbeschreibung:

Sie verfügen über die Kompetenz, Kunden das Verfahren des Immobilien-
erwerbs zu erklären, Baufinanzierungskonzepte zu entwickeln und
Immobiliar-Verbraucherdarlehensverträge abzuschließen.

1 Lernsituationen

1.1 Anna Gehring möchte das Haus ihrer Mutter verkaufen

Situationsbeschreibung

Anna Gehring hat das Haus ihrer Mutter, Theresa Schumacher, in Frechen nach dem Tod gemeinsam mit ihrem Bruder geerbt. Das Haus von Frau Schumacher steht seit fast einem Jahr leer. Gleichzeitig möchten die Eheleute Gehring an Ihrem Ausbildungsort ein Haus kaufen. Daher machen sich die Eheleute Gehring Gedanken darüber, das Haus von Theresa Schumacher zu verkaufen und haben zunächst einen Grundbuchauszug angefordert. Aus den früheren Gesprächen mit den Eltern von Frau Gehring wissen sie um die Geschichte des Hauses und gehen von vielen Grundbucheintragungen aus. Frau Gehrings Bruder, Frank Schumacher, lebt aufgrund einer Behinderung in einer betreuten Einrichtung. Darlehen zur Finanzierung des Hauses sind nicht mehr vorhanden.

Im Zuge der zukünftigen Baufinanzierung der Eheleute Gehring und der aktuellen Überlegungen zum Verkauf des Hauses von Frau Schumacher hat Frau Gehring einen Gesprächstermin mit ihrem Baufinanzierungsberater vereinbart, an dem Sie teilnehmen werden.

Nach einem ersten Blick in das Grundbuch bittet Sie der Baufinanzierungsberater, zur Vorbereitung auf das Kundengespräch die Grundbuchsituation zu analysieren.

Amtsgericht **Köln**	**Grundbuch von Frechen** Blatt 0266		**Erste Abteilung**
Laufende Nummer der Eintragungen	Eigentümer	Laufende Nummer der Grundstücke im Bestandverzeichnis	Grundlage der Eintragung
1	2	3	4
<u>1</u>	<u>Therese Schumacher, Konditorin, Frechen, Waldweg 3</u>	<u>1</u>	<u>Aufgelassen am 7. November 1996 Eingetragen am 29. November 1996</u> *Schmitz*
2	Anna Gehring, geb. Schumacher, 13.07.1967 –Anteil ½– Frank Schumacher, geb. 12.01.1965 –Anteil ½–	1	Aufgrund Erbscheins des Amtsgerichts Köln vom 26. Juli 2024 – 12 VI-123/93 – umgeschrieben am 05. August *Durweiler*

Amtsgericht **Köln**	Grundbuch von Frechen Blatt 0266		**Zweite Abteilung II**
Laufende Nummer der Eintragungen	Laufende Nummer der betroffenen Grundstücke im Bestands-verzeichnis	Lasten und Beschränkungen	
1	2	3	
<u>1</u>	<u>1</u>	<u>Das Recht der Aethylen-Rohrleitungs-Gesellschaft mbH & Co KG, Marl, auf den Bau, Betrieb und die Unterhaltung einer Fernleitung 30 A verbunden mit einer Bau-, Aufwuchs- und sonstigen Einwirkungs-beschränkung. Mit Bezug auf die Bewilligung vom 10. September 1995 eingetragen am 23. Oktober 1995.</u> _Schmitz Volkner_	
2	1	Wegerecht zugunsten des jeweiligen Eigentümers des im Grundbuch von Frechen, Blatt 0267, , Blatt 0267, verzeichneten Grundstücks, Gemarkung Frechen, Flur 12, Flurstück 243. Mit Bezug auf die Bewilli-gung vom 11. September 1994 eingetragen am 24. Oktober 1996. _Klärmann Krahe_	
3	1	Der Betrieb eines jeglichen Gewerbes ist zu unterlassen. Eingetragen zugunsten des jeweiligen Eigentümers des Grundstücks von Frechen, Flur 46, Flurstück 89/6. Mit Bezug auf die Bewilligung vom 11. Sep-tember 1994 eingetragen am 24. Oktober 1996. _Düsterhoff_	
<u>4</u>	<u>1</u>	<u>Wohnungsrecht für Hannelore Schumacher, Pulheim, Jussenhöhle 13, Eingetragen mit Bezug auf die Bewilligung vom 11. September 1996 am 24. Oktober 1996.</u> _Schmitz Volkner_	
5	1	Vorkaufsrecht für alle Verkaufsfälle zugunsten des jeweiligen Eigen-tümers des im Grundbuch von Frechen, Blatt 0267, verzeichneten Grundstücks, Gemarkung Frechen, Flur 12, Flurstück 243. Unter Bezugnahme der Bewilligung vom 8. Januar 2007. _Klärmann Krahe_	
6	1	Der Erbanteil des Frank Schumachers ist verpfändet an den Land-schaftsverband Rheinland. Eingetragen am 3. August 2007. _Klärmann Krahe_	
Laufende Nummer der Spalte 1	Veränderungen	Laufende Nummer der Spalte 1	Löschungen
		1,4	Löschung am 08.07.2012 _Düsterhoff_
6	Abtl. III, Nr. 3 hat Vorrang. Eingetra-gen am 03. August 2007 _Düsterhoff_		

Amtsgericht **Köln**		Grundbuch von Frechen Blatt 0266		**Dritte Abteilung**
Laufende Nummer der Eintragungen	**Betrag**	**Hypotheken, Grundschulden, Rentenschulden**		
1	2	3		
1 2	10 000,00 DM 30 000,00 DM	Darlehen mit 8 % v. H. Jahreszinsen für die Deutsche Landesrentenbank – Anstalt des öffentlichen Rechts – in Bonn. Unter Bezugnahme auf die Eintragungsbewilligung vom 29. April 1959/02. Mai 1959 gleichrangig untereinander – ohne Brief – eingetragen am 19. Dezember 1964. *Teibner Rosental*		
3	100 000,00 EUR	Einhunderttausend Euro Grundschuld mit 16 % p. a. Zinsen für die Rheinische Hypothekenbank AG. Vollstreckbar nach § 800 ZPO. Bezug: Bewilligung vom 08. Januar 2008. Das Recht hat Rang vor Abt. II Nr. 6. – brieflos – Eingetragen am 20. Mai 2008. *Düsterhoff*		
4	30 000,00 EUR	Dreissigtausend Euro Grundschuld mit 15 % p. a. Zinsen für die Bausparkasse Heimbau AG. Vollstreckbar nach § 800 ZPO. Vorbehalten bleibt der Vorrang für ein noch einzutragendes Grundpfandrecht von fünfzigtausend Euro nebst 18 % p. a. Zinsen. Bezug: Bewilligung vom 08. Mai 2017. – brieflos – Eingetragen am 14. Juli 2017. *Düsterhoff*		
5	50 000,00 EUR	Fünfzigtausend Euro Grundschuld mit 18 % p. a. Zinsen für die Regio-Bank AG. Vollstreckbar nach § 800 ZPO. Gemäß Bewilligung vom 28. Juli 2017 unter Ausnutzung des Rangvorbehaltes mit Rang vor dem Recht Abt. III Nr. 4 eingetragen am 15. September 2017. *Düsterhoff*		
Laufende Nummer der Spalte 1	**Veränderungen**		**Laufende Nummer der Spalte 1**	**Löschungen**
			1,2	Löschung am 08.07.2012 *Düsterhoff*

Erstellen Sie zur Vorbereitung auf das Kundengespräch eine

- Checkliste zur Übersicht über die Inhalte des Grundbuchs und eine
- Analyse der Grundbucheintragungen für Frau Gehring.

Information

Was wissen Sie bereits über das Grundbuch? Greifen Sie auf berufliche und private Erfahrungen zurück.

Planen und Entscheiden

Erstellen Sie einen Arbeits- und Zeitplan zu den einzelnen Arbeitsschritten.

Bearbeiten Sie die Unterlagen zu den Handlungsprodukten.

Durchführen

Checkliste zur Übersicht über die Inhalte des Grundbuchs

Definition des Grundbuchs	
Öffentlicher Glaube des Grundbuchs	
Form der Eintragungen in das Grundbuch	
Form der Löschungen im Grundbuch	

Grundbuchblatt für ein Grundstück		
Aufschrift		
Bestandsverzeichnis		
Abteilung I Eigentumsverhältnisse		
Abteilung II Lasten und Beschränkungen	**Grunddienstbarkeit** (§ 1018 ff. BGB)	Beispiele:

Durchführen

Grundbuchblatt für ein Grundstück			
Abteilung II Lasten und Beschränkungen	**Beschränkt persönliche Dienstbarkeit** (§ 1090 ff. BGB)		Beispiele:
	Nießbrauch (§ 1030 ff. BGB)		Beispiele:
	Reallast (§ 1105 ff. BGB)		Beispiele:
	Erbbaurecht (§ 1 ErbbauRG)		Beispiele:
	Vorkaufrecht (§ 1094 ff. BGB)		Beispiele:
	Vormerkung/ Verfügungsbeschränkung (z. B. § 883 ff. BGB)		Beispiele:
Abteilung III Grundpfandrechte	**Hypothek**		
	Grundschuld		

Durchführen

Grundbuchblatt für ein Grundstück		
Regeln für die gesetzliche Rangfolge von Grundbucheintragungen (§ 879 BGB)		
Vertragliche Rangfolge von Grundbucheintragungen	Rangänderung	
	Rangvorbehalt	

Analyse der Grundbucheintragungen für Frau Gehring

· Erläuterung der Eintragungen und Relevanz für den Wiederverkauf
· Prüfung der Reihenfolge der Eintragung

Kontrolle	Erläutern Sie Ihrem Partner/Ihrer Partnerin die Grundbuchsituation im Grundbuch für Frau Gehring und vergleichen Sie die Checklisten.
Bewerten	Überlegen Sie, warum der Gesetzgeber hohe formale Anforderungen an Grundbucheintragungen stellt.

Aufgaben zur Lernsituation

1. Rangordnung von Grundstücksbelastungen

Im Grundbuch von Rondorf, Grundbuchblatt 1649, Flur 8, Flurstück 360, sind u. a. folgende Eintragungen verzeichnet:

Bestandsverzeichnis
Wegerecht an dem Grundstück Gemarkung Rondorf, Flur 8, Flurstück 361, eingetragen in Blatt 1647 in Abteilung II Nr. 5.

Zweite Abteilung
Lasten und Beschränkungen
Lfd. Nr. 1 Monatliche Geldrente in Höhe von 1 200,00 EUR für Renate Hüsch, geb. Heinrich, löschbar bei Todesnachweis. Unter Bezugnahme auf letztwillige Verfügung eingetragen am 26.03.2007.
Lfd. Nr. 2 Recht zur Unterhaltung eines Abwasserkanals für den jeweiligen Eigentümer des Grundstücks Gemarkung Rondorf, Grundbuchblatt 1648, Flur 8, Flurstück 362. Unter Bezugnahme auf die Bewilligung vom 15.01.2018 eingetragen am 23.02.2018.
Lfd. Nr. 3 Recht der Rheinisch-Westfälische Elektrizitätswerke AG zur Auslegung und Unterhaltung einer Hochspannungsleitung. Unter Bezugnahme auf die Bewilligung vom 14.03.2018 eingetragen am 20.06.2018.
Lfd. Nr. 4 Vormerkung zur Sicherung des Anspruchs auf Eigentumsübertragung für Klaus Leesten, geb. 16.03.1970. Vorbehalten bleibt der Vorrang für ein noch einzutragendes Grundpfandrecht in Höhe von 160 000,00 EUR. Unter Bezugnahme auf die Bewilligung vom 16.01.2022 eingetragen am 25.01.2022.
Veränderungen
Das Recht Abteilung II/2 hat dem Recht Abteilung III/1 den Vorrang eingeräumt. Eingetragen am 16.03.2018.

Dritte Abteilung
Hypotheken, Grundschulden, Rentenschulden
Lfd. Nr. 1 Achtzigtausend Euro Buchgrundschuld mit 18 % Jahreszinsen für die Regio-Bank AG mit Rang vor der Position in Abteilung II Nr. 2. Mit Bezug auf die Bewilligung vom 20.01.2018 eingetragen am 16.03.2018.
Lfd. Nr. 2 Einhundertsechzigtausend Euro Grundschuld für die Bausparkasse Schönbrunn unter Ausnutzung des Rangvorbehalts mit Rang vor dem Recht Abteilung II Nr. 4. Unter Bezugnahme auf die Bewilligung vom 25.03.2022 eingetragen am 04.05.2022.

a) Stellen Sie fest, um welche Belastungen es sich bei den Eintragungen in der zweiten Abteilung des Grundbuches handelt.
Belastungen

(1) beschränkt persönliche Dienstbarkeit
(2) Grunddienstbarkeit
(3) Nießbrauch
(4) Reallast
(5) Auflassungsvormerkung

Tragen Sie die jeweils zutreffende Ziffer in das Kästchen ein.

Lfd. Nr. 1	Lfd. Nr. 2	Lfd. Nr. 3	Lfd. Nr. 4

b) Stellen Sie die Rangfolge der Grundstücksbelastungen fest.

1. Rang	
2. Rang	
3. Rang	
4. Rang	

2. Lasten und Einschränkungen

Stellen Sie fest, um welche Belastungen es sich bei den folgenden Grundbucheintragungen jeweils handelt.

Belastungen
(1) beschränkt persönliche Dienstbarkeit
(2) Grunddienstbarkeit
(3) Reallast
(4) Nießbrauch
(5) Auflassung
(6) Auflassungsvormerkung
(7) Erbbaurecht
(8) Vorkaufsrecht

Grundbucheintragungen

a) Zahlung von monatlich 800,00 EUR an Ulrich Becker, geb. 12.07.1962　☐

b) Wegerecht für den jeweiligen Eigentümer des Grundstückes in der Gemarkung Lövenich, Flur 12, Nr. 1482　☐

c) Recht zur Sicherung des Eigentumserwerbes zugunsten von Claudia Pohl, geb. 04.02.1975　☐

d) Leitungsrecht zugunsten der Deutsche Telekom AG　☐

e) Recht der Elton AG, ein Gebäude auf dem Grundstück zu errichten und zu nutzen　☐

f) Maria Chakowski, geb. 23.05.1958, hat das Recht, alle Nutzungen aus dem Grundstück zu ziehen　☐

1.2 Clara und Oskar Nowak wird es zu eng – sie möchten ein Eigenheim kaufen

Situationsbeschreibung

Die Eheleute Clara und Oskar Nowak, 36 und 38 Jahre alt, bewohnen zusammen mit ihrer zweijährigen Tochter Anne eine Drei-Zimmer-Wohnung in Kiel. Sie möchten mit ihrer Tochter an den Stadtrand ziehen und dort ein Einfamilienhaus erwerben, da ihre Wohnung zu klein geworden ist und sie für ihre Tochter gerne einen Garten hätten.

Nach längerer Suche wird ihnen von einem Makler ein Einfamilienhaus am Stadtrand angeboten. Nach der ersten Besichtigung sind sie begeistert. Das Haus ist erst zehn Jahre alt und soll 395 000,00 EUR kosten. Die Eheleute sind handwerklich versiert und überlegen bereits, welche Änderungen sie vornehmen möchten. Sie haben hierzu einen Aufwand von 30 000,00 EUR geschätzt. Zudem möchten die Eheleute Eigenmittel in Höhe von 140 000,00 EUR einbringen.

Ein Auszug aus dem Exposé:

Dieses freistehende Einfamilienhaus mit Garage in Toplage wird Sie begeistern. Die Grundstücksgröße beeindruckt mit 500 m², die Wohnfläche mit ca. 144 m². Die Immobilie verfügt über eine sehr gute Bausubstanz. Eine Investition in die Zukunft, die sich lohnt. Nutzen Sie die Gelegenheit und werden Sie Eigentümer Ihres freistehenden Traumhauses!

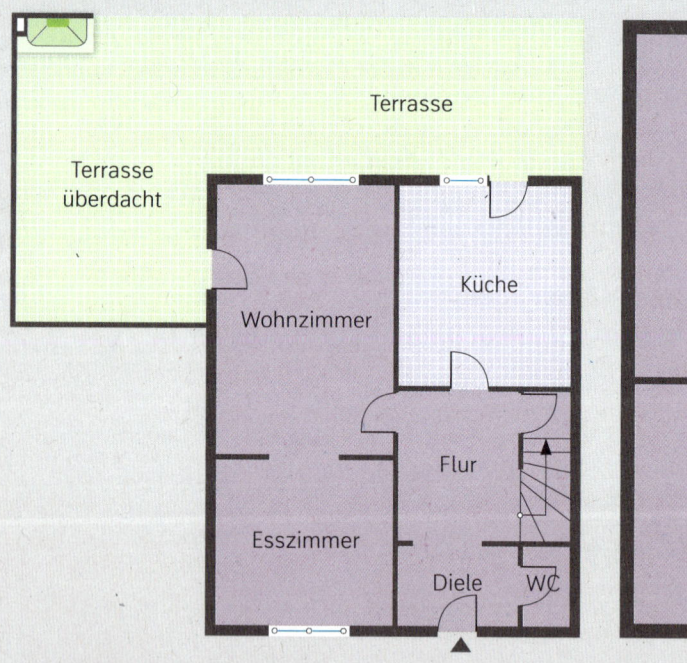
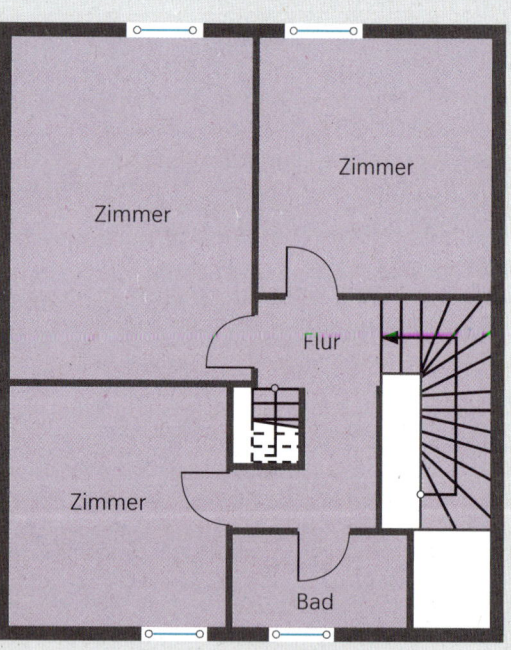

Ausstattung:

☑ Massivbauweise mit Klinkerfassade ☑ Garage ☑ 2-fach Verglasung ☑ Gaszentralheizung

☑ Dach+ Dämmung+ Dachfenster 2017 ☑ hochwertige Außenanlagen ☑ ....

Nebenkosten bei Erwerb der Immobilie	
Grunderwerbsteuer:	6,5 %
Maklergebühren für den Käufer:	3,57 %
Notarkosten:	1,5 %
Grundbucheintragung:	0,5 %

Der Makler hat den Eheleuten auch eine Finanzierung angeboten. Clara und Oskar Nowak würden jedoch bei einem vergleichbaren Angebot gerne bei Ihrem Ausbildungsinstitut finanzieren. Sie sind allerdings unsicher, ob sie sich dieses Haus überhaupt leisten können. Zudem wissen sie nicht, ob der Preis marktgerecht ist, da in dieser Gegend nur selten vergleichbare Häuser verkauft werden.

In einem ersten Telefonat haben Sie die Eheleute über die Kreditwürdigkeitsprüfung und die einzureichenden Unterlagen informiert. Die Eheleute haben Ihnen folgende Angaben zu der monatlichen Haushaltssituation gemacht:

Nettoeinkommen Oskar Nowak als angestellter Ingenieur:	2 900,00 EUR
Nettoeinkommen Clara Nowak als selbstständige Physiotherapeutin (zzt. Teilzeit):	1 700,00 EUR
2 Pkw (inkl. Versicherung, Steuern):	400,00 EUR
Hund:	100,00 EUR
Miete (warm):	1 100,00 EUR
Versicherungen:	200,00 EUR

Zudem werden Sie den Kunden in den nächsten Tagen eine E-Mail mit den Angaben zur Objektbewertung schicken.

Bereiten Sie sich auf das Beratungsgespräch vor und erstellen Sie im Vorfeld eine

- Übersicht zu den Verbraucherschutzvorschriften bei Immobiliar-Verbraucherdarlehen
- Beurteilung der Kreditwürdigkeit
- Ermittlung des Beleihungswerts der Immobilie
- Berechnung des Finanzierungbedarfs

Information

- Welche Unterlagen würden Sie von den Eheleuten zur Kreditwürdigkeitsprüfung einfordern? Begründen Sie, wozu Sie die einzelnen Unterlagen benötigen.

_____

_____

_____

_____

_____

_____

- Hatten Sie bereits beruflich oder privat mit Immobilienfinanzierungen zu tun? Notieren Sie Ihre Kenntnisse!

_____

_____

_____

_____

Erstellen Sie einen Arbeits- und Zeitplan.

Planen und Entscheiden

Was?	Wer?	Wann?	Wozu?

Durchführen

Bearbeiten Sie die Unterlagen zu den Handlungsprodukten.

Übersicht zu den Verbraucherschutzvorschriften bei einem Immobiliar-Verbraucherdarlehen

Pflicht zur Beratungsleistung (§ 511 Abs. 1 BGB, Art. 247 § 1, Abs. 18 EGBGB)	
Prüfung der Kundensituation und der Geeignetheit von Produkten (§ 511 Abs. 2 BGB)	
Produktempfehlung und Produktangebot (§ 511 Abs. 3 BGB, Art. 247 § 1 Abs. 1 EGBGB)	
Pflicht zur Kreditwürdigkeitsprüfung (§ 18a KWG, § 505a, b BGB)	
Verbot von Kopplungsgeschäften (§ 492a, b BGB)	

Durchführen

Widerrufs-informationen (§ 495, 355,356b BGB)	

Beurteilung der Kreditwürdigkeit

Kreditwürdigkeit bei Immobiliar-Verbraucherdarlehen (§ 18a KWG, § 505 BGB)	
Unterlagen	
Dokumentations-pflicht (§ 505b BGB)	
Besondere Anforderung bei Immobiliar-Verbraucher-darlehen	

Haushaltsrechnung der Eheleute Nowak			
Monatliche Einnahmen	Betrag	Monatliche Ausgaben	Betrag
Gesamteinnahmen		Gesamtausgaben	

Berechnung des frei verfügbaren Einkommens

Durchführen

Kriterien, die zur Prüfung der persönlichen Kreditwürdigkeit herangezogen werden

Ereignisse, die in zukünftigen Lebensphasen während der Kreditlaufzeit die Zahlungsfähigkeit der Kunden positiv und negativ beeinflussen könnten

Ermittlung des Beleihungswerts der Immobilie

Beleihungswertermittlung	
Unterlagen	
Definitionen zur Beleihungswertermittlung	
Verkehrswert	
Beleihungswert	
Beleihungsgrenze	
Realkredit	
Beleihungsauslauf	

Verfahren nach Beleihungswertermittlungsverordnung (§ 9 BelWertV)	
	Sachwert	Ertragswert
Anwendung bei		

	Sachwert	Ertragswert
Definition		

Durchführen

Die Eheleute Nowak haben Ihnen die Unterlagen per E-Mail geschickt. Aus den Unterlagen gehen die folgenden Daten hervor:

Grundstücksgröße . . . . 500 m²

Preis pro m² lt. Bodenrichtwertkarte . . . . 270,00 EUR

Baukosten Haus je m³ . . . . 360,00 EUR

Garage je m³ . . . . 130,00 EUR

Umbauter Raum Haus . . . . 730 m³

Umbauter Raum Garage . . . . 40 m³

Altersabschreibung . . . . .1,25 % je Jahr

Kosten der Außenanlagen . . . . 5 %

Sicherheitsabschlag . . . . 10 %

Baunebenkosten . . . . 15 %

Ermittlung des Sachwertes

1. Bodenwert (einschl. Erschließungskosten)

	Fläche in m²	Preis/m²	Bodenwert
Gebäude- und Freifläche			

2. Wert der baulichen Anlage

	umbauter Raum	Preis/m³	
Wohnhaus	m³		
Garage	m³		
Herstellungswert vor Abschreibung			
– Wertminderung wegen Alters			
Abschreibungssatz	% p.a.	für .... Jahre =	
Herstellungswert nach Abschreibung			
+ Außenanlagen		%	
Herstellungswert einschl. Außenanlagen			
– Sicherheitsabschlag		%	
Herstellungswert einschl. Außenanlagen nach Sicherheitsabschlag			
+ Baunebenkosten		%	
Wert der baulichen Anlage			

3. Sachwert (Bodenwert und Wert der baulichen Anlage)

Durchführen

Berechnung des Finanzierungsbedarfs

Ermittlung der Gesamtkosten und des Kreditbedarfs

Kontrolle

Stellen Sie Ihre Ergebnisse vor und vergleichen Sie.

Bewerten

Überlegen Sie, warum der Gesetzgeber strengere Vorgaben an die Kreditwürdigkeitsprüfung von Verbraucher-Immobiliardarlehen macht als bei Allgemein-Verbraucherdarlehensverträgen.

Aufgaben zur Lernsituation

1. Immobiliar-Verbraucherdarlehen

Felix Neubauer möchte in Köln eine Eigentumswohnung zur Selbstnutzung erwerben. Sie beraten den Kunden über die Finanzierung des Objektes.

Stellen Sie fest, welche der folgenden Aussagen zutreffend ist.

(1) Das Kreditinstitut muss dem Darlehensnehmer unmittelbar nach dem Vertragsabschluss alle wichtigen Vertragsinformationen in Textform auf dem „Europäischen Standardisierten Merkblatt" (ESIS-Merkblatt) übermitteln.

(2) Wenn der Darlehensnehmer vor dem Vertragsabschluss über sein Widerrufsrecht informiert wurde, kann er den Vertrag innerhalb von 14 Tagen nach Vertragsabschluss widerrufen.

(3) Wenn der Darlehensnehmer unmittelbar nach dem Vertragsabschluss über sein Widerrufsrecht informiert wurde, kann er den Vertrag innerhalb von einem Jahr nach Vertragsabschluss widerrufen.

(4) Bei einem Immobiliar-Verbraucherdarlehensvertrag gilt der Darlehensnehmer als kreditwürdig, wenn keine erheblichen Zweifel daran bestehen, dass er seine Verpflichtungen vertragsgemäß erfüllen kann.

(5) Wenn der Kunde auf eine Beratung verzichten möchte, darf das Kreditinstitut dem Kunden erst nach einem schriftlichen Warnhinweis ein Darlehen anbieten.

2. Wertemittlung von Immobilien

Bei der grundpfandrechtlichen Besicherung von Baudarlehen ist der Wert einer Immobilie zu ermitteln.
Stellen Sie fest, ob sich die unten stehenden Aussagen auf …

(1) den Verkehrswert,
(2) den Sachwert,
(3) den Ertragswert oder auf
(4) den Vergleichswert
der Immobilie beziehen.

a) Dieser Wert setzt sich zusammen aus dem Bauwert und dem Bodenwert. ☐

b) Bei diesem Wert handelt es sich um den aktuellen Marktwert der Immobilie. ☐

c) Bei der Ermittlung dieses Wertes wird ein Kapitalisierungszinssatz zugrunde gelegt. ☐

d) Zur Ermittlung dieses Wertes sind Kaufpreise von Grundstücken hinzuzuziehen, die hinsichtlich
    der ihren Wert beeinflussenden Merkmale mit dem zu bewertenden Grundstück weitgehend
    übereinstimmen. ☐

e) Dieser Wert ist bei vermieteten Objekten von vorrangiger Bedeutung. ☐

f) Bei diesem Wert fließen die auf der Grundlage des amtlichen Baukostenindexes ermittelten Raummeter-
    preise in die Berechnung mit ein. ☐

3. Zubehör und wesentliche Bestandteile eines Grundstücks

Ein notleidendes Darlehen an Dr. med. Lukas Bausen ist durch eine Grundschuld gesichert. Bei der Verwertung von Grundpfandrechten ist von Bedeutung, ob eine Sache wesentlicher Bestandteil oder Zubehör eines
Grundstückes ist.

Stellen Sie bei nachfolgenden Aussagen jeweils fest, ob sie
(1) nur auf wesentliche Bestandteile,
(2) nur auf Zubehör,
(3) sowohl auf wesentliche Bestandteile als auch auf Zubehör,
(4) weder auf wesentliche Bestandteile noch auf Zubehör,
zutreffen.

Aussagen

a) Auf dem Grundstück befindet sich ein Wohngebäude mit Arztpraxis. ☐

b) Der Arzt besitzt einen Pkw, den er ausschließlich privat nutzt. ☐

c) In der Arztpraxis befindet sich ein Röntgengerät, das unter Eigentumsvorbehalt geliefert wurde.
    Der Kaufpreis wurde noch nicht bezahlt ☐

d) Das Mobiliar in der Arztpraxis wurde mit einem Bankkredit finanziert. ☐

e) Rechte Dritter an einer Sache gehen unter, wenn die Sache mit dem Grundstück fest verbunden wird. ☐

f) Obwohl die bewegliche Sache dem wirtschaftlichen Zweck des Grundstückes dient, kann sie ein anderes
    Rechtsschicksal als das Grundstück haben. ☐

g) Diese Sachen können durch ein Grundpfandrecht belastet sein. ☐

4. Grundbuch, Liegenschaftsbuch und Flurkarte

Im Rahmen einer Baufinanzierung bitten Sie den Antragsteller um Vorlage eines Grundbuchauszuges, eines Auszugs aus dem Liegenschaftsbuch und um Vorlage einer Flurkarte.

Stellen Sie fest, welche der folgenden Aussagen zutreffend ist.

(1) Alle Angaben im Grundbuch genießen öffentlichen Glauben.

(2) Das Liegenschaftsbuch gibt Auskunft über die Größe, Lage und Nutzungsart eines Grundstückes.

(3) Das Liegenschaftsbuch wird beim Amtsgericht geführt.

(4) Aus der Flurkarte ist die genaue Größe des Grundstückes ersichtlich.

(5) Die Einsichtnahme in das Grundbuch, in das Liegenschaftsbuch und in die Flurkarte ist nur bei Nachweis eines berechtigten Interesses gestattet.

1.3 Die Entscheidung ist gefallen: Clara und Oskar Nowak finanzieren ihr Eigenheim

Situationsbeschreibung

Die Eheleute Clara und Oskar Nowak haben sich entschlossen, das Eigenheim am Stadtrand von Kiel zu kaufen.

Aufgrund der im ersten Telefonat und in E-Mails gemachten Angaben konnten Sie bereits die Kreditwürdigkeit feststellen und ein frei verfügbares Einkommen von maximal 2 500,00 EUR monatlich berechnen.

Zur Finanzierung des Objektes möchten die Eheleute Nowak Darlehen über insgesamt 335 000,00 EUR aufnehmen. Als Beleihungswert haben Sie 390 000,00 EUR ermittelt.

Nun möchten Sie den Eheleuten ein konkretes Finanzierungsangebot unterbreiten. Interessant ist für die Eheleute Nowak zudem eine Finanzierung mit staatlicher Förderung über die KfW-Bank. Auch bezüglich der Belastungen haben die Eheleute konkrete Vorstellungen: Sie möchten monatlich circa 500,00 EUR als finanzielle Reserve behalten, da sie sich in ihrer Freizeit und in ihrer Reisetätigkeit nicht einschränken möchten.

Erstellen Sie zur Vorbereitung des Beratungsgespräches folgende Unterlagen:

- Finanzierungsangebot
- Handout mit Begriffen zum Immobiliar-Verbraucherdarlehen
- Informationsschrift zur grundpfandrechtlichen Besicherung
- Checkliste für den Beratungsablauf.

Führen Sie das Beratungsgespräch.

- Informieren Sie sich über die Finanzierungskonditionen in Ihrem Ausbildungsinstitut und über mögliche staatliche Wohnförderprogramme (z. B. KfW-Darlehen).
- Halten Sie für Sie besonders wichtige Beobachtungskriterien für das Beratungsgespräch fest.

Information

- Halten Sie die Arbeitsschritte sachlich und zeitlich fest.
- Einigen Sie sich auf fünf Beobachtungskriterien im anschließenden Beratungsgespräch.

Planen und Entscheiden

Beobachtungskriterien

Durchführen

Bearbeiten Sie die Unterlagen zu den Handlungsprodukten.

Finanzierungsangebot

Handout mit Begriffen zum Immobiliar-Verbraucherdarlehen

Zinsbindung	
Effektiver Jahreszins	
Disagio	
Bereitstellungs-zinsen	
Sondertilgungen	
Vorzeitige Rückzah-lungsmöglichkeiten	

Darlehensarten		
Annuitätendarlehen	Abzahlungsdarlehen	Festdarlehen
Skizze:	Skizze:	Skizze:

KfW-Darlehen	
Merkmale	
Beantragung	
KfW-Programme	

Durchführen

Finanzierungsvorschlag für das Ehepaar Nowak

(leere Linien zum Ausfüllen)

Informationsschrift zur grundpfandrechtlichen Besicherung

Grundpfandrecht	

Hypothek (§ 1113 ff. BGB)	Grundschuld (§ 1191 ff. BGB)

Umfang der Haftung	

Briefgrundschuld	
Buchgrundschuld	
Formvorschrift	
Inhalt der Grund-schuldbestel-lungsurkunde (Außenverhältnis)	
Inhalt der Sicherungs-zweckerklärung (Innenverhältnis)	
Dinglicher Zins	
Zwangsvollstre-ckungsklauseln	

Durchführen

Durchführen

Löschungs-bewilligung	
Eigentümer-grundschuld	

Checkliste für den Beratungsablauf

Geplante Strukturierung

Führen Sie das Beratungsgespräch.

Beobachter/-innen des Gesprächs nutzen den auf Seite 143 abgebildeten Beobachtungs-bogen.

Kontrolle

- Reflektieren Sie das Beratungsgespräch unter besonderer Berücksichtigung von Ihnen vorab gewählter Beobachtungskriterien.
- Klären Sie inhaltliche Fragen, die offen geblieben sind.

Bewerten

- Bewerten Sie den Arbeitsprozess und die Arbeitsergebnisse.
- Welche Beobachtungskriterien möchten Sie für sich persönlich stärker betrachten?

Aufgaben zur Lernsituation

1. Abwicklung einer Grundschuldbestellung

Zur Finanzierung des Erwerbs ihrer Maisonette-Wohnung, Kaufpreis 235 000,00 EUR, benötigt Frau Monika Graf ein langfristiges Darlehen in Höhe von 120 000,00 EUR.

Die Regio-Bank AG ist bereit, ihr ein grundschuldgesichertes Annuitätendarlehen in der gewünschten Höhe zu gewähren.

Der Kredit wird vereinbarungsgemäß abgewickelt:

05.06.:	Vereinbarung der Kreditmodalitäten und Abschluss des Kreditvertrages mit schuldrechtlicher Sicherungsvereinbarung in der Regio-Bank AG
15.06.:	Notarielle Einigung über die Grundschuldbestellung
20.07.:	Eintragung der Grundschuld im Grundbuch
22.07.:	Eintragungsbestätigung des Notars und Aushändigung des neuen Grundbuchauszuges und des Grundschuldbriefes an Frau Graf
24.07.:	Übergabe des Grundschuldbriefes an die Regio-Bank AG
26.07.:	Valutierung des Darlehens

a) Stellen Sie fest, an welchem Tag

Tag | Monat

   aa) die Sicherungsgrundschuld entstanden ist,

Tag | Monat

   ab) die Regio-Bank AG die Sicherungsgrundschuld erworben hat.

Im Grundbuch von Monika Graf ist folgende Grundschuld eingetragen:

Einhundertzwanzigtausend Euro Grundschuld mit 15 % p. a. Zinsen für die Regio-Bank AG. Vollstreckbar nach § 800 ZPO.
Gemäß Bewilligung vom 15.06.20..; eingetragen am 20.07.20..

b) Welche der folgenden Aussagen zur Grundschuld ist zutreffend?

   (1) Die Grundschuld ist akzessorisch.
   (2) Das Darlehen der Regio-Bank AG wurde zu einem Zinssatz von 15 % p. a. gewährt.
   (3) Im Fall der Verwertung muss die Regio-Bank AG die Höhe der tatsächlichen Forderung beweisen.
   (4) Zur Zwangsvollstreckung in das Grundstück benötigt die Regio-Bank AG keinen weiteren vollstreck-baren Titel.
   (5) Zur Löschung der Grundschuld muss der Kreditnehmer einen Nachweis über die vollständige Rückzahlung des Kredites beim Amtsgericht vorlegen.

2. Tilgung von Bauspardalehen

Ein Bausparvertrag über 60 000,00 EUR, der zu 60 % angespart wurde, wird zugeteilt. Die Darlehenszinsen betragen 4,5 % p. a. Der monatliche Kapitaldienst (Zins- und Tilgungsleistung) beträgt 6 ‰ der Bauspar-summe.

Ermitteln Sie den anfänglichen Tilgungssatz in Prozent für das Bauspardarlehen.   %

3. Grundschuldhaftungsverbund

Die Sanierung und Erweiterung des Agrippina Centers, einer Geschäftsimmobilie der Agrippa GmbH, wurde durch einen Realkredit der Regio-Bank AG finanziert.

Zur Sicherung des Darlehens wurde das Grundstück, auf dem das Agrippina Center gelegen ist, mit einer Grundschuld belastet.

Stellen Sie fest, ob und gegebenenfalls in welcher Weise die unten stehenden Vermögenswerte für die Grundschuld haften.

Haftung

(1) Der Vermögenswert haftet, weil er wesentlicher Bestandteil des Grundstückes ist.
(2) Der Vermögenswert haftet, weil er Zubehör des Grundstückes ist.
(3) Der Vermögenswert haftet aufgrund anderer gesetzlicher Bestimmungen.
(4) Der Vermögenswert haftet nicht.

Vermögenswerte

a) *Die Agrippa GmbH hat im Eingangsbereich ein Kinderkarussell zur Unterhaltung der kleinen Gäste aufgestellt.*

b) *Die neu installierte Rolltreppe wurde vom Hersteller unter Eigentumsvorbehalt geliefert. Die Rechnung wurde von der Agrippa GmbH noch nicht bezahlt.*

c) *In den Verwaltungsräumen der Agrippa GmbH stehen Büromöbel.*

d) *Die Fun & Fit GmbH betreibt im Agrippina Center ein Fitnesscenter, in dem sich Sportgeräte befinden.*

e) *Die Fun & Fit GmbH zahlt an die Agrippa GmbH eine monatliche Miete von 3 500,00 EUR.*

f) *Die Fun & Fit GmbH hat auf eigene Kosten im Außenbereich einen Swimmingpool für 50 000,00 EUR angelegt.*

g) *In der von Julia Müller angemieteten Privatwohnung befinden sich wertvolle Antiquitäten.*

1.4 Die Eheleute Klausen bauen ein Mehrfamilienhaus

Situationsbeschreibung

Christine und Michael Klausen, langjährige Kunden Ihres Hauses, haben um einen Beratungstermin gebeten, um die Finanzierung eines Mehrfamilienhauses in Merzhausen zu besprechen. Merzhausen liegt südlich von Freiburg und ist dank der verkehrsgünstigen Lage ein attraktiver Wohnort für den südlichen Schwarzwald. Es gibt nur wenig Mietangebote, sodass von einer sehr guten Stadtrandlage gesprochen werden kann.

Herr Klausen ist Architekt und möchte ein Mehrfamilienhaus mit drei Wohneinheiten bauen. Den Eheleuten schwebt vor, im Alter eine der Wohnungen selbst zu nutzen und zunächst alle Wohnungen zu vermieten. Ein passendes Grundstück ist ihnen für 250 000,00 EUR angeboten worden. Die Eheleute haben Eigenmittel, sind sich aber unschlüssig, inwieweit diese zur Finanzierung genutzt werden sollen. Auch hat Herr Klausen aufgrund seines Berufs keine Sorgen bezüglich des Objektbaus, jedoch sind die Eheleute in Fragen der Vermietung unerfahren.

Die Kundenberaterin hat während des Telefonats mit Frau Klausen einige Daten mitgeschrieben. Da sie einen Außentermin wahrnehmen muss, bittet sie Sie, eine erste Zusammenstellung für das anstehende Beratungsgespräch mit den Eheleuten Klausen vozunehmen und übergibt Ihnen ihre Mitschrift mit eigenen Notizen.

Sie bereiten für die Beraterin eine Gesprächsgrundlage vor.

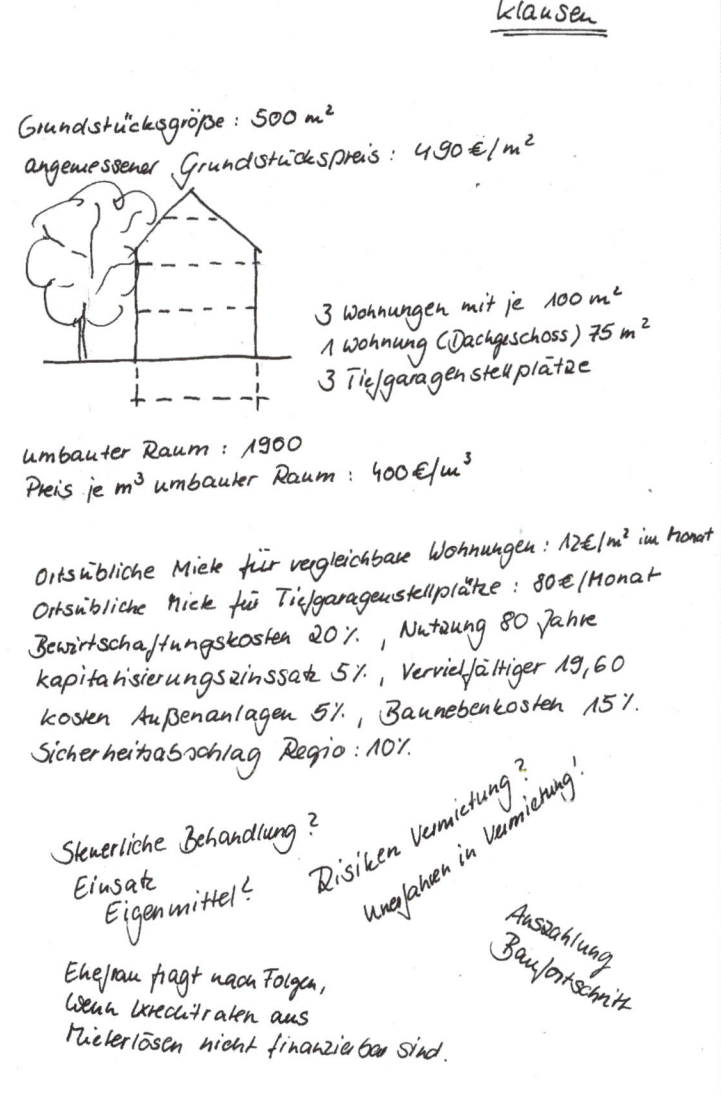

Klausen

Grundstücksgröße : 500 m²
angemessener Grundstückspreis : 490 €/m²

3 Wohnungen mit je 100 m²
1 Wohnung (Dachgeschoss) 75 m²
3 Tiefgaragenstellplätze

umbauter Raum : 1900
Preis je m³ umbauter Raum : 400 €/m³

Ortsübliche Miete für vergleichbare Wohnungen : 12 €/m² im Monat
Ortsübliche Miete für Tiefgaragenstellplätze : 80 €/Monat
Bewirtschaftungskosten 20 % , Nutzung 80 Jahre
Kapitalisierungszinssatz 5 % , Vervielfältiger 19,60
Kosten Außenanlagen 5 % , Baunebenkosten 15 %
Sicherheitsabschlag Regio : 10 %

Steuerliche Behandlung ?
Einsatz Eigenmittel ?
Risiken Vermietung ?
unerfahren in Vermietung !
Auszahlung Baufortschritt

Ehefrau fragt nach Folgen, wenn Kreditraten aus Mieterlösen nicht finanzierbar sind.

Zur Vorbereitung auf das Kundengespräch erstellen Sie folgende Unterlagen:

- Beleihungswertermittlung
- Informationsschrift zu den bereits im Gespräch thematisierten Stichpunkten

Information

Klären Sie, ob Sie alle Begriffe auf der Mitschrift der Beraterin kennen.

Planen und Entscheiden

Ordnen Sie die Inhalte der Mitschrift und halten Sie die einzelnen Arbeitsschritte fest.

Durchführen

Bearbeiten Sie die Unterlagen zu den Handlungsprodukten.

Beleihungswertermittlung

Bei sogenannten Renditeobjekten (z. B. Mehrfamilienhäusern) ist der Ertragswert die wertbestimmende Größe.

Begriffe zum Ertragswertverfahren	
Gespaltenes Ertragswertverfahren	
Kapitalisierungszinssatz	
Vervielfältiger	
Ertragswert > Sachwert (§ 4 Abs. 3 BelWertV)	

Ertragswert der Immobilie der Eheleute Klausen

Ermittlung des Gebäudereinertrags p. a.

Wohnfläche m²		Mietpreis je m² in EUR		Mietrohertrag p. a. in EUR	
Garagen Anzahl		Mietpreis je Garage in EUR		Mietrohertrag p. a. in EUR	
Jahresrohertrag gesamt				EUR	
– Bewirtschaftungskosten	%			EUR	
= Mietreinertrag p. a.				EUR	
– 5 % Bodenwertverzinsung von	EUR			EUR	
= Gebäudereinertrag				EUR	

Ermittlung des Ertragswertes

Kapitalisierung des Gebäudereinertrages zu		%	
Vervielfältiger		EUR	
+ Bodenwert		EUR	
Ertragswert EUR (Gebäude- und Bodenertragswert)		EUR	

Sachwertberechnung zum Vergleich aufgrund § 4 Abs. 3 BelWertV

Sachwert

I. Bodenwert

	m²		EUR/ m²	EUR	

II. Bauwert

	m³ umbauter Raum		EUR/ m³	EUR	
– Abschreibungen				EUR	
= Bauwert nach Abschreibungen				EUR	
+ Kosten für Außenanlagen		%		EUR	
				EUR	
– Sicherheitsabschlag		%		EUR	
				EUR	
+ Baunebenkosten		%		EUR	
= Wert der baulichen Anlage				EUR	
Sachwert (Bau- und Bodenwert)				EUR	

Durchführen

Vorschlag für den Beleihungswert (auf volle Tausender abgerundet)	
Begründung	

Informationsschrift zu den bereits im Gespräch thematisierten Stichpunkten

Kontrolle

- Vergleichen Sie die Ermittlung des Beleihungswerts.
- Begeben Sie sich in die Beraterrolle und geben Ihrem Partner/Ihrer Partnerin wechselseitig Auskunft zu den von der Kundin angesprochenen Stichworten.

Bewerten

In einem Praxistest zur Baufinanzierung wurde die Beratungsleistung der Banken stark kritisiert.

Nur knapp ein Viertel der Banken und Kreditvermittler beraten gut

Ob Haus oder Wohnung, für Immobilienkäufer ist eine gute Beratung die Ausnahme. Im Praxistest zur Baufinanzierung wurden bei vielen der getesteten Banken und Kreditvermittlern erhebliche Mängel festgestellt. Zum Teil gab es beträchtliche Finanzierungslücken in der Berechnung, es wurden aber auch teilweise zu hohe Kreditraten berechnet. In zahlreichen Angeboten fehlten wichtige Informationen über die Restschuld oder die Möglichkeit von Sondertilgungen. Der Praxistest ergab zudem, dass einige Kredite viel zu teuer waren.

Wo sehen Sie die größten Schwierigkeiten zwischen einem Angebot des Bankberaters bzw. der Bankberaterin und dem Kundenwunsch?

Aufgaben zur Lernsituation

Beleihungswert eines Mehrfamilienhauses

Ermitteln Sie den Sachwert und den Ertragswert für ein Mehrfamilienhaus auf der Grundlage der in dem nachstehenden Schema aufgeführten Daten und unterbreiten Sie einen Vorschlag für den Beleihungswert.

Ermittlung des Beleihungswertes

I. Ermittlung des Sachwertes

1. Bodenwert (einschl. Erschließungskosten)

	Fläche in m²	Preis/m²	Bodenwert
Gebäude- und Freifläche	540	420,00 EUR	....

2. Wert der baulichen Anlage

	umbauter Raum	Preis/m³	Neuwert
Herstellungswert vor Abschreibung	1 780 m³	340,00 EUR	....
– Wertminderung wegen Alters			
gesamte Nutzungsdauer	80 Jahre		
Restnutzungsdauer	65 Jahre		
Abschreibungssatz p. a. (linear)	.... % Abschreibung	.... %	....
Herstellungswert nach Abschreibung			....
+ Außenanlagen (max. 5 % des Herstellungswertes)		5,00 %	....
Herstellungswert einschl. Außenanlagen			....
–Sicherheitsabschlag (mind. 10 %)		10,00 %	....
Herstellungswert einschl. Außenanlagen nach Sicherheitsabschlag			....
+ Baunebenkosten (max. 20 % der Herstellungskosten)		15,00 %	....
Wert der baulichen Anlage			....

3. Sachwert (Bodenwert und Wert der baulichen Anlage)   ....

II. Ermittlung des Ertragswertes

1. Ermittlung des jährlichen Reinertrages

Jahresrohertrag (Mieteinnahmen pro Jahr)	43 200,00 EUR

2. Bewirtschaftungskosten (mind. 15 % des Jahresrohertrages)

a) Verwaltungskosten	1 820,00 EUR
b) Instandhaltungskosten	4 500,00 EUR
c) Mietausfallrisiko (mind. 2 % vom Jahresrohertrag)	1 400,00 EUR
d) Betriebskosten (nicht durch Umlagen gedeckt)	900,00 EUR
e) Modernisierungsrisiko	0,00 EUR
Summe der Bewirtschaftungskosten	....
Bewirtschaftungskosten in % des Jahresrohertrages	....
Jahresreinertrag	....
–Bodenwertverzinsung: 4,0 % von	....
Gebäudereinertrag	....

3. Ermittlung des Ertragswertes

Kapitalisierung des Gebäudereinertrages zu 4,0 % bei 65 Jahren Restnutzungsdauer	
Vervielfältiger 22,11	....
+ Bodenwert	....
Ertragswert (Gebäude- und Bodenertragswerte)	....

Vorschlag für den Beleihungswert   ....
(auf volle TEUR abgerundet)

1.5 Sebastian Runge kauft eine Eigentumswohnung

Situationsbeschreibung

Sebastian Runge, 35 Jahre, IT-Kaufmann, möchte eine Eigentumswohnung in der Innenstadt von Bad Bentheim zum Preis von 180 000,00 EUR erwerben. Einschließlich aller weiteren anfallenden Kosten rechnet er mit einem Gesamtaufwand von circa 220 000,00 EUR.

Herr Runge hat Ihnen vor dem anstehenden Beratungsgespräch eine E-Mail geschrieben:

Auszug aus der E-Mail:

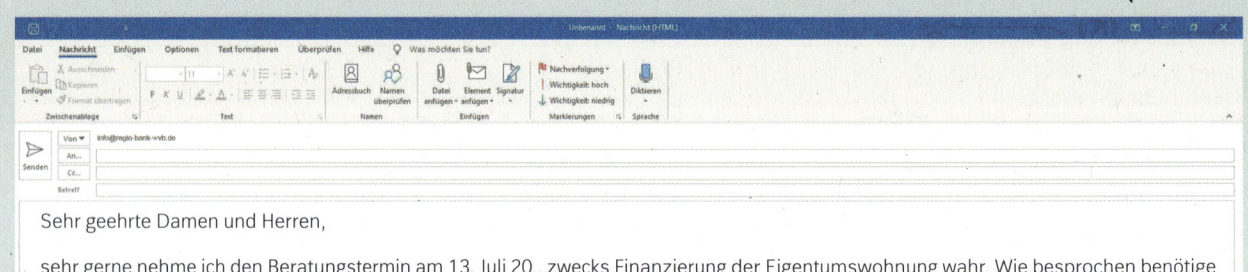

Sehr geehrte Damen und Herren,

sehr gerne nehme ich den Beratungstermin am 13. Juli 20.. zwecks Finanzierung der Eigentumswohnung wahr. Wie besprochen benötige ich 185 000,00 EUR, da ich 35 000,00 EUR angespartes Kapital einbringen möchte.

Vorab habe ich einige Fragen. Möglicherweise könnten Sie mir hier erste Informationen bereits per E-Mail bereitstellen.
- Ich habe einen Bausparvertrag in Höhe von 50 000,00 EUR. Ist es sinnvoll, ihn mit in die Finanzierung einzubeziehen? (Anlage zur Bezugsberechtigung anbei)
- Da ich von meinem Arbeitgeber Jahresbonuszahlungen erhalte, hätte ich gerne die Möglichkeit einer Sondertilgung von 10 000,00 EUR, die ich dann ggf. in Anspruch nehmen könnte. Wäre auch das möglich?
- Unklar ist mir insbesondere die genaue Abwicklung des Kaufvertrags. Welche Schritte müssen unternommen werden? Gibt es Besonderheiten beim Kauf einer Eigentumswohnung zu beachten?
- Was passiert, wenn ich die Wohnung aufgrund eines Arbeitsplatzwechsels vor Ablauf der Darlehen verkaufen möchte?

Ich freue mich auf Ihre Antwort und verbleibe
mit freundlichen Grüßen

Sebastian Runge

Der E-Mail ist der letzte Auszug aus dem Bausparvertrag angehängt.

Regio-Bauspar AG

Sebastian Runge
Am Buschfeld 11
48527 Nordhorn

Sehr geehrter Herr Runge,

wunschgemäß teilen wir Ihnen mit, dass der Bausparvertrag 182509019 voraussichtlich in 12 Monaten zuteilungsreif ist. Ihre aktuellen Konditionen:

Bausparsumme	Kontostand	Zinssatz Sparguthaben	Sollzinssatz Bauspar-darlehen	Monatlicher Zins- und Tilgungsbeitrag des Darlehens
50 000,00 EUR	18.858,94 EUR	0,4 % p. a.	2,0 % p. a.	6 ‰ pro Monat

Sollten Sie bereits jetzt einen Finanzierungswunsch haben, so bieten wir Ihnen zinsgünstige Zwischenfinanzierungen zu folgenden Konditionen an:

Schuldsumme	Auszahlungs-betrag	Sollzinssatz	Effektiver Jahreszins gem. PAngV	Monatliche Zinsrate
50 000,00 EUR	50 000,00 EUR	3,0 % p. a.	3,05 % p. a.	125,00 EUR

Freundliche Grüße
Ihre Regio-Bauspar AG

Herr Runge zahlt bisher eine Kaltmiete in Höhe von 900,00 EUR. Belastungen in dieser Höhe sind aufgrund der Haushaltsrechnung für Herrn Runge tragbar, seine Bonität ist einwandfrei.

Zur Vorbereitung auf das Kundengespräch erstellen Sie

- ein Ablaufschema über die Abwicklung des Kaufs der Eigentumswohnung,
- einen Finanzierungsvorschlag anhand aktueller Konditionen und
- eine E-Mail zur möglichen Fragenbeantwortung.

- Informieren Sie sich über die aktuellen Konditionen im Baufinanzierungsbereich bei Ihrem Ausbildungsbetrieb.
- Informieren Sie sich über Regeln zur Formulierung geschäftlicher E- Mails.

Information

Planen und Entscheiden

Ordnen Sie die Fragestellungen und halten Sie die einzelnen Arbeitsschritte fest.

_____

_____

_____

_____

_____

Durchführen

Bearbeiten Sie die Unterlagen zu den Handlungsprodukten.

Ablaufschema über die Abwicklung des Kaufs der Eigentumswohnung

Abwicklungsschritte	Erklärung	Beteiligte
Grundstückskaufvertrag		
Auflassungsvormerkung		
Darlehensvertrag		
Bestellung einer Grundschuld		
Zahlung des Kaufpreises		
Grundbuchänderung der Eigentumsverhältnisse		

Besonderheiten beim Kauf einer Eigentumswohnung	
Sondereigentum (§ 13 Abs. 1 WEG)	
Miteigentumsanteil (§ 13 Abs. 2, § 16 Abs. 2 WEG)	
Grundbuch-eintragung	

Durchführen

Finanzierungsvorschlag anhand aktueller Konditionen

Durchführen

E-Mail zur möglichen Fragenbeantwortung

Kontrolle

Vergleichen Sie inhaltlich Ihre Arbeitsergebnisse.

Bewerten

Wie stehen Sie zu den folgenden Tipps für gute E-Mails?

kurz und knapp formulieren	🙂	😐	🙁
Wörter wie „hiermit" und „mit diesem Schreiben" streichen	🙂	😐	🙁
nicht mit „Ich" oder „Wir" beginnen	🙂	😐	🙁
bei jedem neuen Thema einen neuen Absatz beginnen	🙂	😐	🙁
Verben statt Substantive: „prüfen" statt „eine Überprüfung vornehmen"	🙂	😐	🙁
Modern statt alt: „Haben Sie weitere Fragen, rufen Sie uns bitte an." statt „Bei weiteren Fragen stehen wir gern zur Verfügung."	🙂	😐	🙁
eine für den Kunden verständliche Sprache nutzen	🙂	😐	🙁
positiv statt negativ formulieren	🙂	😐	🙁
Kunden direkt mit „Sie" ansprechen. „Sie erhalten" statt „Wir schicken Ihnen"	🙂	😐	🙁
Rechtschreibung überprüfen, bevor die E-Mail verschickt wird	🙂	😐	🙁

Aufgaben zur Lernsituation

1. Grundstückskaufvertrag, Auflassung, Auflassungsvormerkung und Belastungsvollmacht

Deniz Yildiz möchte ein 15 Jahre altes Einfamilienhaus von Bettina Köhler erwerben. Zum Abschluss des Grundstückskaufvertrages vereinbaren sie einen Notartermin. In dem Vertrag sollen auch die Auflassung, eine Auflassungsvormerkung und eine Belastungsvollmacht vereinbart werden.

Stellen Sie fest, welche der folgenden Aussagen zutreffend ist.

(1) Ein Grundstückskaufvertrag ist notariell zu beglaubigen.

(2) Die Auflassungsvormerkung ist die dingliche Einigung über den Eigentumsübergang.

(3) Mit der Belastungsvollmacht ermächtigt die Verkäuferin (Eigentümerin) den Notar, das Grundstück mit einer Grundschuld zur Finanzierung des Kaufpreises zu belasten.

(4) Nach Eintragung der Auflassungsvormerkung in das Grundbuch sind weitere Verfügungen über das Grundstück gegenüber dem Vormerkungsberechtigten unwirksam.

(5) Die Auflassung ist die schuldrechtliche Einigung über den Eigentumsübergang.

2. Abwicklung des Kaufs einer Eigentumswohnung

Monika Graf möchte eine Eigentumswohnung in Berlin erwerben. Nach langer Suche wird ihr von Werner Schmitte ein geeignetes Objekt angeboten.

Frau Graf und Herr Schmitte einigen sich über die Verkaufsmodalitäten. Der Kaufpreis beträgt 275 000,00 EUR.

Der Verkauf wird wie folgt abgewickelt:

02.06.:	Abschluss des Kaufvertrages per Handschlag
12.06.:	Notarieller Abschluss des Kaufvertrages, Auflassung, Vereinbarung einer Auflassungsvormerkung und erste Teilzahlung des Kaufpreises, Betrag: 25 000,00 EUR
04.07.:	Eintragung der Auflassungsvormerkung in das Grundbuch
25.08.:	Zahlung des restlichen Kaufpreises von 250 000,00 EUR an den Verkäufer
01.09.:	Übergabe der Schlüssel zur geräumten und besenrein gesäuberten Eigentumswohnung
17.11.:	Eintragung der Eigentumsübertragung in das Grundbuch
22.11.:	Eintragungsbestätigung des Notars und Aushändigung des neuen Grundbuchauszuges an Frau Graf

Monika Graf möchte wissen, was eigentlich eine Auflassung und eine Auflassungsvormerkung ist.

a) Mit welcher der folgenden Aussagen informieren Sie die Kundin richtig?

(1) „Eine Auflassung verhindert, dass der bisherige Eigentümer weitere Verfügungen (z. B. Belastung mit einer Grundschuld) über das Grundstück tätigen kann."

(2) „Eine Auflassung ist die schuldrechtliche Einigung über den Eigentumsübergang an einem Grundstück."

(3) „Eine Auflassungsvormerkung ist die dingliche Einigung über den Eigentumsübergang an einem Grundstück."

(4) „Der Anspruch auf Eigentumsübertragung kann durch die Eintragung einer Auflassungsvormerkung gesichert werden."

(5) „Die Auflassung sichert das Recht auf Eigentumserwerb an dem Grundstück."

b) An welchem Tag hat Frau Graf einen schuldrechtlichen Anspruch auf die Eigentumsübertragung erworben?

Tag	Monat

c) An welchem Tag hat Frau Graf das Eigentum an dem Grundstück erworben?

Tag	Monat

Die Eigentumswohnung gehört zu einer Anlage mit insgesamt zwölf Wohneinheiten. Die Wohnanlage befindet sich auf einem 1 800 m² großen Grundstück mit einem parkähnlich gestalteten Außenbereich. Zu jeder Einheit gehört ein besonders ausgewiesener Tiefgaragenstellplatz.

d) Welche der folgenden Aussagen beschreibt das mit dem Erwerb der Eigentumswohnung verbundene Eigentumsrecht zutreffend?

(1) Frau Graf erwirbt in Abhängigkeit von der Größe ihrer Wohnung ein Bruchteilseigentum an der gesamten Immobilie.

(2) Frau Graf ist zur regelmäßigen Zahlung einer bestimmten Geldsumme (Hausgeld) an einen Hausverwalter verpflichtet.

(3) Frau Graf kann ihre Eigentumswohnung nur mit Zustimmung der anderen Eigentümer verkaufen oder belasten.

(4) Alle Belastungen (z. B. Grundschulden) werden in einem gemeinschaftlichen Grundbuch für die Immobilie eingetragen.

(5) Wenn Frau Graf bauliche Veränderungen in ihrer Wohnung (z. B. Einbau eines neuen Bades) vornehmen möchte, benötigt sie die Zustimmung der anderen Eigentümer.

3. Finanzierung einer Eigentumswohnung

Sie beraten Kai Schneider, der eine Eigentumswohnung zum Preis von 185 000,00 EUR erwerben möchte. Sie schätzen den Gesamtaufwand beim Kauf der Eigentumswohnung auf 210 000,00 EUR. Der Beleihungswert der Wohnung beträgt 170 000,00 EUR.

a) Wie viel Eigenkapital muss der Kunde mindestens aufbringen, damit das Darlehen innerhalb der Realkreditgrenze bleibt?   EUR ☐☐☐☐☐☐☐

Nachdem die Finanzierung gesichert ist, möchte Kai Schneider einen Notartermin zum Kauf der Wohnung vereinbaren.

b) Stellen Sie fest, welche der folgenden Aussagen zutreffend ist.

(1) Durch eine Belastungsvollmacht ermächtigt der Verkäufer den Notar, das Grundstück zur Finanzierung des Kaufpreises zu belasten.

(2) Durch eine Auflassungsvormerkung sichert sich der Käufer das Recht auf den Eigentumserwerb, da spätere Verfügungen über das Grundstück ihm gegenüber unwirksam sind.

(3) Ein Grundstückskaufvertrag muss notariell beglaubigt werden.

(4) Mit der Beurkundung des Grundstückskaufvertrages erwirbt der Käufer das Eigentum an dem Grundstück.

(5) Die schuldrechtliche Einigung bei einem Grundstücksverkauf bezeichnet man als Auflassung.

Zur Finanzierung der Eigentumswohnung beantragt Kai Schneider bei der Regio-Bank AG ein Annuitätendarlehen über 95 000,00 EUR zu folgenden Konditionen:
- **Zinssatz 4,25 % p. a.**
- **anfängliche Tilgung 2 %**
- **Zinsbindung 15 Jahre**

Sie informieren den Kunden über Kündigungsmöglichkeiten des Darlehens.

c) Stellen Sie fest, welche der folgenden Aussagen über eine vorzeitige Rückzahlung des Darlehens zutreffend ist.

(1) Kai Schneider hat das Recht, das Darlehen jederzeit zurückzuzahlen. Er muss dann allerdings ein Vorfälligkeitsentgelt von 1,00 % der Restschuld zahlen.

(2) Kai Schneider hat das Recht, das Darlehen nach Ablauf einer Sperrfrist von sechs Monaten mit einer Kündigungsfrist von drei Monaten zu kündigen.

(3) Kai Schneider hat das Recht, das Darlehen nach Ablauf von 10 Jahren zu kündigen.

(4) Die Regio-Bank AG kann das Darlehen nach Ablauf von 10 Jahren kündigen.

(5) Während der Zinsbindungsfrist kann das Darlehen von keinem der Beteiligten gekündigt werden.

d) Wie viel Euro beträgt die Monatsrate?   EUR ☐☐☐☐

e) Wie hoch ist die Restschuld des Darlehens nach Eingang von drei Monatsraten?   EUR ☐☐☐☐☐☐

4. Finanzierung eines Einfamilienhauses

Die Eheleute Max und Verena Lange (drei Kinder) möchten ein Einfamilienreihenhaus erwerben. Das gewünschte Objekt wird von der EIWOBAU GmbH schlüsselfertig zum Preis von 360 000,00 EUR angeboten.

Aufgrund von Eigenleistungen (Dachausbau, Tapezier- und Malerarbeiten, Teppichbodenverlegung) im Wert von 20 000,00 EUR ermäßigt sich der Preis auf 340 000,00 EUR.

Bei der Erbringung der Eigenleistungen fallen Materialkosten von 12 000,00 EUR an.

Neben dem Kaufpreis fallen weitere Kosten (Grunderwerbsteuer, Notar- und Gerichtskosten, Mobiliar usw.) von 35 000,00 EUR an.

Die Eheleute verfügen über einen zuteilungsreifen Bausparvertrag mit einer Bausparsumme von 80 000,00 EUR, der zu 40 % einschließlich Zinsen angespart wurde. Der für das Bauspardarlehen zu leistende Kapitaldienst beträgt monatlich 6 ‰ der Bausparsumme.

Außerdem verfügen die Eheleute Lange über Kontoguthaben von 95 000,00 EUR, die sie in die Finanzierung einbringen möchten.

Zur weiteren Finanzierung unterbreitet die Regio-Bank AG den Eheleuten folgende Annuitätendarlehens-angebote:

	Nominal-Zinssatz	Auszahlung	Effektiv-zinssatz	Zinsfest-schreibung	Anfängliche Tilgung
(1)	3,500 %	100 000 %	3,62 %	5 Jahre	2 %
(2)	4,000 %	100,000 %	4,15 %	10 Jahre	2 %
(3)	2,750 %	100,000 %	2,87 %	variabel (3 Monate)	2 %

a) *Welche der folgenden Aussagen zur Finanzierung des Objektes ist zutreffend?* ☐

   (1) Die Eigenleistungen von 20 000,00 EUR werden dem Eigenkapital (eigene Mittel) der Eheleute Lange zugerechnet.

   (2) Der Bausparvertrag vermindert den Fremdkapitalbedarf um 80 000,00 EUR.

   (3) Die anfängliche Tilgung ist bei Bauspardarlehen im Vergleich zu Bankdarlehen relativ hoch, sodass sie tendenziell eine kürzere Laufzeit haben.

   (4) Das Darlehen mit der variablen Verzinsung birgt für die Eheleute Lange das Risiko, dass die Regio-Bank AG das Darlehen jederzeit mit einer Frist von drei Monaten fällig stellen kann.

   (5) Bei einer anfänglichen Tilgung von 2 % ist die Laufzeit bei den drei Darlehensangeboten gleich lang.

b) *Ermitteln Sie die Gesamtkosten des Objektes unter Berücksichtigung der Eigenleistungen.*   EUR ☐☐☐☐☐☐☐

c) *Ermitteln Sie die Höhe der von den Eheleuten Lange in die Finanzierung eingebrachten eigenen Mittel.*   EUR ☐☐☐☐☐☐

Die Bausparsumme wird zur Finanzierung eingesetzt, das Bauspardarlehen durch eine nachrangige Grundschuld gesichert. Den restlichen Finanzbedarf deckt ein Darlehen der Regio-Bank AG. Dabei haben sich die Eheleute für das Darlehensangebot (2) entschieden. Der Beleihungswert der Immobilie beträgt 330 000,00 EUR.

d) *Ermitteln Sie die Höhe des Bauspardarlehens.*   EUR ☐☐☐☐☐☐

e) *Ermitteln Sie für das Darlehen der Regio-Bank AG*

   ea) den Darlehensbetrag,   EUR ☐☐☐☐☐☐☐

   eb) die Monatsrate,   EUR ☐☐☐☐

   ec) den Beleihungsausgang.   % ☐☐☐

f) Ermitteln Sie für das Darlehen der Bausparkasse

    fa) die Monatsrate,

    fb) den Beleihungsausgang.

g) Ermitteln Sie die monatliche Gesamtbelastung für die Eheleute Lange.

EUR ☐☐☐☐

% ☐☐☐

EUR ☐☐☐☐☐

1.6 Die Eheleute Nowak versichern ihr Haus

Situationsbeschreibung

In der vergangenen Woche haben Sie an einem Beratungsgespräch mit den Eheleuten Nowak teilgenommen. Clara und Oskar Nowak, langjährige Kunden der Regio-Bank AG, möchten ein Eigenheim mit Garten erwerben. Die Finanzierung ist bereits besprochen und liegt nun unterschriftsreif vor.

Im Vorfeld des heutigen Termins haben Sie auch den Versicherungsschutz des Objektes angesprochen. Die Eheleute Nowak haben bisher über die Regio-Bank AG keine Versicherungen abgeschlossen. Nun möchten Sie die Eheleute von der Notwendigkeit einer Wohngebäude- und Hausratversicherung überzeugen.

Zur Vorbereitung auf das Kundengespräch erstellen Sie einen

- Spickzettel mit Visualisierungen zur Erläuterung der beiden Versicherungen und
- Beispiele zu den versicherten Gefahren und Sachen zur anschaulicheren Erklärung für die Kunden.

- Informieren Sie sich auf der Homepage Ihres Ausbildungsbetriebs über das Versicherungsangebot im Baufinanzierungsbereich.
- Überlegen Sie, wie Sie bisher Spickzettel zum Lernen und Behalten eingesetzt haben.

Information

Halten Sie fest, welche Inhaltsbereiche die Kunden ansprechen könnten und strukturieren Sie diese.

Planen und Entscheiden

Bearbeiten Sie die Unterlagen zu den Handlungsprodukten.

Spickzettel mit Visualisierungen zur Erläuterung der beiden Versicherungen

Durchführen

Wohngebäudeversicherung

Durchführen

Wohngebäudeversicherung

Hausratversicherung

Beispiele zu den versicherten Gefahren und Sachen zur anschaulicheren Erklärung für die Kunden

Wohngebäudeversicherung

Hausratversicherung

- Halten Sie anhand der Spickzettel wechselseitig mit einem Partner/einer Partnerin einen Kurzvortrag über jeweils eine Versicherung.
- Können Sie die folgenden Begriffe erklären?

Kontrolle

Hausrat	Einbruchdiebstahl	Überspannung
Elementarschäden	Versicherungsschutz bei Vorsatz	Gebäudebestandteile

- Welche Tipps halten Sie für wichtig bei der Erstellung eines Spickzettels?

Bewerten

	sehr wichtig	wichtig	weniger wichtig
Schreiben, nicht tippen			
Selbst formulieren, nicht kopieren			
Erst strukturieren, dann komprimieren			
Vom Großen zum Kleinen			
Weniger ist mehr			
Bilder als Merkhilfe			

Aufgaben zur Lernsituation

1. Wohngebäudeversicherung

Die Eheleute Jasmin Korner und Arik Yücel finanzieren bei der Regio-Bank AG ein Einfamilienhaus. In den Finanzierungsgesprächen haben Sie bereits ein Versicherungsangebot für die Immobilie unterbreitet. Den beiden Käufern sagt Ihr Angebot sehr zu.

Vervollständigen Sie die folgende Auskunft, die Sie den Eheleuten geben:

„Mit der Eintragung des Eigentümerwechsels im Grundbuch geht die bestehende Wohngebäudeversicherung auf Sie als Käufer über. Sie haben ab der Grundbucheintragung _____ Zeit, um die bestehende Wohngebäudeversicherung zu kündigen. Die Kündigung kann nach Wahl des _____ mit sofortiger Wirkung oder zum Schluss des laufenden Versicherungszeitraums erfolgen. Da Sie die Wohngebäudeversicherung über die Regio-Bank AG abschließen möchten, wäre eine Kündigung des bisherigen Versicherungsvertrags _____ zu empfehlen."

2. Versicherungsfall Glasbruch

Sie informieren die Eheleute Korner und Yücel über die Versicherung von Glasbruchschäden bei der Wohngebäudeversicherung.

Welche der folgenden Aussagen ist zutreffend?

(1) In der Wohngebäudeversicherung ist jegliche Art von Glasbruch bei Fenstern eingeschlossen, die nicht vorsätzlich geschieht.
(2) Wenn das Glas eines Fensters aufgrund eines heruntergefallenen Astes zerspringt, ohne dass dieser Ast sich durch Sturm gelöst hat, ist der Glasbruch durch die Wohngebäudeversicherung abgedeckt.
(3) Die Wohngebäudeversicherung kann um einen Tarif zur Glasbruchversicherung erweitert werden, sodass ein Grundschutz zumindest für fest verbaute Fenster und Türen besteht.
(4) Glasplatten von Tischen und Schränken sowie Spiegel sind in der Wohngebäudeversicherung immer mitversichert.
(5) Im Basisschutz einer Wohngebäudeversicherung ist in der Regel ein Glasbruch durch Feuer, Sturm/Hagel und Leitungswasser versichert.

3. Gleitender Neuwert

Bei Wohngebäudeversicherungen wird von „gleitendem Neuwert" gesprochen.

Welche der folgenden Aussagen hierzu ist richtig?

(1) Der gleitende Neuwert bezieht sich auf die Baukosten aus dem Jahr 1914, sofern das Gebäude vor diesem Zeitpunkt gebaut wurde.

(2) Im Schadenfall haftet der Versicherer bei ordnungsgemäßem Abschluss des gleitenden Neuwerts für alle Schäden am versicherten Gebäude und des Zubehörs und entschädigt zum aktuellen Neuwert.

(3) Der gleitende Neuwert ermöglicht über das Basisjahr 1914 mit dem jeweiligen Baukostenindex des Statistischen Bundesamtes den Immobilienwert auf das aktuelle Jahr hochzurechnen.

(4) Im Schadenfall wird eine Prüfung der Werthaltigkeit der Immobilie durch den Versicherer vorgenommen, da in der Regel eine Unterversicherung der Immobilie vorliegt.

(5) Bei Abschluss der Versicherung orientiert sich die Versicherungsprämie am Basisjahr 1914, eine spätere Anpassung erfolgt nicht.

4. Versicherungsrechtliche Grundbegriffe

Vervollständigen Sie einige Sätze aus der Versicherungslehre:

a) Eine Hausratversicherung schützt nicht vor …

> *(1) Feuer.*
> *(2) Leitungswasser.*
> *(3) Vorsätzlich herbeigeführten Schäden.*
> *(4) Sturm.*
> *(5) Einbruchdiebstahl.*

b) Elementarschäden sind …

> *(1) … Schäden, die durch Naturgefahren wie z. B. Erdbeben, Starkregen, Lawinen, Hochwasser entstehen.*
> *(2) … Schäden an fest eingebauten Wohnelementen, wie z. B. Einbauküchen.*
> *(3) … nicht versicherbar im Rahmen der Wohngebäudeversicherung*
> *(4) … Schäden, die durch Krieg, Erdbeben und Kernenergie entstehen.*
> *(5) ….zwingender Bestandteil der Wohngebäudeversicherung.*

c) Vorsatz ist …

> *(1) … eine von grober Fahrlässigkeit nicht zu unterscheidende Handlung.*
> *(2) … im Unterschied zur Fahrlässigkeit eine willentlich und bewusst herbeigeführte Handlung.*
> *(3) … ist eine unbewusste Handlung im Zustand vorübergehender Störung der Geistestätigkeit.*
> *(4) … ist die ungewollte Verwirklichung eines Tatbestands durch Nachlässigkeit.*
> *(5) … die Aufgabe von Sorgfalt bei der Ausführung einer Tätigkeit.*

5. Versicherungsfall Einbruchdiebstahl

Die Eheleute Korner und Yücel möchten bei der neu erworbenen Immobilie den Hausrat absichern. Ein entsprechendes Angebot liegt den beiden vor. Welcher Gegenstand wird auch im Rahmen eines Einbruchs und dem Vorliegen eines Ereignisses aus den Allgemeinen Hausratbedingungen nicht mit der Hausratversicherung abgedeckt?

(1) beschädigte Kleidung im Kleiderschrank
(2) verbranntes Sofa im Wohnzimmer
(3) aufgebrochenes Türschloss
(4) zerschnittenes Bild an der Flurwand
(5) zerstörte Autoglasscheibe in der Garage

2 Aufgaben zum Lernfeld

2.1 Kreditbesicherung durch eine Grundschuld

1. Aufgabe

Michael Reinard beantragt bei der Regio-Bank AG zur Finanzierung einer umfassenden Renovierung/ Modernisierung seines Mehrfamilienhauses ein Annuitätendarlehen von 180 000,00 EUR. Nach der positiven Kreditwürdigkeitsprüfung ist die Regio-Bank AG bereit, den Kredit gegen Bestellung einer Grundschuld zu gewähren.

Der Kunde ist der Meinung, dass die Bestellung der Grundschuld nur unnötige Kosten verursache, da er aufgrund des Kreditvertrages schon mit seinem gesamten Vermögen für die ordnungsgemäße Erfüllung des Kreditvertrages hafte.

Erläutern Sie, warum die Bestellung einer Grundschuld trotz der Einwände des Kunden sinnvoll ist.

2. Aufgabe

Nach Ihren Ausführungen ist der Kunde mit der Bestellung der Grundschuld einverstanden.

Nennen Sie die für die Bestellung der Grundschuld notwendigen Rechtshandlungen.

Unterscheiden Sie dabei die Brief- und Buchgrundschuld.

3. Aufgabe

Sie überreichen Michael Reinard die von der Regio-Bank AG bei einer Grundschuldbestellung verwendeten Formulare:
- „Grundschuldbestellungsurkunde" und
- „Sicherungszweckerklärung und Abtretung der Rückgewähransprüche".

Als Michael Reinard einen Blick in die Formulare geworfen hat, ist er stark verunsichert. Er ist der Meinung, dass ein Formular für die Grundschuldbestellung doch wohl völlig ausreiche, und spricht von unnötiger Bürokratie.

a) Begründen Sie die Verwendung der zwei Formulare.

Grundschuldbestellungsurkunde (Auszug)

Vor mir, der Notarin

Dr. jur. Sabine Hochstetter
mit dem Amtssitz in Köln

erschien heute, ausgewiesen durch Vorlage seines Personalausweises

Michael Reinard, geboren am 23.08.1978, wohnhaft Ahornweg 24, 50580 Köln

– nachstehend Sicherungsgeber genannt –.

I.   Grundschuldbestellung
Der Sicherungsgeber ist Eigentümer des im Grundbuch

von Hürth-Gleuel beim Amtsgericht Brühl, Blatt 3478 eingetragenen Grundbesitzes
Flur 456, Flurstück 5932.

Der Sicherungsgeber bestellt hiermit zugunsten der Regio-Bank AG, Brüggener Str. 24–28, 50969 Köln – nachstehend Bank genannt – auf dem oben genannten Grundstück eine Grundschuld von

180 000,00 EUR, in Worten einhundertachtzigtausend Euro.

Es gelten folgende Vereinbarungen:
1. Die Grundschuld ist von heute an mit 15 vom Hundert jährlich zu verzinsen. Die Zinsen sind jeweils am ersten Tag des folgenden Kalenderjahres fällig.
2. Der Sicherungsnehmer kann die Grundschuld unter Beachtung einer Kündigungsfrist von sechs Monaten fällig stellen.
3. Die Erteilung eines Grundschuldbriefes wird ausgeschlossen.

II.   Dingliche Zwangsvollstreckungsklausel
Wegen des Grundschuldbetrages und der Zinsen unterwirft sich der Sicherungsgeber der sofortigen Zwangs-vollstreckung aus dieser Urkunde in den belasteten Grundbesitz in der Weise, dass die Zwangsvollstreckung aus dieser Urkunde gegen den jeweiligen Eigentümer zulässig ist. Der Sicherungsgeber bewilligt und bean-tragt unwiderruflich die Eintragung dieser Unterwerfungserklärung in das Grundbuch.

III. Persönliche Haftungsübernahme und Zwangsvollstreckungsunterwerfung
Zugleich übernimmt Herr Michael Reinard, geb. 23.08.1964, für die Zahlung eines Geldbetrages in Höhe des Grundschuldbetrages und der Zinsen der Grundschuld die persönliche Haftung. Er unterwirft sich wegen dieser persönlichen Haftung der Bank gegenüber der sofortigen Zwangsvollstreckung aus dieser Urkunde in sein gesamtes Vermögen. Die Bank kann die persönliche Haftung unabhängig von der Eintragung der Grundschuld und ohne vorherige Zwangsvollstreckung in den belasteten Grundbesitz geltend machen.

IV.   Anträge
Der Sicherungsgeber bewilligt und beantragt, die Grundschuld gemäß Nr. I und Nr. II in das Grundbuch ein-zutragen.

Köln, 18.04.20..   *Michael Reinard*
                                               (Unterschrift des Sicherungsgebers)

Sicherungszweckerklärung und Abtretung der Rückgewähransprüche (Auszug)

Für die oben genannte Grundschuld gelten ergänzend zu den in der Grundschuldbestellungsurkunde getroffe-nen Vereinbarungen folgende Bestimmungen:

1.   Sicherungszweck
Die Grundschuld, die Übernahme der persönlichen Haftung sowie die Abtretung der Rückgewährsansprü-che dienen zur Sicherung aller bestehenden, zukünftigen und bedingten Ansprüche, die der Bank aus der bankmäßigen Geschäftsverbindung gegen den Sicherungsgeber zustehen.

2. Abtretung der Ansprüche auf Rückgewähr vor- und gleichrangiger Grundschulden

(1) Falls der Grundschuld gegenwärtig oder künftig andere Grundschulden im Rang vorgehen oder gleichstehen, werden der Bank hiermit die Ansprüche auf Rückübertragung dieser Grundschulden und die Ansprüche auf Erteilung einer Löschungsbewilligung abgetreten.

(2) Die Abtretung erfolgt mit der Maßgabe, dass die Bank sich bei Fälligkeit des Rückgewährsanspruchs auch aus der ihr dann abzutretenden Grundschuld befriedigen darf, wobei diese Grundschuld als weitere Sicherheit für ihre Forderung dient.

(3) Die Bank ist befugt, die Abtretung der Rückgewährsansprüche dem Rückgewährverpflichteten anzuzeigen.

3. Verwertung der Sicherheiten

(1) Die Bank ist berechtigt, die Grundschuld durch Zwangsversteigerung zu verwerten, wenn der Kreditnehmer fällige Zahlungen auf die gesicherten Forderungen trotz Nachfristsetzung nicht erbracht hat und die Bank aufgrund der getroffenen vertraglichen Vereinbarungen oder aufgrund der gesetzlichen Bestimmungen zur Kündigung der gesicherten Forderung berechtigt ist. Entsprechendes gilt, wenn ein Kredit zum vereinbarten Rückzahlungstermin nicht getilgt wird.

(2) Die Bank ist berechtigt, den Antrag auf Zwangsverwaltung zu stellen, wenn der Kreditnehmer mit einem Betrag, der einem Prozent des Grundschuldnennbetrages entspricht, im Verzug ist.

(3) Aus der Übernahme der persönlichen Haftung darf die Bank die Zwangsvollstreckung betreiben, wenn der Kreditnehmer fällige Zahlungen trotz Nachfristsetzung nicht erbracht hat.

(4) Zwangsvollstreckungsmaßnahmen wird die Bank mit einer Frist von einem Monat schriftlich androhen.

(5) Nach der Verwertung der Grundschuld und der persönlichen Haftung wird die Bank den Erlös zur Abdeckung der gesicherten Forderung verwenden.

4. Sicherheitenfreigabe

(1) Nach Befriedigung ihrer durch diese Vereinbarung gesicherten Ansprüche hat die Bank die Grundschuld nebst Zinsen an den Sicherungsgeber freizugeben.

(2) Die Bank ist schon vor vollständiger Befriedigung ihrer durch diese Vereinbarung gesicherten Ansprüche verpflichtet, auf Verlangen die Grundschuld sowie auch andere ihr bestellte Sicherheiten nach ihrer Wahl an den Sicherungsgeber ganz oder teilweise freizugeben, soweit der realisierbare Wert sämtlicher Sicherheiten 110 % der gesicherten Ansprüche der Bank nicht nur vorübergehend überschreitet.

(3) Die Bank wird bei der Auswahl der freizugebenden Sicherheiten auf die berechtigten Belange des Sicherungsgebers und des Bestellers zusätzlicher Sicherheiten Rücksicht nehmen.

5. Versicherung des belasteten Grundbesitzes

Der Sicherungsgeber verpflichtet sich, die auf dem belasteten Grundstück befindlichen Gebäude und Anlagen sowie das Zubehör zum gleitenden Neuwert gegen Brand, Blitzschlag sowie Folgeschäden durch Rauch, Ruß und Löschwasser sowie gegen Leitungswasser- und Sturmschäden zu versichern.

Köln, 14.04.20..

Michael Reinard

(Unterschrift des Sicherungsgebers)

b) *Warum lässt sich die Bank die Rückgewähransprüche abtreten?*

_____

_____

_____

4. Aufgabe

Der Kunde weist Sie auf einen vermeintlichen Druckfehler hin. Denn während im Kreditvertrag ein Zinssatz von 5,5 % vereinbart sei, ist in der Grundschuldbestellungsurkunde ein Zinssatz von 15 % genannt.

Erläutern Sie die Bedeutung der zwei Zinssätze.

_____

_____

_____

5. Aufgabe

Michael Reinard glaubt, einen weiteren Fehler entdeckt zu haben. In dem Kreditberatungsgespräch haben Sie dem Kunden nämlich dargelegt, dass die Gesamtlaufzeit des Darlehens ca. 34 Jahre betrage. In der Grundschuldbestellungsurkunde heißt es hingegen, dass die Bank die Grundschuld unter Beachtung einer Kündigungsfrist von sechs Monaten fällig stellen kann.

Erklären Sie die unterschiedlichen Fälligkeiten.

6. Aufgabe

Der Kunde ist geradezu schockiert über die Inhalte der „dinglichen Zwangsvollstreckungsklausel" und der „persönlichen Haftungsübernahme und Zwangsvollstreckungsunterwerfung" in der Grundschuldbestellungsurkunde.

a) *Erläutern Sie die Bedeutung dieser Klauseln.*

b) *Beschreiben Sie, unter welchen Voraussetzungen die Regio-Bank AG Rechte aus der Grundschuld geltend machen kann.*

7. Aufgabe

Michael Reinard möchte wissen, unter welchen Voraussetzungen später die Löschung des Grundpfandrechtes möglich ist.

Informieren Sie den Kunden.

8. Aufgabe

Michael Reinard unterschreibt die Sicherungszweckerklärung und Sie weisen ihn darauf hin, dass er die Grundschuldbestellungsurkunde bei einem Notar beurkunden lassen müsse.

Beschreiben Sie die Aufgaben des Notars bei einer Beurkundung.

9. Aufgabe

Die Grundschuld wird in das Grundbuch eingetragen.

Welche Vermögenswerte sind durch die Grundschuld belastet?

2.2 Anja und Frank Lehnert erwerben ein Einfamilienhaus

1. Aufgabe

Anja und Frank Lehnert möchten am Stadtrand von Köln ein Einfamilienhaus erwerben, da die Wohnung in Köln-Nippes nach der Geburt ihres zweiten Kindes zu klein geworden ist.

Beraten Sie das Ehepaar über eine rationelle Vorgehensweise bei der Immobiliensuche.

2. Aufgabe

Von einem Makler wird den Eheleuten ein Einfamilienhaus in Köln-Rondorf angeboten. Nach einer Besichtigung sind Anja und Frank von dem Objekt begeistert, zumal auch die Kaufpreisforderung von 560 000,00 EUR nicht zu hoch erscheint. Im Exposé werden folgende Daten genannt:

- Verkäufer: Franz Josef Degener
- Grundstück: Köln-Rondorf, Heineweg 2
  Flur 92, Flurstück 6444
  Größe 390 m²
  Gebäude: Wohnfäche 135 m²
  Brutto-Grundfläche (einschl. Keller) 195 m²
- Alter des Objektes: 12 Jahre

Die Eheleute Lehnert haben mit Ihnen einen Beratungstermin vereinbart, um sich über den zu erwartenden Gesamtaufwand zu informieren.
Beim Kauf der Immobilie fallen folgende Kosten an:
- Grunderwerbsteuer 6,50 %
- Maklergebühr 3,57 %
- Notar- und Gerichtskosten für die Kaufabwicklung 1,50 %
- Sonstige Kosten (z. B. Wertgutachten, Kosten für die Bestellung von Grundpfandrechten) 3 000,00 EUR

Obwohl das Objekt insgesamt in einem guten Zustand ist, möchten die Eheleute Lehnert einige Renovierungsmaßnahmen durchführen und erwarten dabei Kosten von ca. 12 000,00 EUR. Im Kundengespräch erfahren Sie auch, dass die Kunden noch verschiedene Einrichtungsgegenstände und insbesondere eine neue Einbauküche benötigen. Sie veranschlagen dafür eine Summe von 15 000,00 EUR.

Mit welchem Gesamtaufwand einschließlich aller Kosten müssen die Kunden bei einem Erwerb der Immobilie rechnen?

Urkundenrolle – Nummer 899

Verhandelt zu Köln, Hohenstaufenring 85, am 11. April 20..

Vor mir, dem Notar

Dr. jur. Werner Naumann
mit dem Amtssitz in Köln

erschienen heute:

1. Herr **Franz Josef Degener**, Rentner, geb. am 15.4.1950, Heineweg 2, 50997 Köln,
   – ausgewiesen durch Personalausweis Nr. 5337689045 –
   nachstehend als „Verkäufer" bezeichnet,

2. die Eheleute Herr **Frank Lehnert**, Techniker, geb. am 23.08.1986, und Frau **Anja Lehnert**, geb. Scheffer,
   Erzieherin, geb. am 2.4.1988, beide wohnhaft Schillerstr. 45, 50939 Köln,
   – ausgewiesen durch Personalausweis Nr. 53487934728 und Nr. 5347856372 –
   nachstehend als „Käufer" bezeichnet.

Die Erschienenen erklärten mit der Bitte um Beurkundung:

I. Kaufvertrag

§1 Kaufgegenstand: Der Verkäufer verkauft den Käufern – zu je ½ Anteil – das im Grundbuch des Amtsgerichts Köln, Grundbuch Rondorf, Blatt 4378, verzeichnete Grundstück, Gemarkung Köln-Süd, Flur 92, Flurstück 6444, Garten- und Gebäudefläche, Heineweg 2, mit einer Größe von 390 m².

§2 Kaufpreis: Der Kaufpreis beträgt 560 000,00 EUR (in Worten: fünfhundertsechzigtausend Euro). Er ist fällig am 15. Juni 20.. Wird der Kaufpreis nicht fristgerecht bezahlt, so ist dieser vom Tage der Fälligkeit an mit 12 % p. a. zu verzinsen.

§3 Abwicklung der Kaufpreiszahlung: Der Kaufpreis ist an den Verkäufer auszuzahlen, wenn
• die Verzichtserklärung der Gemeinde (Stadt) auf ihr Vorkaufsrecht vorliegt
• sowie eine Auflassungsvormerkung für den Käufer im Grundbuch eingetragen ist.

§4 Wirtschaftlicher Übergang: Als wirtschaftlichen Übergang des Kaufgegenstandes (Übergabe) vereinbaren die Beteiligten den 15. Juni 20.., sofern die vollständige Kaufpreiszahlung erfolgt ist. Mit der Übergabe gehen alle Nutzungsrechte sowie alle Lasten auf die Käufer über.

II. Auflassung

Die Beteiligten sind sich darüber einig, dass das Eigentum an dem aufgeführten Grundbesitz auf die Käufer zu je ½ Anteil übergeht. Die Käufer beantragen und der Verkäufer bewilligt die Eintragung des Eigentümerwechsels in das Grundbuch.

III. Auflassungsvormerkung

Zur Sicherung des Anspruchs auf Eigentumsübertragung beantragt und bewilligt der Verkäufer die Eintragung einer Auflassungsvormerkung zugunsten der Käufer zu je ½ Anteil, ferner zugleich ihre Löschung Zug um Zug mit der Eigentumsumschreibung.

IV. Belehrung

Der Notar hat die Beteiligten darüber belehrt, dass das Eigentum erst mit der Umschreibung im Grundbuch übergeht. Die für eine Grundbuchänderung notwendigen Voraussetzungen (Antragstellung beim Grundbuchamt, Verzichtserklärung der Gemeinde auf ihr Vorkaufsrecht, Unbedenklichkeitsbescheinigung des Finanzamtes hinsichtlich der gezahlten Grunderwerbsteuer) hat der Notar mit den Beteiligten erörtert.

V. Belastungsvollmacht

Um dem Käufer die Möglichkeit der Fremdfinanzierung des Kaufpreises zu geben, bevollmächtigt der Verkäufer den Käufer, das Grundstück mit Grundpfandrechten bis zur Höhe des vereinbarten Kaufpreises nebst 18 % Zinsen einschließlich dinglicher Vollstreckungsunterwerfung zu belasten und deren Eintragung zu bewilligen und zu beantragen.

Der Grundschuldgläubiger darf die Grundschuld nur insoweit als Sicherheit verwerten, als er tatsächlich Zahlungen mit Tilgungswirkung auf die Kaufpreisschuld des Käufers geleistet hat. Zahlungen sind ausschließlich an den Verkäufer zu leisten. Der Verkäufer übernimmt im Zusammenhang mit der Grundschuldbestellung keine persönliche Zahlungsverpflichtung.

VI. Kosten

Die mit dieser Urkunde und ihrer Durchführung verbundenen Notar- und Gerichtskosten, ferner die Kosten der erforderlichen Genehmigungen tragen die Käufer.

VII. Antragstellung

Die Beteiligten bevollmächtigen den Notar, die erforderlichen Genehmigungen einzuholen und die Grundbuchänderungen zu veranlassen. Sie weisen den Notar jedoch an, den Antrag auf Umschreibung des Eigentums erst dann dem Grundbuchamt einzureichen, wenn der Kaufpreis an den Verkäufer gezahlt wurde.

Diese Niederschrift wurde den Erschienenen von dem Notar vorgelesen, von ihnen genehmigt und von ihnen sowie dem Notar eigenhändig wie folgt unterschrieben:

Frank Lehnert
Anja Lehnert

Franz Josef Degener

Naumann
Notar

---

3. Aufgabe

Die Eheleute möchten sich weitere Informationen über das Objekt beschaffen und Einsicht in das Grundbuch nehmen.

a) *Wo wird das Grundbuch geführt und unter welcher Voraussetzung ist die Einsichtnahme gestattet?*

b) *Welche Informationen können sie dem Grundbuchauszug entnehmen?*

c) *Können sich die Eheleute auf die Richtigkeit der Grundbucheintragungen verlassen? Begründen Sie Ihre Auffassung.*

_____

_____

_____

_____

4. Aufgabe

Abzeichnung der Flurkarte ↑ (ohne Maßstab)

Flur 92

Das Grundstück ist ein „gefangenes" Grundstück, d. h., es ist nur über Flurstück 6443 zu erreichen.

Wie kann gesichert werden, dass der Zugang zum Grundstück jederzeit gewährleistet ist?

_____

_____

_____

_____

_____

_____

_____

_____

_____

_____

_____

5. Aufgabe

Anja und Frank entschließen sich zum Kauf des Grundstücks. Die Finanzierung ist gesichert.

a) *Erläutern Sie Form und Inhalt des vorstehenden Vertrages unter Berücksichtigung der gesetzlichen Bestimmungen.*

_____

_____

_____

_____

_____

_____

b) *Welche Bedeutung hat die im Vertrag vereinbarte Auflassungsvormerkung?*

_____

_____

_____

c) *Beschreiben Sie das Verfügungsgeschäft (Erfüllungsgeschäft) unter nachfolgenden Aspekten. Gehen Sie dabei auch auf die Aufgaben des Notars ein. Begründen Sie zudem, warum die Eintragung des neuen Eigentümers in das Grundbuch in der Praxis oft erst nach Monaten erfolgt.*
- Zahlung des Kaufpreises
- Eigentumsübertragung: Rechtshandlungen und Formvorschriften
- wirtschaftlicher Übergang des Grundstückes

_____

_____

_____

_____

_____

_____

6. Aufgabe

Nach Zahlung des Kaufpreises und Eintragung einer Auflassungsvormerkung möchten Anja und Frank Lehnert das Grundstück in Besitz nehmen. Es ergeben sich jedoch Streitigkeiten mit dem alten Eigentümer Franz Josef Degener darüber, ob folgende Sachen auch verkauft wurden.
- Franz Josef Degener möchte noch die Äpfel im Garten ernten und anschließend die Bäume fällen, um Brennholz für den Kamin zu haben.
- Des Weiteren möchte er den Wohnzimmerschrank und die Einbauküche mitnehmen.

Beurteilen Sie, ob die Eheleute Lehnert auch das Eigentum an den oben genannten Gegenständen erworben haben.

_____

_____

_____

_____

2.3 Anja und Frank Lehnert finanzieren ein Einfamilienhaus

1. Aufgabe

Die Eheleute Anja und Frank Lehnert möchten am Stadtrand von Köln ein Einfamilienhaus erwerben.
- Verkäufer: Franz Josef Degener
- Grundstück: Köln-Rondorf, Heineweg 2, Köln-Süd, Flur 92, Flurstück 6444,
- Alter des Objektes: 12 Jahre
- Kaufpreis: 560 000,00 EUR

Der Gesamtaufwand für das Objekt einschließlich aller Nebenkosten (z. B. Grunderwerbsteuer) beträgt ca. 655 000,00 EUR.
Zur Klärung der Finanzierung vereinbaren Sie einen Beratungstermin mit den Eheleuten. Schon vor dem Beratungstermin übermitteln Sie den Kunden wichtige Informationen über die Beratungsleistung.

Nennen Sie zwei Informationen, die Sie einem Kunden schon vor der Beratungsleistung mitteilen müssen.

_____

_____

2. Aufgabe

Zu Beginn des Gespräches informieren Sie die Kunden über die Kreditwürdigkeitsprüfung und über einzureichende Unterlagen.

a) *Erläutern Sie, welche Informationen Sie einem Kunden zur Kreditwürdigkeitsprüfung geben müssen.*

b) *Nennen Sie jeweils vier Objekt- und persönliche Unterlagen, die Sie für die Kreditwürdigkeitsprüfung benötigen.*

Objektunterlagen	Persönliche Unterlagen

3. Aufgabe

Aus den bautechnischen Unterlagen gehen folgende Daten hervor:

Grundstücksgröße .... 390 m^2
Preis pro m^2 inklusive Erschließungskosten .... 650,00 EUR
(lt. Bodenrichtwertkarte)

Normalherstellungskosten (Neubaukosten einschl. Baunebenkosten):
    Wohngebäude .... 1 820,00 EUR/m^2
    Garage .... 850,00 EUR/m^2
Brutto-Grundfläche:
    Wohngebäude .... 195 m^2
    Garage .... 18 m^2
Altersabschreibung .... 15 % (= 1,25 % pro Jahr)
Kosten der Außenanlagen .... 5 %
Sicherheitsabschlag .... 10 %
Wohnfläche .... 135 m^2
Ortsübliche Miete .... 13,00 EUR/m^2/Monat
Miete Garage .... 100,00 EUR Monat
Bewirtschaftungskosten .... 15 %
Kapitalisierungszinssatz .... 4,0 %
Kapitalisierungsfaktor gemäß Vervielfältiger-Tabelle
bei einer Restnutzungsdauer des Gebäudes von 68 Jahren: 23,26

Ermitteln Sie mithilfe des abgebildeten Wertermittlungsbogens und der genannten Daten den Beleihungswert des Objektes auf der Grundlage des Sachwertes. Zu Vergleichszwecken ermitteln Sie zusätzlich den Ertragswert.

Ermittlung des Beleihungswertes

A. Sachwert

1. Bodenwert (einschl. Erschließungskosten)

	Fläche in m^2	Preis/m^2	Bodenwert
Gebäude- und Freifläche	....	....	....

2. Wert der baulichen Anlage

Baukosten	Brutto-Grundfläche	Preis/m^2	Neuwert
Wohnhaus	....	....	....
Garage	....	....	....

Herstellungswert vor Abschreibung ....
– Wertminderung wegen Alters
  gesamte Nutzungsdauer   80 Jahre
  Restnutzungsdauer   .... Jahre
  Abschreibungssatz p. a. .... Abschreibung ....% ....

Herstellungswert nach Abschreibung ....

+ Außenanlagen(max. 5 % des Herstellungswertes) ....% ....

Herstellungswert einschl. Außenanlagen ....

– Sicherheitsabschlag (mind. 10 %) ....% ....

Wert der baulichen Anlage

3. Sachwert (Bodenwert und Wert der baulichen Anlage)   ....

B. Ertragswert

1. Ermittlung des jährlichen Reinertrages

	Zahl der Wohnungen	Gesamtfläche in m^2	Nettokaltmiete pro m^2	Mietertrag p. M.
Wohnung	....	....	....	....
Garagen	....	....	....	....
Mieteinnahmen pro Monat				....
Jahresrohertrag (Mieteinnahmen pro Jahr)				....
– Bewirtschaftungskosten (mind. 15 %)	.................%			....
Jahresreinertrag				....
– Bodenwertverzinsung: 4,0 % von	....			....
Gebäudereinertrag				....

2. Ermittlung des Ertragswertes

Kapitalisierung des Gebäudereinertrages   zu .... %
  Vervielfältiger   ....
+ Bodenwert   ....
Ertragswert (Gebäude- und Bodenertragswerte)   ....

Vorschlag für den Beleihungswert   ....

Begründung für den Beleihungswertvorschlag: _____

_____

_____

_____

4. Aufgabe

Die Regio-Bank AG hat auf der Grundlage des Sachwertes einen Beleihungswert von 550 000,00 EUR ermittelt. In einem Beratungsgespräch soll ein Finanzierungsplan erstellt werden. Die Eheleute Lehnert verfügen über Kontoguthaben von 155 000,00 EUR. Ein bereits zugeteilter Bausparvertrag der Bausparkasse Regio-Wohnen AG über 80 000,00 EUR wurde zu 40 % angespart. Da Frank Lehnert verschiedene Renovierungsarbeiten selbst übernimmt, kann eine Eigenleistung des Bauherrn von 5 000,00 EUR berücksichtigt werden. Die Europäische-Hypothekenbank AG gewährt ein erstrangiges Darlehen von 330 000,00 EUR. Die Regio-Bank AG übernimmt die Finanzierung des Restbetrages.

a) Erstellen Sie den Finanzierungsplan.

I. Eigene Mittel	Betrag
a) Kontoguthaben	
b) Bausparguthaben	
c) Eigenleistungen	
Summe	

II. Fremde Mittel (Darlehen)	Betrag	Beleihungsausgang in %
a) Europäische-Hypothekenbank AG		
b) Regio-Bank AG		
c) Bausparkasse Regio-Wohnen AG		
Summe		

b) Beurteilen Sie, ob die Sicherheit für die Darlehen der Regio-Bank AG und der Bausparkasse ausreichend ist.

_____

_____

_____

_____

5. Aufgabe

Die Darlehen werden zu folgenden Konditionen angeboten:
- Europäische-Hypothekenbank AG: 3,25 % p. a. Sollzinssatz, 100 % Auszahlung, Zinsfestschreibung zehn Jahre, effektiver Zinssatz gemäß PAngV 3,35 %, anfängliche Tilgung 2 %
- Regio-Bank AG: 3,75 % p. a. Sollzinssatz, 100 % Auszahlung, Zinsfestschreibung fünf Jahre, effektiver Zinssatz gemäß PAngV 3,85 %, anfängliche Tilgung 2 %
- Bausparkasse Regio-Wohnen AG: 2,50 % p. a. Sollzinssatz, effektiver Zinssatz gemäß PAngV 3,10 %, 6 ‰ monatlicher Kapitaldienst (Zinsen + Tilgung) der Bausparsumme

Ermitteln Sie die monatliche Belastung für die Eheleute Lehnert.

Darlehensgeber	Monatsrate
Europäische-Hypothekenbank eG	
Regio-Bank AG	
Bausparkasse Regio-Wohnen AG	
monatliche Gesamtbelastung	

6. Aufgabe

Anja und Frank Lehnert haben zwei Kinder im Alter von vier und sieben Jahren. Frank Lehnert verdient monatlich 2 480,00 EUR netto, Frau Lehnert 2 160,00 EUR netto. Das Kindergeld beträgt insgesamt monatlich 510,00 EUR. Es sind Versicherungsbeiträge von 200,00 EUR monatlich zu entrichten. Der Pkw verursacht Kosten von monatlich 250,00 EUR. Die monatlichen Bewirtschaftungskosten des Hauses (Strom, Gas usw.) werden mit 3,00 EUR pro m² Wohnfläche berücksichtigt.

a) *Erstellen Sie eine Haushaltsrechnung für die Eheleute Lehnert und beurteilen Sie die Kapitaldienstfähigkeit der Kunden.*

Monatliche Einnahmen	Betrag	Monatliche Ausgaben	Betrag
Nettoeinkommen Antragsteller		Bewirtschaftungskosten des Hauses (Strom, Gas usw.)	
Nettoeinkommen Mitantragsteller		Pkw (laufende Kosten, Steuern, Versicherungen)	
Kindergeld		Pauschalbeträge für Lebenshaltungskosten: Ehepaar 1 200,00 EUR je Kind 200,00 EUR	
Sonstige Einnahmen		Versicherungen	
		Kreditraten/Leasingraten	------
		Sparpläne/Bausparraten	------
		Sonstige regelmäßige Ausgaben	------
Gesamteinnahmen		Gesamtausgaben	

b) *Erläutern und beurteilen Sie die Kreditwürdigkeit der Eheleute.*

_____

_____

_____

_____

_____

_____

c) *Erstellen Sie mithilfe eines Tabellenkalkulationsprogramms die Abrechnung für das Darlehen der Europäischen-Hypothekenbank für die ersten zwölf Monate bei monatlicher Tilgungsverrechnung.*

	A	B	C	D	E
1	**Zeitraum**	**Darlehnsbetrag**	**Zinsen**	**Tilgung**	**Monatsrate**
2	1. Monat				
3	2. Monat				
4	3. Monat				
5	4. Monat				
6	5. Monat				
7	6. Monat				
8	7. Monat				
9	8. Monat				
10	9. Monat				
11	10. Monat				
12	11. Monat				
13	12. Monat				

7. Aufgabe

Vor dem Vertragsabschluss händigen Sie den Kunden das „ESIS-Merkblatt" aus.

a) Nennen Sie vier Inhalte des ESIS-Merkblattes.

---

b) Informieren Sie die Kunden über ihr Widerrufsrecht.

2.4 Finanzierung einer Eigentumswohnung mit einem Bauspardarlehen

1. Aufgabe

Die Eheleute Stefanie und Rainer Hoffmann möchten eine Eigentumswohnung in der Innenstadt von Mainz zum Preis von 340 000,00 EUR erwerben. Einschließlich aller weiteren anfallenden Kosten ist mit einem Gesamtaufwand von 390 000,00 EUR zu rechnen.

Zur Finanzierung des Objektes möchten die Eheleute auch ihren Bausparvertrag einsetzen:
- **Bausparsumme 40 000,00 EUR**
- **Mindestsparguthaben 50 % der Bausparsumme**
- **Guthabenzins 0,25 %**
- **Sollzinssatz 2,25 %**
- **effektiver Kreditzins nach der PAngV 2,50 %**
- **Monatsleistung (Zins- und Tilgungsleistung) 5 ‰ der Bausparsumme**

Das Bausparguthaben beträgt zurzeit 16 000,00 EUR. Bei sofortiger Einzahlung von 4 000,00 EUR ist nach Auskunft der Bausparkasse mit einer Zuteilung in ca. 18 Monaten zu rechnen.

Zur Finanzierung der Eigentumswohnung gewährt die Regio-Bank AG ein Annuitätendarlehen über 220 000,00 EUR und einen Zwischenkredit für den Bausparvertrag.

a) Beschreiben Sie die Absicherung des Zwischenkredites. Erklären Sie dabei auch eine kostengünstige Möglichkeit zur Absicherung des späteren Bauspardarlehens.

---

b) Erläutern Sie die Abwicklung der Bestellung der Grundpfandrechte und die Zahlung des Kaufpreises.

---

2. Aufgabe

Nach 18 Monaten wird der Bausparvertrag zugeteilt. In der Zeit bis zur Zuteilung haben die Eheleute Hoffmann weitere Zinsansprüche von 78,00 EUR erworben. Sie weisen die Kunden darauf hin, dass die Bausparkasse einen Verwendungsnachweis für das Bauspardarlehen verlangt.

a) Nennen Sie vier Möglichkeiten für die Verwendung des Bauspardarlehens.

_____

_____

_____

_____

b) Welcher Betrag wird in welcher Weise von der Bausparkasse gezahlt?

_____

_____

_____

_____

_____

c) Die Auszahlung erfolgt am 31.07.20... Die Tilgungsverrechnung erfolgt monatlich. Wie viel Euro beträgt die Restschuld am Ende des Jahres?

Zeitraum	Darlehensbetrag	Sollzinsen	Tilgung	Monatsrate
31.08.				
30.09.				
31.10.				
30.11.				
31.12.				

3. Aufgabe

Nach der Zuteilung des Bausparvertrages vereinbaren Sie mit den Eheleuten Hoffmann einen neuen Beratungstermin. Sie möchten den Kunden den Abschluss eines neuen Bausparvertrages empfehlen.

a) Mit welchen Argumenten könnten Sie die Kunden von den Vorteilen eines neuen Bausparvertrages überzeugen?

_____

_____

_____

b) Welche Gegenargumente könnten Ihnen die Kunden entgegenhalten und wie könnten Sie diese entkräften?

_____

_____

_____

2.5 Finanzierung eines Renditeobjektes

1. Aufgabe

Sie sind Kundenberater/-in bei der Regio-Bank AG. Die vermögenden Privatkunden Anne und Maximilian Briegel möchten ein 20 Jahre altes Mehrfamilienhaus mit acht Wohnungen erwerben.

Im Grundbuch sind keine Lasten, Beschränkungen oder Grundpfandrechte eingetragen.
Der Kaufpreis soll 1 300 000,00 EUR betragen.

Nennen Sie drei Arten von Anschaffungsnebenkosten, die zusätzlich zum Kaufpreis entstehen bzw. entstehen können.

2. Aufgabe

Zur Finanzierung des Objektes beantragen die Eheleute Briegel bei Regio-Bank AG ein Annuitätendarlehen über 900 000,00 EUR, das durch eine Grundschuld gesichert werden soll. Zur Beurteilung der Werthaltigkeit der Sicherheit ermittelt die Regio-Bank AG den Beleihungswert des Objektes.

Ermitteln Sie auf der Grundlage der folgenden Informationen und des auf der folgenden Seite abgebildeten Berechnungsschemas den Beleihungswert für das Objekt nach dem Sachwert- und nach dem Ertragswertverfahren.

Grundstücksgröße	840 m²
Umbauter Raum	3.400 m³
2 Wohnungen mit jeweils 95 m² Wohnfläche	
4 Wohnungen mit jeweils 72 m² Wohnfläche	
2 Wohnungen mit jeweils 35 m² Wohnfläche	
8 Tiefgaragenstellplätze	
Angemessener Grundstückspreis:	380,00 EUR pro m²
Preis je m³ umbauter Raum:	320,00 EUR pro m³
Ortsübliche Miete für vergleichbare Wohnungen	11,00 EUR pro m² im Monat
Ortsübliche Miete für Tiefgaragenstellplätze	75,00 EUR pro Monat
Bewirtschaftungskosten	20 %
Kapitalisierungszinssatz	5 %
ursprüngliche Nutzungsdauer des Gebäudes	80 Jahre
Restnutzungsdauer des Gebäudes	60 Jahre
Kosten für Außenanlagen	5 %
Baunebenkosten	15 %
Sicherheitsabschlag	10 %

Vervielfältiger-Tabelle (Auszug)				
Restnutzungs-dauer der Gebäude	Kapitalisierungszinssatz			
	5 %	6 %	7 %	8 %
20 Jahre	12,46	11,47	10,59	9,82
40 Jahre	17,16	15,05	13,33	11,92
60 Jahre	18,93	16,16	14,04	12,38
80 Jahre	19,60	16,51	14,22	12,47

Ermittlung des Beleihungswertes

A. Sachwert

1. Bodenwert (einschl. Erschließungskosten)

	Fläche/m^2	Preis/m^2	Bodenwert
Gebäude- und Freifläche	....	....	....

2. Wert der baulichen Anlage

	umbauter Raum	Preis/m^2	Neuwert
Herstellungswert Gebäude		....	....
– Wertminderung wegen Alters			
• gesamte Nutzungsdauer	.... Jahre		
• Restnutzungsdauer	.... Jahre		
• Abschreibungssatz p. a.	.... Abschreibung	...............%	....
Herstellunswert nach Abschreibung			....
+ Außenanlagen (max. 5 % der Herstellungswertes)		...............%	....
Herstellungswert einschl. Außenanlagen			....
– Sicherheitsabschlag (mind. 10 %)		...............%	....
Herstellungswert einschl. Außenanlagen nach Sicherheitsabschlag			....
+ Baunebenkosten (max. 20 % der Herstellungskosten)		...............%	....
Wert der baulichen Anlage			_____

3. Sachwert (Bodenwert und Wert der baulichen Anlage)   ....

B. Ertragswert

1. Ermittlung des jährlichen Reinertrages

	Zahl der Wohnungen	Gesamtfläche in m^2	Nettokaltmiete pro m^2	Mietertrag p. M
Wohnung	....	....	....	....
Garagen	....	....	....	....
Mieteinnahmen pro Monat				....
Jahresrohertrag (Mieteinnahmen pro Jahr)				....
– Bewirtschaftungskosten (mind. 15 %)			...............%	....
Jahresreinertrag				....
– Bodenwertverzinsung: 5 % von		....		....
Gebäudereinertrag				....

2. Ermittlung des Ertragswertes

Kapitalisierung des Gebäudereinertrages	zu .... %	
Vervielfältiger	....	....
+ Bodenwert		....
Ertragswert (Gebäude- und Bodenertragswerte)		....

Vorschlag für den Beleihungswert
(auf volle TEUR abgerundet)   ....

3. Aufgabe

Sie schlagen als Beleihungswert den Ertragswert vor.

a) *Begründen Sie, warum in diesem Fall der Ertragswert und nicht der Sachwert für die Ermittlung des Beleihungswertes maßgeblich ist.*

_____

_____

_____

_____

b) *Erläutern Sie den Kunden zwei Risiken, die hinsichtlich der Nachhaltigkeit des Ertragswertes grundsätzlich bei Renditeobjekten bestehen.*

_____

_____

_____

4. Aufgabe

Sie bieten den Kunden zur Finanzierung des Mehrfamilienhauses die folgenden Darlehen an:
- **erstrangig abgesichertes Darlehen der Cologne Real Estate AG, Partner der Regio-Bank AG, bis zu der nach dem Pfandbriefgesetz zulässigen Höchstgrenze**
- **nachrangiges Darlehen der Regio-Bank AG bis zu 80 % des Beleihungswertes**

	Cologne Real Estate AG	Regio-Bank AG
Nominalzinssatz	3,75 % p. a.	4,20 % p. a.
Zinsfestschreibung	15 Jahre	10 Jahre
Anfängliche Tilgung	1 %	3 %

a) *Ermitteln Sie die jeweiligen Darlehenshöhen in Euro.*

_____

_____

_____

b) *Prüfen Sie, ob das Darlehen der Regio-Bank AG innerhalb der Beleihungsgrenze von 80 % liegt.*

_____

_____

_____

c) *Wie hoch ist die monatliche Gesamtbelastung aus beiden Darlehen?*

_____

_____

_____

Bildquellenverzeichnis